本书是国家社科基金重点项目"中国实际国内生产总值的估算方法研究"（批准号：02ATJ001）的研究成果

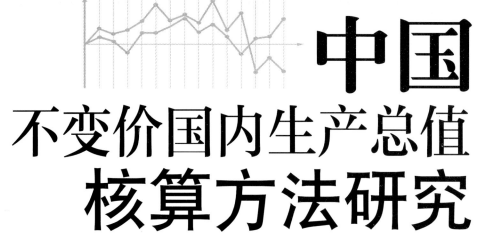

中国
不变价国内生产总值
核算方法研究

A Study on Estimation Methods of
China's Gross Domestic Product at Constant Price

朱之鑫　许宪春　等◎著

北京大学出版社
PEKING UNIVERSITY PRESS

图书在版编目(CIP)数据

中国不变价国内生产总值核算方法研究/朱之鑫等著. —北京:北京大学出版社,2012.3

ISBN 978-7-301-20303-3

Ⅰ. ①中… Ⅱ. ①朱… Ⅲ. ①不变价格-国内生产总值-经济核算-研究-中国 Ⅳ. ①F222.33

中国版本图书馆 CIP 数据核字(2012)第 029982 号

书　　　名:	中国不变价国内生产总值核算方法研究
著作责任者:	朱之鑫　许宪春　等著
责 任 编 辑:	郝小楠
标 准 书 号:	ISBN 978-7-301-20303-3/F·3108
出 版 发 行:	北京大学出版社
地　　　址:	北京市海淀区成府路 205 号　100871
网　　　址:	http://www.pup.cn
电　　　话:	邮购部 62752015　发行部 62750672　编辑部 62752926
	出版部 62754962
电 子 邮 箱:	em@pup.cn
印 　刷 　者:	北京汇林印务有限公司
经 　销 　者:	新华书店
	730 毫米×1020 毫米　16 开本　14.75 印张　236 千字
	2012 年 3 月第 1 版　2012 年 3 月第 1 次印刷
印　　　数:	0001—3000 册
定　　　价:	48.00 元

未经许可,不得以任何方式复制或抄袭本书之部分或全部内容。
版权所有,侵权必究
举报电话:010-62752024　电子邮箱:fd@pup.pku.edu.cn

前　　言

国内生产总值①（GDP）是以价值形式表现的一个国家在一定时期内生产活动的最终成果。国内生产总值包括名义国内生产总值和实际国内生产总值。名义国内生产总值，也称现价国内生产总值，它是按照核算期的当期价格，也就是现行价格进行估价的，用来反映一个国家的经济总规模、经济结构和经济发展水平。实际国内生产总值，也称不变价国内生产总值，它是按某一固定时期价格计算的。不变价国内生产总值核算方法研究，就是要研究如何通过科学的方法，剔除现价 GDP 中的价格因素，以保证不同时期数据的可比性，准确地计算经济增长率，反映一个国家经济的实际变动。

一个国家的经济增长率就是用不变价 GDP 增长率定义的。改革开放以来，中国经济得到了快速发展，以 1978 年为基年，到 2010 年，中国年均经济增长率达到 9.9%，大大快于世界上任何其他国家，创造了世界经济增长的奇迹。经济增长率是反映一个国家经济发展的重要指标，它既是政府宏观经济调控的重要依据，也是科研机构、企业和社会公众研究经济形势、分析经济问题和进行投资的重要依据。经济增长率的高低还涉及国家之间的比较，涉及穷国在一定时间内能否赶超富国的重要问题。因此，提高不变价 GDP 核算方法的科学性和准确性，不仅是一个技术问题，还关系到宏观调控的科学性，关系到国家利益以及企业和社会公众的利益，因而具有特别重要的意义。

正是由于经济增长率的重要性，本世纪初，美国经济学家罗斯基（Thomas G. Rawski）和中国经济学者孟连、王小鲁等国内外学者曾经对中国经济增长率

---

① 国内生产总值，英文 Gross Domestic Product，简称 GDP。实际国内生产总值，是由英文 real GDP 翻译而来的，为与中国通常的习惯称谓保持一致，本书中都将实际国内生产总值称为不变价国内生产总值。

的数据质量提出质疑,认为存在高估的可能。这里的一个核心问题就是不变价GDP如何计算,以及中国现行的不变价GDP核算方法是否合理。

本书对中国现行的不变价GDP核算方法进行了梳理,借鉴国际上先进的不变价核算理论和方法,结合中国的具体情况,探讨进一步改进和完善中国的不变价GDP核算方法。基本内容如下:

第一章明确本书研究的基本思路。

第二章阐述不变价GDP核算的基本概念和基本方法。联合国和国际货币基金组织等国际组织关于不变价GDP核算的概念、原则和方法有一套基本的规范,发达国家的政府统计机构也在这方面积累了宝贵的经验,有一系列的研究成果。中国的GDP核算起步比较晚,要实现中国不变价GDP核算的国际可比性,必须遵照国际组织制定的核算标准,借鉴国际上的核算经验。这一章阐述了国际通用的不变价GDP的基本概念、基本方法和基本途径。

第三章阐述国际上不变价GDP核算理论和方法的最新进展,包括联合国推荐的链式环比价格指数和质量调整的理论,以及发达国家在这些方面的做法。重点介绍了美国、加拿大和澳大利亚等发达国家在不变价GDP核算中的一些做法。例如,为什么和如何采取链式环比指数的核算方法,如何对价格变化快的产品进行质量调整,等等。

第四、五、六章结合中国GDP核算工作的实践,分别从不变价生产法GDP核算方法、不变价支出法GDP核算方法以及价格指数编制方法三个方面对中国的不变价GDP核算进行研究。每一章都从现状分析入手,首先,对中国目前上述三个方面的现状进行梳理和分析研究,找出存在的主要问题,并进行深入剖析;其次,根据国际上先进的理论和实践经验,结合中国的实际情况,从改进现价GDP核算方法入手,提出改进不变价核算方法的建议;最后,设计出适合中国实际情况的不变价GDP计算方法。这三章是本书的主体内容,也是创新和重要突破之处。

本书研究的重点是不变价生产法GDP核算方法和不变价支出法GDP核算方法。但对于生产法GDP与支出法GDP数据如何平衡的问题,建立服务业不变价核算所需要的各种价格指数的问题等,本书还没有涉及,这将是今后进一步研究的方向。

本书是在国家社科基金重点项目"中国实际国内生产总值的估算方法研

究"(批准号:02ATJ001)课题报告的基础上经进一步修改而成的。该课题由原国家统计局局长、现国家发展和改革委员会副主任朱之鑫同志主持,课题负责人和课题组成员如下:

课题负责人:
 朱之鑫 国家发展和改革委员会副主任,高级经济师
 许宪春 国家统计局副局长,高级统计师

课题组成员:
 刘丽萍 国家统计局国民经济核算司副司长,高级统计师
 董礼华 国家统计局国民经济核算司副司长,高级统计师
 张冬佑 国家统计局国民经济核算司 GDP 生产核算处处长,高级统计师
 刘建伟 国家统计局城市社会经济调查司流通消费价格处处长,高级统计师
 赵同录 国家统计局国民经济核算司地区 GDP 核算处处长,统计师
 赵 红 国家统计局国民经济核算司资金流量核算处处长,高级统计师
 刘慧平 国家统计局国民经济核算司投入产出核算处处长,统计师
 郑学工 国家统计局国民经济核算司 GDP 支出核算处调研员,高级统计师
 邓卫平 国家统计局国民经济核算司地区 GDP 核算处调研员,工程师

许宪春同志对全书书稿进行了全面修改,朱之鑫同志对书稿做了最终审定。

作者
2012 年 2 月

目　录

第一章　中国不变价国内生产总值核算研究的必要性及研究目标 …… （ 1 ）
　　第一节　不变价国内生产总值核算研究的必要性 ………………（ 1 ）
　　第二节　不变价国内生产总值核算研究的基本原则 ……………（ 5 ）
　　第三节　不变价国内生产总值核算研究的基本目标 ……………（ 7 ）

第二章　不变价国内生产总值核算的基本概念和方法 ……………（ 10 ）
　　第一节　不变价国内生产总值核算的基本概念 …………………（ 10 ）
　　第二节　不变价国内生产总值核算的基本方法 …………………（ 16 ）
　　第三节　不变价国内生产总值核算的基本途径 …………………（ 19 ）

第三章　国际上不变价核算的最新进展 ……………………………（ 26 ）
　　第一节　国际上不变价国内生产总值核算的最新进展 …………（ 26 ）
　　第二节　发达国家不变价国内生产总值核算方法 ………………（ 31 ）

第四章　中国不变价生产法国内生产总值核算研究 ………………（ 63 ）
　　第一节　不变价生产法国内生产总值核算的历史演变 …………（ 63 ）
　　第二节　经济普查之前不变价增加值的计算方法 ………………（ 64 ）
　　第三节　经济普查年度不变价增加值的计算方法 ………………（ 75 ）
　　第四节　各行业不变价增加值核算存在的问题分析 ……………（ 103 ）
　　第五节　改进不变价生产法国内生产总值核算方法的设想 ……（ 109 ）
　　第六节　改进的不变价生产法国内生产总值核算方法 …………（ 117 ）
　　第七节　实证案例分析 ……………………………………………（ 135 ）

第五章　中国不变价支出法国内生产总值核算研究 (142)
第一节　不变价支出法国内生产总值核算概况 (142)
第二节　经济普查前的不变价支出法国内生产总值核算方法 (144)
第三节　经济普查后的不变价支出法国内生产总值核算方法 (154)
第四节　不变价支出法国内生产总值核算存在的问题分析 (167)
第五节　改进不变价支出法国内生产总值核算的设想 (172)
第六节　实证案例分析 (186)

第六章　中国主要价格指数的编制方法研究 (194)
第一节　中国价格指数编制概述 (195)
第二节　中国主要价格指数编制方法 (198)
第三节　中国价格指数存在问题及改进研究 (209)

附录一　国内生产总值核算的基本概念 (213)
附录二　参考文献 (226)

第 一 章

中国不变价国内生产总值核算研究的必要性及研究目标

第一节 不变价国内生产总值核算研究的必要性

一、不变价国内生产总值核算研究的背景

国内生产总值是反映一个国家经济实力的重要指标,被广泛地应用于宏观经济管理和分析。中国传统的反映宏观经济发展情况的核心总量指标是产生于前苏联和东欧国家的物质产品平衡表体系(英文简称 MPS)框架下的国民收入。为了适应改革开放之后宏观经济管理和对外交流的需要,1985 年,经国务院批准,国家统计局建立了国内生产总值核算制度。二十多年来,中国的国内生产总值核算在实践中得到不断发展,在宏观经济管理中发挥了重要作用。但与宏观经济管理需要相比,与先进国家核算水平相比,中国国内生产总值核算还有很大差距。在不变价核算方面,一些行业不变价增加值核算采用的价格指数与国内生产总值核算的要求存在差距,还有一些行业没有能够反映本行业价格变动趋势的价格指数,等等。这些问题都影响了不变价国内生产总值数据的精确程度,影响到不变价国内生产总值反映实际经济增长和产业结构变动的准确性。

近十年来,国际上不变价 GDP 核算方法的研究和实践发展得很快,对于采用何种价格指数编制不变价 GDP 能够更合理地反映经济增长和产业结构的变动有很多的研究,一些发达国家已经开始采用链式环比价格指数计算不变价GDP和GDP增长速度。中国GDP核算工作者也对中国目前不变价计算方法提出了一些改进的设想,进行了一些初步研究探讨。

一个国家的经济增长率是根据不变价GDP计算出来的,因此,它完全依赖于不变价GDP核算。本世纪初,国内外学者围绕着中国GDP增长率的数据质量展开了激烈的辩论。首先是美国经济学家罗斯基(Thomas G. Rawski)和国内经济学者孟连、王小鲁提出质疑。罗斯基根据能源增长率、航空客运增长率等推断中国1998年的经济增长率在 -2% 和 +2% 之间,而不是中国官方公布的7.8%(Rawski,2001)。孟连和王小鲁从168种工业产品产量的增长,货运、能源消耗和工业产出的关系,以及生产函数分析三个方面得出结论,称中国1978—1997年的年均经济增长率被高估了1.8个百分点(孟连、王小鲁,2001)。罗斯基和孟连、王小鲁的文章发表后引起了各方强烈的反应,任若恩教授撰文指出罗斯基和孟连、王小鲁分析问题时所使用的方法论存在着严重的缺陷,并指出对统计数字的误差要采用科学的方法研究,对中国经济增长率争论的最终解决办法,依赖于国家统计局在经济增长率计算过程中所使用的方法的改进和数据来源的改善(任若恩,2002)。美国宾夕法尼亚大学经济学教授、诺贝尔经济学奖得主克莱茵(L. R. Klein)针对关于中国GDP增长率数据的批评,选择了电力、煤炭、石油、货运等15个指标,利用主成分分析法(Principal Component Analysis),证明了这15个指标的综合变动和实际GDP变动是一致的。但他同时指出,他的研究不能证明中国官方公布的GDP增长率是正确的,因为没有人能说出正确的结果到底是多少。GDP增长率的计算结果取决于所采用的计算方法,方法不同,结果就不同。他引用美国一些经济学家的研究来说明如果用世界通用方法计算中国的GDP增长率,结果就会比官方公布的数字低。他还呼吁鉴于中国改革开放以来生活质量大幅度提高,应采用享乐指数(Hedonic)方法对中国经济增长进行质量调整。由于上述的学术辩论被西方一些媒体用于炒作"中国统计水分论"和"中国经济崩溃论",中国GDP及其增长率的统计受到了空前的关注。经过辩论,经济学家和统计学家们基本达成了以下共识:改革开放以来中国经济的快速增长是不容否定的事实,中国的统计存在水分但并非巨大的水分,GDP总量及其增长率数据质量的提高取决于统计方法和手段的逐步完善。

真实的经济增长率到底是多少？正如克莱茵教授所说的，没有人能知道，不仅中国如此，世界上其他国家也都一样。经济学家只能从各种经济指标之间的相互关系推断 GDP 增长趋势是否正确，如 GDP 的增长与主要产品产量增长之间的关系，GDP 的增长与财政收入和外汇储备增加之间的关系等。如果经济学家认为官方公布的 GDP 增长率与主要的经济指标发展趋势有出入，统计学家就需要思考如何进一步改进统计方法，提高统计数据的质量，使 GDP 增长率的计算逐渐逼近真实值。作为统计工作者，我们认为有责任和义务从统计的角度，从计算中国 GDP 增长率的指标——不变价 GDP 的核算方法入手，来研究和探讨中国 GDP 不变价的核算方法。

因此完善中国不变价 GDP 核算，实现不变价 GDP 核算方法与国际通行的方法接轨，使不变价 GDP 能够准确地反映中国的经济变动趋势，使国家宏观调控建立在更加客观真实的数据基础上，成为中国 GDP 核算的重要任务，也是本书所要研究的内容。

二、不变价国内生产总值核算研究的必要性

现价 GDP 是按照核算期当期的价格衡量一个国家在一定时期内的经济活动成果，通常用来反映国民经济的总体规模、经济结构和经济发展水平。GDP 的另一个重要用途是为经济运行的动态分析提供依据，根据 GDP 时间序列的变动特征研究经济的变化过程和规律。但是，按照现行价格计算的 GDP 中包含了物量和价格两个因素，显然，研究经济运行的动态变化，如果简单地观察或比较按照现行价格计算的 GDP，得出的结论是不准确的，因为不同年份的价格水平是不一样的，特别是在价格变动比较大的时期，一个非常高的增长率中可能包含很大成分的价格变动因素在内。物价上涨带来的经济增长不是发展经济的本义，因为在货物和服务物量不变的情况下，纯粹的价格变化不是真正意义上的经济规模的扩大，也不会提高人民的生活水平。因此，分析经济增长，必须对价格和物量因素的变动分别进行分析。不变价 GDP 核算就是通过科学的方法，剔除 GDP 中包含的价格因素的影响，反映经济的真实变动。

开展不变价 GDP 核算研究的必要性包括以下几个方面：

(1) 研究宏观经济运行的真实变动轨迹。不变价 GDP 核算的最主要的目的是计算经济增长率。由于不变价 GDP 核算剔除了不同年度之间价格变化的

差异,因此,不变价 GDP 核算确定的经济增长率可以消除由于价格的变化导致的扭曲现象,特别是可以消除严重的通货膨胀或严重的通货紧缩对经济增长率的影响,能够刻画出没有价格影响的宏观经济运行的真实变动轨迹。

(2) 反映宏观经济的真实水平。GDP 核算的一个重要作用是反映一个国家经济的总体水平,以及各个不同产业部门之间的关系,如农业与工业、工业与服务业之间的关系等。由于产业部门之间发展的不均衡和价格传导机制的作用,在价格总水平变动趋势一定的情况下,不同领域的价格变动趋势是不一致的,因此,价格因素的影响在不同部门之间也存在差异。剔除价格因素以后的 GDP 以及各个产业部门增加值,能够反映经济总体和不同产业部门的真实水平及其相互关系,为宏观经济分析和产业部门政策制定提供准确的依据。

(3) 反映经济增长中的效益情况。不变价增加值核算,特别是在行业增加值计算采用双缩法时,能够同时剔除总产出和中间投入中的价格因素影响,能够更清楚地反映中间投入占总产出的真实比率。这一比率的变化,可以反映出在实际的经济增长中,有多少是由于经济规模的扩大带来的,有多少是通过降低消耗、提高投入产出率和经济效益获得的。这一点很重要,降低消耗、提高经济效益是经济可持续发展的要求,是贯彻落实科学发展观的要求,也是 GDP 核算需要反映的内容。

(4) 用于国家之间的横向比较。经济增长率的研究意义重大,因为经济增长率的高低涉及穷国在一定时间内能否赶超富国的问题。在经济增长理论中,如果一个穷国以高于富国的经济增长率增长,若干年后穷国的经济总量或生活水平就会赶上或超过富国。关于经济增长率的比较,各国和国际组织目前都是用各国公布的经济增长率直接比较,而经济增长率是根据不变价 GDP 的计算得到的,因此,不变价 GDP 是国际经济实力和人民生活水平比较的最客观和最一致的方法,它计算得准确与否直接影响到比较结果的科学性和客观性,在某种意义上,不变价 GDP 计算,不仅是一个技术问题,还关系到国家的利益,具有重要的政治意义。

(5) 用于数据检验。不变价 GDP 核算是 GDP 核算中的重要组成部分,通过不变价 GDP 核算,可以帮助我们验证现价 GDP 数据的准确性,从而进一步验证现价 GDP 核算方法和基础数据的准确性。有些情况仅仅从现价 GDP 核算看,一些矛盾可能表现得不是很突出,通过不变价 GDP 核算会发现现价 GDP 核算看不出来的问题,例如,有的行业现价增加值率看起来还可以,但不变价增加值率却与实际情况不符,这时我们就需要对核算方法和数据进行进一步的检验,重新检验核算方法是否合理,重新检验源头数据是否存在问题。检验是价格指数数据中存在问题,还是现价增加值计算过程中总产出、中间消耗等基础数据存在问题,反过来可以帮助我们验证现价数据的准确性。一些发达国家,如英国已经在这方面做了很多工作,他们编制了不变价供给使用表,并通过这种核算方法来平衡 GDP 的不变价核算,同时对现价 GDP 核算数据进行检验。

第二节 不变价国内生产总值核算研究的基本原则

不变价 GDP 核算的主要目的是剔除现价 GDP 中的价格因素,合理地反映实际经济总量和实际经济增长率。因此本书首先研究国际上通行的不变价 GDP 的核算方法,特别是近些年来国际上不变价核算的最新发展,用最新的发展来指导我国的不变价核算。同时必须兼顾到中国的实际情况。中国的 GDP 核算建立的时间相对较短,统计基础还比较薄弱,按照国际上通行的核算准则,采用国际上先进的核算方法,结合中国统计的具体实践,建立一个合理的、能够比较准确地描述中国经济状况的不变价 GDP 核算方法,是本书研究的目的。本书关于不变价 GDP 核算研究的基本原则:一是采用国际通行的核算方法;二是充分利用中国现有的统计基础。

一、采用国际通行的核算方法

GDP 是国民账户体系(The System of National Accounts,SNA)中的核心指标。国民账户体系是描述一个国家或地区宏观经济全貌的一个基本框架,它由一套逻辑严密、协调一致而完整的国民经济账户、资产负债表和其他表式,以及根据一系列国际通用的概念、定义、分类、核算原则和科学核算方法组成。通过国民账户体系可以提供大量的、详细的经济运行信息,也包括诸如生产、投资、消费和收入分配等经济活动信息,包括不同部门之间的经济活动,如国内不同产业部门之间的经济活动、国内部门与国外部门之间的经济活动的信息,从商品流量、资金流量和资产存量等不同角度反映经济运行过程以及最终积累水平。GDP 是这个体系的核心指标,它从生产、收入和支出三个不同的角度反映一个国家或地区生产活动的最终成果。GDP核算涉及的基本概念和基本方法，在SNA，特别是1993年版SNA中都有原则性的要求。1993年版SNA是联合国、世界银行、国际货币基金组织、经济合作与发展组织、欧洲共同体委员会等五个国际组织共同制定，并且推荐世界各国在本国的国民核算中参照执行的国际通行标准。现在，世界上绝大多数国家都在根据SNA的基本准则进行本国的GDP核算，中国也不例外。SNA不仅规定了现价GDP如何计算，同时也规定了不变价GDP核算需要遵循的基本原则和基本方法。因此，在中国的GDP核算中，不论是现价核算，还是不变价核算，都要与国际上通行的准则相一致，比如，现价的GDP核算要遵从国际上通行的基本原则、基本估价方法和计算方法，同时采用生产法、收入法和支出法三种方法进行核算，以便不同核算结果可以进行交叉检验。不变价GDP核算，主要的方法是在现价的生产法和支出法GDP数据的基础上，通过价格指数缩减计算出来。在缩减计算所需要的价格指数上，要借鉴SNA推荐的，也是国际上近些年来通行的链式环比指数和质量调整等新的方法，解决固定基年的拉氏价格指数无法合理反映产品价格变化快、高估经济增长速度的问题。只有采用国际上通行的、在理论上和实践中被证明是可行的方法，计算出来的数据才具有国际可比性，数据所反映的内涵才能真正地反映经济发展的实际情况。

二、充分利用现有的统计基础

中国的GDP核算始于20世纪80年代中期，到目前为止只有二十多年的历史。从新中国成立初期到改革开放前的近三十年时间里，中国国民经济核算实行的是MPS体系。这一核算体系和与之相适应的统计调查体系，与计划经济紧密联系在一起，统计调查方式主要是全面报表。所谓全面报表就是所有的企业都要填报统计部门布置的统计报表，企业向基层统计部门报送，然后由基层统计部门逐级报送到国家统计局。在计划经济时期，由于大部分企业都是国有企业，企业的数量也比较少，这种方式能够简单快捷地全面反映企业的生产经营情况。但是进入社会主义市场经济以后，私营和外资企业迅速发展，小企业大量增加，全面报表无法覆盖全部的企业，而且原有的统计指标多且笨重，企业无法保证统计报表的质量和时间。为改变这种状况，国家统计局从1998年开始，进行了多种形式的改革尝试，例如，陆续在小型工业企业和批发零售企业中开展抽样调查。但是,目前基础数据的收集还带有不少计划经济的痕迹,生产经营活动的调查以企业报送统计报表为主,抽样调查只是在一部分小型企业和个体经营户中开展,许多企业特别是服务业企业的财务统计很不健全,价格统计也不完善。GDP 核算是建立在各个行业和领域的基础数据之上的,因此,中国的不变价 GDP 核算,一定要从中国的实际出发,在国际准则的基本框架下,充分运用中国现有的基础统计数据,建立符合中国实际情况的核算方法。

三、完善统计调查制度方法

不变价 GDP 核算,是一项非常复杂的系统工程。不变价核算是建立在现价核算基础上的,它使用大量的基础统计信息,特别是价格统计方面的信息,因此,开展不变价 GDP 核算研究,除了研究如何改进和完善不变价 GDP 核算方法本身以外,还要促进与不变价 GDP 核算有关的一系列统计制度方法的改革和完善,包括统计调查方法和基础数据收集方法的改革,完善价格指数的编制方法,等等。

第三节 不变价国内生产总值核算研究的基本目标

本书要达到的主要目标是,建立一套既符合国际通行规则,又能够充分反映中国实际经济发展情况的不变价 GDP 的核算方法,包括以下三个方面的内容:

一、不变价生产法国内生产总值核算方法

现价 GDP 核算可以采用生产法、收入法和支出法三种方法,不变价 GDP 核算可以采用生产法和支出法两种方法。不变价 GDP 核算之所以采用两种而不是三种方法,是因为:第一,从不变价 GDP 核算技术的角度,生产法和支出法 GDP 反映的是用价值总额表示的商品流量,这个价值总额可以进一步分解为价格和物量两个因素,这就为不变价 GDP 核算奠定了基础,因为不变价 GDP 核算就是要从商品流量的总价值中剔除价格因素,反映真正物量的变动;而收入法 GDP 反映的是纯粹的货币流量,无法与商品流量建立起直接的联系,因而无法

通过分解为价格和物量两个方面进行不变价计算。① 因此,从理论上说,不变价 GDP 只能从生产法和支出法两个角度来计算。第二,从分析的角度,采用两种方法,一方面可以从不同的角度分析经济的运行,另一方面,也可以对数据进行交叉检验,这样可以更好地提高数据的准确性。在中国,由于基础统计数据的原因以及传统做法,GDP 核算,不论现价还是不变价,都是以生产法为准。因此,不变价生产法 GDP 核算的准确与否非常重要。

通过研究,要制定一套改进的不变价生产法 GDP 核算方法,要做到:第一,核算方法基本上与国际通行的方法接轨,缩减法是不变价行业增加值的基本计算方法,在基础数据和现价核算基础好的行业实行双缩法。第二,价格指数要尽可能与国际上通行的最新编制方法一致,对质量变化较大的产品实行质量调整,各个行业所使用的价格指数在方法上和基年的选择上要保持一致。第三,采用缩减法时,缩减应从较细的行业做起,这样可以减少由于价格指数中的权重与行业构成的权重不同对不变价核算结果造成的影响。

二、不变价支出法国内生产总值核算方法

不变价支出法 GDP 核算是本书研究的另一个重要内容。通过研究,要制定出一套改进的不变价支出法 GDP 核算方法,要做到:第一,核算方法基本上与国际通行的方法接轨,缩减法是各个支出构成项目不变价核算的基本方法,对一些特定的项目,如进出口要实行双缩法。第二,所采用的价格指数要尽可能与国际上通行的方法一致,对质量变化较大的产品要实行质量调整,各个支出构成项目所使用的价格指数在方法和基年的选择上要保持一致。第三,价格缩减应从较细的项目做起,这样可以减少由于价格指数中的权重与构成项目的权重不同对不变价支出法核算结果造成的影响。

三、适应不变价国内生产总值核算需要的价格指数

不变价 GDP 核算的主要方法是缩减法,也就是在现价 GDP 核算的基础上,通过价格指数缩减得到不变价 GDP。因此,不变价 GDP 核算除了要有健全的

---

① 剔除收入流量中价格因素的办法是进行"实际值"的计算,即测算收入流量的实际购买力,通常采用由多种货物和服务组成的"一篮子"价格指数对现价流量进行缩减,价格变动可以参考的是通货膨胀率,一般用消费者价格指数替代。

现价 GDP 数据和采用合理的不变价计算方法外,价格指数也很重要。有了适应不变价 GDP 核算需要的价格指数,就为不变价 GDP 核算奠定了良好的基础。不变价 GDP 核算需要的价格指数要达到以下几点要求:第一,价格指数的编制要符合国际通行的规则。一是尽量引进链式环比价格指数,对于质量变化比较快的产品,尽量对价格指数进行质量调整,解决传统的定基价格指数无法准确地反映产品的更新换代,与真实的价格变动存在偏差的问题。二是要选择国际通行的价格指数,中国现有的价格指数,包括居民消费价格指数、工业品出厂价格指数等,都是拉氏价格指数,或者改进后的拉氏价格指数。要选择国际通用的价格指数。第二,所有价格指数基年的选择要一致。这样才能使不变价 GDP 核算建立在统一基年的基础上。第三,对于没有建立价格指数的领域,如服务业生产价格指数,要尽早建立适应不变价 GDP 核算需要的价格指数。

第 二 章

不变价国内生产总值核算的基本概念和方法

第一节 不变价国内生产总值核算的基本概念

不变价 GDP 核算涉及许多基本概念。这些基本概念的准确性和规范性，是保证不变价 GDP 核算准确性和规范性的基础。

一、数量、价格、价值和物量

数量 数量是对某种产品的物理特征的衡量，用实物量单位表示。例如，小麦的产量 100 万吨，电视机的销售量 200 台。100 万吨产量和 200 台销售量就是小麦和电视机的数量。

价格 价格是产品的单位价值，用单位货币量表示。例如，小麦的价格是每公斤 1.2 元，电视机销售价格是每台 3 500 元。每公斤 1.2 元和每台 3 500 元就是小麦和电视机的价格。

价值 价值是用货币表示的价值额，对于单一产品，产品的价值是产品的价格与数量的乘积。由于价值是通过价格这一同度量因素来对产品进行度量，因此，任何产品，不论是货物还是服务，不论多少还是大小，也不论形式如何，都可以通过价值反映出来。因此，价值在不同的产品之间具有可加性，可加性是价值指标的一个重要特征，正是由于价值指标的可加性，才使得用价值表现的、采用数量统计不可能相加的各种各样不同的产品能够相加在一起。GDP 就是在这个前提下，通过货币这一同度量因素，将不同的产品加总到一起形成的一个总量指标。

数量、价格和价值之间的关系可以这样表示，某一产品在某个时期的价值（v）等于该产品的数量乘以该产品的价格，用公式表示为：

$$v_{ij} = p_{ij}q_{ij}$$

其中：i 代表第 i 个产品，j 代表第 j 个时期。一般地，$j=t$ 或 $j=1$ 代表报告期，$j=0$ 代表基年。

多个产品在某个时期的总价值等于相应的单个产品在这个时期的价值之和，用公式表示为：

$$\sum v_{ij} = \sum p_{ij}q_{ij}$$

物量 物量是用价值形式表示的多种产品的数量加总。数量与物量既有区别也有联系，在联合国 1993 SNA 中，单一产品的数量被定义为数量，用英文表示为 quantity，加总的多种产品的数量被定义为物量，英文表示为 volume。由于多种产品的计量单位不同，或者即使计量单位相同但是反映的内涵不同，如电视机的计量单位是台，粮食和钢铁的计量单位都可以是吨，因此，数量指标只能表示单一产品，不同产品是不能用一个相同的数量指标反映的，因为它们之间不能相加。反映宏观经济总体情况的指标，如 GDP，必须对不同的产品进行加总。能够对不同产品进行共同度量的因子只有货币，用货币作为一个统一的价值尺度才能达到对不同的产品进行加总的目的。物量就是用价值反映的不同产品的数量，它与数量的最大区别是用一组固定的价格表示不同产品的总和。单一产品的价值量可以分解为价格和数量，宏观的价值量指标，由于是通过货币来实现多种产品的加总，它的价值量可以分解为价格和物量。通过物量这个用货币反映的产品的数量，可以帮助人们解决在宏观经济分析中无法看清的价值指标中的数量问题。

数量与物量的区别在反映经济增长变动时非常突出。数量的变动通常指单一产品纯数量的变动，比如，小麦的产量由 200 万吨提高到 250 万吨，汽车的销售量比去年增加了 50 万台。而物量的变动除了纯数量的变动外，还包括产品质量的变动和结构的变动。一个产品的价值增加了，其中，除了受市场的作用，价格提高了以外，还有一个原因是产品的质量发生了变化，表现为产品的功能增加了或者改进了，这些都通过物量的形式反映在产品的价值中。物量的这种变化,单纯靠观察产品的数量的变化是看不到的,特别是高新技术产品,如计算机,它的产量可能还是 100 台,但是价值与以前比较确实不一样,这里价格和物量两个因素都有。因此,能够把物量从价值中分离出来很重要,有助于我们更确切地描述价格的变化和更确切地反映经济增长,因为经济增长变动衡量的是包括了质量变动在内的总的物量的变动,而不仅仅是纯数量的变动。

物量的另一个含义是包括了经济结构的变化。例如,假定一个经济体生产两种型号的汽车,A 和 B。汽车 A 的品质远远高于汽车 B,因此汽车 A 的价格是汽车 B 的两倍。假如,第一年,两种汽车按照同样的产量生产,第二年,两种车的价格都没有变,所生产汽车的总数也没有变,但汽车 A 的生产量从去年的占全部汽车生产量的 50% 上升到 80%(见表 2.1)。

表 2.1 产品结构的变动对经济增长的影响

	价格		数量		产值		
	p_{i0}	p_{i1}	q_{i0}	q_{i1}	$p_{i0}q_{i0}$	$p_{i1}q_{i1}$	$p_{i1}q_{i0}$
汽车 A	8 000	8 000	5	8	40 000	64 000	40 000
汽车 B	4 000	4 000	5	2	20 000	8 000	20 000
总计	—	—	10	10	60 000	72 000	60 000

由表 2.1 可以看出,虽然汽车的价格和生产的总数量都没有改变,但经济总量由于产品结构的变动增加了,也就是物量增长了,因此,该经济增长了 20%,而不是零增长。

产品品质的变化也是物量变动的范畴,无疑也应该计入经济增长中,比如说住房质量的提高、计算机的更新换代等。因此,从价值量中分出物量对于计算经济增长率是非常重要的,特别是对于经济结构变动大、产品质量变化快的发展中国家来说更是如此。

二、物量指数和价格指数

价格指数是用于度量价格在不同时期的变化的。对于单一产品来说,价格指数表示的意义很简单,只纯粹是产品价格的变化,但是,在宏观经济分析中,仅仅观察一个个产品的价格变化是远远不够的,在多产品的情况下,物量和价格不能单独表现,需要借助对方作为同度量因素,过渡为价值额。根据价值可以分解为价格和物量两个因素的原理,不变价 GDP 核算,就是将有关价值指标分解为价格和物量两个因素,最终计算出物量的,也就是不变价 GDP。

(一)物量指数

拉氏物量指数、帕氏物量指数和费雪物量指数是最常用、最重要的物量指数。拉氏物量指数把价格固定在基年,帕氏物量指数把价格固定在报告期,费雪物量指数是拉氏物量指数和帕氏物量指数的几何平均。

1. 拉氏物量指数:用基年价值对数量相对数加权

$$L_q = \frac{\sum p_{i0} q_{it}}{\sum p_{i0} q_{i0}} = \frac{\sum p_{i0} q_{i0} \frac{q_{it}}{q_{i0}}}{\sum p_{i0} q_{i0}} = \frac{\sum v_{i0} \frac{q_{it}}{q_{i0}}}{\sum v_{i0}} = \sum w_{i0} \frac{q_{it}}{q_{i0}}$$

其中:i 代表第 i 个产品,t 代表报告期,0 代表基年。

$w_{i0} = \frac{v_{i0}}{\sum v_{i0}}$,是第 i 个产品基年价值在产品基年总价值中所占的比重,也就是权数。

2. 帕氏物量指数:用报告期价值对数量相对数加权

$$P_q = \frac{\sum p_{it} q_{it}}{\sum p_{it} q_{i0}} = \frac{\sum p_{it} q_{it}}{\sum p_{it} q_{it} \frac{q_{i0}}{q_{it}}} = \frac{\sum v_{it}}{\sum v_{it} \frac{q_{i0}}{q_{it}}} = \frac{1}{\sum w_{it} \frac{q_{i0}}{q_{it}}}$$

其中:$w_{it} = \frac{v_{it}}{\sum v_{it}}$,是第 i 个产品报告期价值在产品报告期总价值中所占的比重。

3. 费雪物量指数:拉氏物量指数和帕氏物量指数的几何平均

$$F_q = \sqrt{L_q P_q}$$

(二)价格指数

价格指数与物量指数的原理基本上是一致的。首先计算价格相对数,$\frac{p_{it}}{p_{i0}}$,然后用基年或报告期的价值对这个价格相对数进行加权。

拉氏价格指数、帕氏价格指数和费雪价格指数是最常用、最重要的价格指数。拉氏价格指数把数量固定在基年,帕氏价格指数把数量固定在报告期,费雪价格指数是拉氏价格指数和帕氏价格指数的几何平均。

1. 拉氏价格指数：用基年价值对价格相对数加权

$$L_p = \frac{\sum p_{it}q_{i0}}{\sum p_{i0}q_{i0}} = \frac{\sum \frac{p_{it}}{p_{i0}}p_{i0}q_{i0}}{\sum p_{i0}q_{i0}} = \frac{\sum v_{i0}\frac{p_{it}}{p_{i0}}}{\sum v_{i0}} = \sum w_{i0}\frac{p_{it}}{p_{i0}}$$

2. 帕氏价格指数：用报告期价值对价格相对数加权

$$P_p = \frac{\sum p_{it}q_{it}}{\sum p_{i0}q_{it}} = \frac{\sum p_{it}q_{it}}{\sum \frac{p_{i0}}{p_{it}}p_{it}q_{it}} = \frac{\sum v_{it}}{\sum v_{it}\frac{p_{i0}}{p_{it}}} = \frac{1}{\sum w_{it}\frac{p_{i0}}{p_{it}}}$$

3. 费雪价格指数：拉氏价格指数和帕氏价格指数的几何平均

$$F_p = \sqrt{L_p P_p}$$

（三）物量指数和价格指数之间的关系

对单个产品来说，产品的价值相对数等于价格相对数乘以数量相对数。

$$\frac{v_{it}}{v_{i0}} = \frac{p_{it}q_{it}}{p_{i0}q_{i0}} = \frac{p_{it}}{p_{i0}} \times \frac{q_{it}}{q_{i0}}$$

对多个产品来说，产品总的价值的变动等于价格的变动乘以物量的变动。

$$\frac{\sum v_t}{\sum v_0} = \frac{\sum p_t q_0}{\sum p_0 q_0} \times \frac{\sum p_t q_t}{\sum p_t q_0} = L_p \times P_q$$

$$\frac{\sum v_t}{\sum v_0} = \frac{\sum p_0 q_t}{\sum p_0 q_0} \times \frac{\sum p_t q_t}{\sum p_0 q_t} = L_q \times P_p$$

$$\frac{\sum v_t}{\sum v_0} = F_p \times F_q$$

因此，如果知道报告期和基年的价值总量，再知道帕氏价格指数，就可以推出拉氏物量指数，这就是价格缩减法。不过，为了提高数据的实效性，很多国家都用拉氏价格指数替代帕氏价格指数，用以缩减现价价值，但这种方法明显地存在着误差。最理想的方法是先测算费雪价格指数，然后对现价价值的变动进行缩减，得到费雪物量指数。

三、基年和参照年

基年（Base Year）是指用现价价值做权数的年份。拉氏指数公式中的固定基年是基年最好理解也是最传统的定义。但是,随着指数理论的发展,基年的定义也发生了一些变化,如链式拉氏指数是以上一年为基年的,链式费雪指数的基年是当年和上一年的平均。随着时间的推移,固定基年的价格越来越不适应形势的发展,离基年越远,所计算的各种指数就越不真实,因此基年需要不断地更新,比如说用上一年做基年。基年不同,不变价 GDP 的计算结果就不同。连接不同基年时间序列的方法被称做链式方法(Chained Measure)。

参照年(Reference Year)指的是不变价指数序列中指数定为 100 的年份,是根据分析问题的需要,在不变价指数序列中确定的一个数据对比的起始年份。

虽然基年和参照年可以是同一年,但基年和参照年是两个完全不同的概念。参照年的改变完全不影响年对年变化的指数,也就是环比指数,比如说是以 1990 年做参照年还是以 2000 年做参照年对年度 GDP 增长率的计算没有任何影响。而基年是和权数联系在一起的,选择固定权数还是可变权数对计算结果会有很大的影响,如以 1990 年做基年和以 2000 年做基年所计算出的不变价经济增长率是不同的。如果其他因素不变,以 1990 年做基年计算的不变价经济增长率通常要高于以 2000 年做基年计算的不变价经济增长率。

基年和参照年这两个完全不同的概念在现实中常常被混淆。基年一般指设立不变价格的年份,比如说基年价格通常指的是基年的不变价格,如 1990 年不变价等。但现实中谈到对比年份的时候,通常也说基年,如以 1978 年为基年,实际上指的是以 1978 年为参照年;再如以 1978 = 100 的指数序列通常说是定基指数序列,实际上是指以 1978 年为参照年的指数序列。

下面的两个例子可以清楚地表明基年和参照年的区别。

1. 固定基年计算的经济增长率

定基经济增长率,基年 = 1990,参照年 = 1990

1990	1991	1992	1993	1994
100	105	108	112	120

以上定基经济增长率是用 1990 年权数计算的,但参照年可以改为任何一年,比如说 1993 年。计算方法是用每一年的数除以 1993 年的 112 再乘以 100。

定基经济增长率,基年 = 1990,参照年 = 1993

1990	1991	1992	1993	1994
89	94	96	100	107

上述过程并没有改变基年,因此对环比增长率的计算没有影响。

2. 以上年为基年计算的经济增长率

环比经济增长率,基年=上一年,参照年=上一年

1990	1991	1992	1993	1994
100	105	102	103	106

把上述环比经济增长率变为以1990年为参照年的定基经济增长率,只需要连乘每年的环比数,再除以100。这种方法就是链式方法。

定基经济增长率,基年=上一年,参照年=1990

1990	1991	1992	1993	1994
100	105	107.1	110.3	116.9

第二节 不变价国内生产总值核算的基本方法

一、不变价国内生产总值核算的基本方法

不变价 GDP 的计算方法有三种:价格缩减法(Price Deflation)、物量外推法(Volume Extrapolation)和直接基年价值法(Direct Base Year Valuation)。下面分别介绍这三种方法:

(一)价格缩减法

价格缩减法是利用价值量等于物量乘以价格这样一个关系,用价格指数对现价价值进行缩减,也就是用现价价值除以价格指数,最后求出物量值。

根据缩减的对象和途径,缩减法又分为单缩法和双缩法。单缩法是直接利用价格指数对价值指标进行缩减,剔除价格变动因素,求出所要缩减的指标的不变价数据。双缩法是先分别用价格指数对两个相关的现价价值量指标进行缩减,然后通过缩减后的两个不变价指标计算出所要求的不变价格的数据。典型的双缩法是计算不变价增加值,先通过价格指数分别对总产出和中间投入进

行缩减,得出不变价总产出和不变价中间投入,以不变价总产出减不变价中间投入,得到不变价增加值。

缩减法又称价格指数法。由于是通过价格指数进行缩减,因此,缩减法需要具备能够衡量价格变化的一套价格指数体系,并且在尽可能详细的分类水平上进行价格缩减,例如,利用详细的生产者价格指数对工业的行业总产出进行缩减。由于价格缩减法成本相对比较低,简单易行,是目前世界上大多数国家采用的方法。

(二) 物量外推法

物量外推法是利用拉氏或帕氏物量指数,在基年价值量的基础上,外推出按照基年价格计算的报告年的物量值,也就是不变价数据。具体的方法是,先求出数量的相对数,$\frac{q_{it}}{q_{i0}}$,即第 i 个产品在报告年 t 的数量与在基年 0 的数量的比值。再用基年或报告年的价值进行加权,推导出物量值。目前很多国家用这种方法计算工业生产指数,但这种方法从产品算起,在实际操作过程中很难获得与产品相对应的准确的权数。此外,服务很难用数量来衡量,如医疗、教育、国防、公共管理等,这也限制了这种方法的应用。

(三) 直接基年价值法

直接基年价值法也称固定价格法,是把产品价格固定在某一时期或时点,在一段较长的时期内作为计算不变价的固定价格,用报告年的数量乘以基年的固定价格,得到不变价的数据。这种方法很直观,是拉氏定基物量指数最基本的形式,但是制定不变价产品目录的工作量大,成本高,而且由于基年固定的时间比较长,不能及时反映产品结构的变动,原来列入不变价目录的产品可能已经不复存在了,而新的产品却找不到基年的价格,对不变价测算的准确性带来影响。

二、对三种方法的基本评价

以上三种方法各有优缺点,在实际不变价计算中,很多国家都是根据产品和行业的性质,采用不同的方法。比如说 OECD 国家多数都用直接基年价值法计算对外贸易,主要利用价格缩减法计算 GDP 的主要构成项目。

缩减法是国际上最常用的不变价格计算方法,这种方法可以对全社会各类生产活动进行不变价核算,不论货物还是服务,都可以采取这种方式。双缩法基本上是对形成差额的两个数据先进行缩减,把它们都看成是商品流,这样做的好处是可以分别剔除在两个数据中的价格因素,特别是在双方的价格变动趋势不完全一致的时候,双缩法可以合理地考虑到不同经济指标中价格的影响,避免采用单缩法仅仅对最终结果进行缩减,考虑的因素不全面。双缩法主要是应用在不变价生产法 GDP 核算中,对形成行业增加值的总产出和中间投入进行双缩。采用这种方法的一个前提是要具备能够较好反映产出和投入的现价数据,另外,价格指数应尽可能地合理,否则有可能带来系统性误差,影响到不变价 GDP 的计算结果。

物量外推法一般是通过就业人数或者客货运周转量和邮电通信业务总量等物量指标编制出物量指数,应用于相应行业的不变价计算,如服务业、交通运输和邮电通信业等,它可以在价格指数不健全的情况下,起到直接计算不变价数据的作用。但是,一般地讲,除恶性通货膨胀或者质量迅速变化的产品(如计算机)外,缩减法比物量外推法能够给出更准确的结果,因为一种产品在一个较短的时间内价格的变动幅度通常要小于其数量的变动幅度。

直接基年价值法被大多数国家用于农产品和为自己最终消费使用而生产的产品。长期以来,中国的农业和工业采用这种方法进行缩减,从新中国成立初期开始,中国先后使用的不变价格有 1952 年、1957 年、1970 年、1980 年和 1990 年不变价格,直到 2004 年才开始采用缩减法计算。直接基年价值法在计划经济时期,对于描述中国的主要经济产出工业和农业总产值起到了重要作用,在产品品种不多、更新换代慢、价格变动较少的情况下,具有简捷明快的特点,基层单位在没有发生销售活动的情况下,根据产品产量和价格就可以直接计算出总产出。由于基年和权重都固定在同一个年份,同一基期内不同年份的不变价数据可以直接相加,便于进行物量和价格因素的分析。直接基年价值法存在的问题是,在基年的时间过长、价格变化比较大和产品更新换代比较快的情况下,要编制繁多的不变价产品目录并加以推广,投入的工作量太大;选取的代表品或者规格品也很难适应产品更新换代快、价格变动频繁的新情况,固定的权重不能及时反映价格的变化。因此,通过直接基年价值法计算的不变价增长速度有高估的现象,因此,这种方法有一定的局限性。

第二种和第三种方法都是直接推算不变价数据,称为直接法。第一种方法是通过现价数据和价格指数间接计算不变价数据,称为间接法。一般地,国际上大部分国家的做法是,不变价计算以第一种方法为主,第二和第三种方法是作为第一种方法的补充。

第三节 不变价国内生产总值核算的基本途径

简单地说,不变价 GDP 核算就是要剔除现行价格 GDP 中包含的价格因素,观察 GDP 的物量变动。正如在第一章中提到的,按生产法、收入法和支出法三种方法计算的现行价格的 GDP 中,由于生产法和支出法 GDP 所反映的是生产活动的最终产品,能够与物量建立起直接的联系,因此,不变价 GDP 能够从生产法和支出法两个角度来计算。

一、不变价生产法国内生产总值核算

在不变价生产法 GDP 的核算中,缩减法,包括单缩法和双缩法,是使用得最多的一种方法,按照缩减法,首先要计算现行价格的 GDP,然后,在此基础上,通过价格指数对现价 GDP 进行缩减得到不变价 GDP。

(一)现价生产法 GDP 核算

按照现价计算的生产法 GDP,是从价值形成的角度来衡量的,首先计算在生产活动中形成的总产出,然后从总产出中减去生产活动中消耗的货物和服务,也就是中间投入,得到 GDP。用公式表示为:

$$\text{生产法 GDP} = \text{总产出} - \text{中间投入}$$

把国民经济作为一个总体来看,生产法 GDP,是全部经济活动的总产出中扣除中间投入以后的余额。实际的核算过程是,一般是从行业着手,计算出行业总产出和中间投入,从总产出中扣除中间投入,得到行业的生产法增加值,国民经济中所有行业的生产法增加值相加,得到生产法 GDP。计算公式是:

$$\text{生产法增加值} = \text{总产出} - \text{中间投入}$$
$$\text{生产法 GDP} = \text{所有行业的生产法增加值}$$

按照中国的国民经济行业分类标准,行业分为门类、大类、中类和小类,它们的代码分别是一位码、两位码、三位码和四位码。理论上,行业增加值从四位码开始计算最合理,因为四位码在行业中的同质性最强,按照生产法计算的行

业增加值也最具有合理性。但是,需要具备详细的基础数据。国际上一些发达国家的生产法 GDP 计算一般是从四位码开始的。中国在 2004 年以前,生产法 GDP 基本上是按照门类,也就是一位码计算的,共划分为 17 个行业。2004 年的全国第一次经济普查,提供了较详细的基础数据,为现价生产法 GDP 核算,特别是为不变价 GDP 核算建立了基础,因为,更细的分类,可以选择更详细和合理的价格指数,减少由于行业结构与价格权重不一致带来的价格的偏离,剔除的价格因素更合理。2004 年以来,生产法 GDP 基本上按照国民经济行业分类的大类核算,共划分为 94 个行业。

(二) 不变价生产法 GDP 核算

从生产法 GDP 核算的过程可以看出,生产法增加值是从总产出中扣除中间投入得到的,总产出和中间投入分别属于生产活动中不同的货物和服务,所以,隐含在它们中的物量和价格是不同的,也就是说,总产出和中间投入这两个不同的价值量中的价格因素是不同的。因此,要扣除其中的价格因素影响,应该对它们分别进行缩减。对于产出,采用与产出的货物和服务相对应的价格指数进行缩减,对于中间投入,采用与生产活动过程中投入的原材料、物料和燃料等货物,以及从外部购买的服务相对应的价格指数进行缩减。也就是采用双缩法,先分别对总产出和中间投入进行缩减,然后从不变价总产出中减去不变价中间投入,得到不变价增加值。不变价生产法增加值核算,采用双缩法是比较合理的方法。但是,这种方法需要的条件是有充分的现价总产出和现价中间投入的数据,以及与此相对应的价格指数。

在不具备详细的中间投入现价数据和详细的中间投入价格指数,无法进行双缩法的情况下,采用单缩法是计算不变价增加值的最好选择。但前提是假定总产出和中间投入的价格变动方向相同,变动趋势一致。但是,在市场经济的条件下,这种情况不多。因此,使用单缩法进行缩减,会给不变价 GDP 计算带来一定程度的偏差,如果用产出的价格指数缩减,当产出的价格指数低于中间投入的价格指数时,会低估不变价增加值和 GDP 数据,相反的情况则会高估不变价增加值和 GDP 数据。不变价生产法 GDP 中各行业不变价增加值的计算方法有下列几种:

1. 采用缩减法计算

双缩法的计算方法如下:

$$\text{不变价总产出} = \text{现价总产出} / \text{产出价格指数}$$
$$\text{不变价中间投入} = \text{现价中间投入} / \text{中间投入价格指数}$$
$$\text{不变价增加值} = \text{不变价总产出} - \text{不变价中间投入}$$

一般地,大多数国家的农业现价总产出和中间投入具备详细的数据,也具备农业生产者价格指数和农业生产资料购买价格指数,采用双缩法比较普遍。中国的农业也是采用双缩法。

单缩法的计算方法如下:
$$\text{不变价增加值} = \text{现价增加值} / \text{价格指数}$$

按照单缩法计算,根据所具备的价格指数的实际情况,可以用总产出、中间投入或者劳动投入的价格指数作为缩减指数。大部分的服务业不具备中间投入的详细现价数据,且价格指数也很不完善,因此,采用单缩法比较普遍。限于基础数据的情况,使用的价格指数也不尽相同。

2. 采用物量指数外推法计算

物量指数外推法在不变价生产法 GDP 核算中也经常用到,如前面介绍的,首先编制物量指数,在基年价格的基础上,根据物量指数进行外推,推出的数据就是与基年价格一致的不变价数据。外推法的计算公式为:
$$\text{核算年不变价增加值} = \text{基年不变价增加值} \times \text{物量指数}$$

外推法一般用于交通运输业和邮电通信业,这些行业提供的服务比较规范统一,品种也不是十分复杂,比较容易编制物量指数,如交通运输的客运周转量和货运周转量,邮电通信的邮电业务总量,这是大部分国家使用的一种方法,中国也不例外。但是,距离基年的时间如果太长,或者设定的价格不合理,特别是在通信业发展很快,价格又是在不断下降的情况下,用基年的价格来衡量增长速度,往往会高估。

3. 采用直接基年价值法计算

直接基年价值法也称固定价格法,这是一种很传统的计算方法,在计划经济的体制下,产品的多少由国家来确定,产品的价格变化也很少,如果能够和五年计划的编制相适应,是比较简便易行的方法。自新中国成立到2004年,中国一直在农业和工业的总产值中采用这种方法,先后编制了1952年、1957年、1970年、1980年和1990年不变价。但是2004年以后,农业和工业都采用了缩减法。

无论采用哪种计算方法,都需要计算出各个行业的不变价增加值,不变价生产法 GDP 等于各个行业不变价增加值的合计,用公式表示就是:

不变价生产法 GDP = 各个行业不变价生产法增加值合计

二、不变价支出法国内生产总值核算

支出法 GDP 反映的是最终产品及其使用的去向,它反映的是商品的流量,因此,可以从它的价值总量中剔除价格因素,观察物量的变化。同时计算不变价生产法和支出法 GDP,便于对不同种方法计算的结果进行校验,通过校验,发现现价或者是不变价数据中存在的不平衡,提高 GDP 核算的数据质量。

与不变价生产法 GDP 核算一样,不变价支出法 GDP 核算,要依赖于现价支出法 GDP 和有效的、与支出构成相一致的价格指数。

(一)现价支出法 GDP 核算

现价支出法 GDP,从三个大的支出项目来反映最终产品的去向,包括最终消费、资本形成总额和净出口。用公式表示:

支出法 GDP = 最终消费 + 资本形成总额 + 净出口

实际上,支出法的三个大的构成项目,是由更详细的构成组成的,最终消费分为政府消费和居民消费,居民消费进一步分为城镇居民消费和农村居民消费,城镇居民消费和农村居民消费的项目又分别包括食品、衣着、家庭设备用品及服务、医疗保健、交通和通信、娱乐教育和文化服务、住房服务、集体福利服务、金融媒介服务和保险服务消费、其他商品和服务等 14 个大项。

资本形成总额包括固定资本形成总额和存货增加。固定资本形成总额可分为有形固定资本形成总额和无形固定资本形成总额。有形固定资本形成总额包括在一定时期内完成的建筑工程、设备安装工程和设备工器具购置(减处置)的价值,以及土地改良,新增役、种、奶、毛、娱乐用牲畜和新增经济林木的价值。无形固定资本形成总额包括矿藏勘探的支出、计算机软件等的获得(减处置)的价值。

净出口是出口减进口的差额,出口和进口既包括货物也包括服务。

具备现价支出法 GDP 详细的构成项目,能够在更详细的层面上更准确地计算不变价支出法 GDP,提高不变价支出法 GDP 的数据质量。

（二）不变价支出法 GDP 核算

不变价支出法 GDP 核算，主要是采用价格指数缩减法。由于每一个构成项目都反映的是一个单独的商品流量，因此，所有的构成项目都采用单缩法进行缩减。由于现价存货增加计算方法的特殊性，也由于存货的变动不是很有规律，因此，存货增加的不变价计算方法与支出法 GDP 中其他构成项目的不变价计算方法有所不同，特别是对于农产品的存货，由于产品不多且变化不大，也容易确定固定的价格，因此，有些国家采用基年直接价值法计算，中国也是这样。不变价支出法 GDP 的计算公式为：

$$\text{不变价支出法 GDP} = \text{不变价最终消费} + \text{不变价资本形成总额} + \text{不变价净出口}$$

其中：不变价最终消费 = 现价最终消费/价格指数

不变价资本形成总额 = 现价资本形成总额/价格指数

不变价净出口 = 不变价出口 − 不变价进口

不变价出口 = 现价出口/出口价格指数

不变价进口 = 现价进口/进口价格指数

在不变价支出法 GDP 的具体计算中，应根据现价支出法 GDP 的构成项目及价格指数的情况，在尽量详细的层面上进行计算。例如，最终消费应分别对政府和居民消费进行缩减，居民消费应分食品、衣着等具体类别分别缩减。资本形成总额应分别对固定资本形成总额和库存增加进行缩减，进出口应分别对货物和服务以及更加详细的进出口产品进行缩减。所采用的价格指数，应尽量与支出项目的内涵相对应，如居民消费中的食品类应采用食品价格指数，固定资本形成总额的价格指数因与固定资产投资有关，应采用固定资产投资类价格指数。这样做的目的是更准确地剔除现价支出法 GDP 中的价格因素。

三、不变价国内生产总值核算的基本要求

前面的介绍，勾画出了不变价 GDP 计算的途径。可以看出，除了对某些特定的行业和产品，采用物量外推法和直接基年价值法计算不变价数据外，大部分不变价数据是在现价数据的基础上，通过价格指数缩减法得到。

因此，不变价 GDP 核算，以下三点是至关重要的：

一是要有可信赖的、详细的、范围全面的现价数据。行业分类要尽可能地

详细,因为,行业划分得越细,在一个行业中包含的产品越具有同质性,也就越有可能选择与每个行业的性质相同的价格指数,价格指数的层次越低,就越接近基础价格指数。这时,不同的价格指数之间的差别就不十分明显了,因此权重的影响在这里已经不重要了,不会由于不同的价格指数影响到缩减后不变价数据的准确性。计算出的数据反映的物量的变化才真实。一般地,发达国家的国民经济行业分类能够达到四位码,这样国民经济行业会有1000多个,中国如果也按照四位码进行行业划分,全部国民经济行业可以达到1094个。这些详细的分类将为不变价计算建立起良好的基础。支出项目细化的意义与行业一样,目的是得到准确的不变价数据。从核算的范围来说,要包括的内容详细全面,就要求有比较好的关于行业生产法增加值和支出法GDP构成项目详细全面的基础数据,特别是对于那些新兴的行业,要通过各种形式的调查将它们的经济活动包括进来,进而通过增加值的计算,全面核算出这些行业的现价数据,现价数据准确全面了,才能为不变价核算建立一个完善的基础,才有可能按照双缩法、单缩法以及外推法进行不变价核算。

二是要有高质量的价格指数。在利用缩减法计算不变价国内生产总值时,价格指数是非常重要的,只有价格指数准确地反映有关交易的价格变化,才能得到真实的不变价价值。价格指数有不同的编制方法,最常见的有拉氏价格指数、帕氏价格指数和费雪价格指数。拉氏价格指数是把物量固定在基年来计算价格变化的方法,帕氏价格指数是把物量固定在报告年来计算价格变化的方法,费雪价格指数是拉氏价格指数和帕氏价格指数的几何平均。费雪价格指数是最靠近理论指数的理想指数,但由于编制起来比较复杂,实际上只有极少数国家能做到,而拉氏价格指数和帕氏价格指数则被广泛地使用。理论上,采用帕氏价格指数来反映价格的变化比较合理,因为它的权重能够及时地反映产品构成的实际变化,但是这种方法在实践中存在很多困难,人们不可能每年都花费大量的时间去重新确定权重,因此,在产品的品种和价格变化不是很大的情况下,一般都是以拉氏价格指数代替帕氏价格指数,中国也是这样。中国所有的价格指数的编制方法大都是拉氏价格指数,尽管有些指数进行了一些调整,但基本上还是拉氏价格指数。另外,从国际上最新的价格指数编制方法来看,为适应那些更新换代快、价格变化快的高新技术产品的特点,需要编制链氏环比价格指数和对产品进行质量调整,以准确反映价格的变化。只有不断改进价格统计,编制出能够确切反映价格真实变动的价格指数,才能保证缩减后的不变价数据的准确。

三是要采取尽可能合理的不变价计算方法。不变价的计算方法,在前面已经做了详细的介绍,不管采取什么样的方法进行不变价计算,不变价基年的确定、价格指数公式的选择和权数的确定都应尽可能地与国际通行的方法一致,计算时应尽量从最细的分类开始。做到了以上的各点,不变价的计算才能有可靠的保证。

第 三 章

国际上不变价核算的最新进展

第一节 国际上不变价国内生产总值核算的最新进展

不变价GDP实际上就是在物量的基础上观察经济的真实变化,在经济发展已经成为各国和各级政府关注的重点领域,成为衡量人民生活水平的重要标志的情况下,搞好不变价GDP核算,准确客观地评价一个国家的经济发展,具有特别重要的意义。

前面提到,不变价GDP核算主要采用价格缩减法,缩减所用的价格指数以帕氏价格指数较为合理。但是,实际上,由于缺乏每个时期详细的价格和产品的基础资料,要想编制出用于缩减GDP所有构成部分的帕氏价格指数几乎是不可能的。因此,多数国家是采取折中的办法,用拉氏价格指数来缩减。中国也是这样做的。这样得出的不变价结果可以看做是按照帕氏价格指数计算得到的结果的一种近似值,特别是,在价格构成中各个部分的相对数量和价格的变化随时间的推移不发生显著的变化的情况下,由拉氏价格指数得出的结果比较令人满意。但是在实践中,满足上述条件是非常困难的。对于那些价格变化比较大的产品,如计算机,近十几年来,价格大幅度下降,但是其他商品的价格却在上升。而从数量上看,计算机的数量增长要比其他商品快得多。这时,根据拉氏定基公式计算出的不变价产生的后果是,不变价GDP的增长率要高于根据最近的价格变化趋势计算出的增长率。

产品的质量对价格的影响也不容忽视,在经济活动中,很多产品是以多种形式的质量提供到市场的,不同的质量有不同的价格,有时候相差还很大,如洗过的和未洗过的土豆的价格是不同的,这个价格的不同是由于土豆质量上的差别而引起的,是物量的变化,不是单纯的价格变化。但是在实践中,这往往不容易区分,这时,如果把质量的变化记入到价格中而不是物量中,就会高估或低估价格,同样对不变价 GDP 核算带来不利的影响。

针对以上两个问题,近些年,国际上一些在国民经济核算领域走在前面的国家,开展了价格指数的质量调整方面的研究,如对于与计算机有关的价格指数,必须将计算机和其他商品分开来单独进行估价,并且对计算机价格指数采用新的权重,这样才不至于由于计算机价格和数量的迅速变化扭曲综合价格水平。这些做法都大大改进了不变价 GDP 核算,成为我国将来不变价 GDP 核算的重要发展方向。

一、环比价格指数和链式价格指数

联合国 1993 年 SNA 建议在不变价 GDP 核算中,采用环比价格指数(又称桥指数、链指数)和链式价格指数的方法,以环比指数替代定基指数,解决权数陈旧、价格偏差大的问题。目前,这种方法不仅在理论上已经被广泛认同,并且已经被一些主要国家应用于实践,比如,美国从 1996 年,加拿大从 2001 年,澳大利亚从 1998 年开始采用链式价格指数。

1. 环比价格指数

环比价格指数又称为链价格指数或桥价格指数,其计算公式是:

$$\mathrm{PI}_t^{LC} = \frac{\sum P_{i,t} Q_{i,t-1}}{\sum P_{i,t-1} Q_{i,t-1}} = \sum w_{i,t-1} \frac{P_{i,t}}{P_{i,t-1}}$$

其中: $w_{i,t-1} = \dfrac{P_{i,t-1} Q_{i,t-1}}{\sum P_{i,t-1} Q_{i,t-1}}$,为第 i 种产品在报告期上一期(第 $t-1$ 期)的销售额(或购买额、消费额)占 $t-1$ 期全部产品销售额(或购买额、消费额)的比重,也是相邻两个时期价格相对数 $\dfrac{P_{i,t}}{P_{i,t-1}}$ 的权数。

$Q_{i,t-1}$ 为第 i 种产品在报告期上一期(第 $t-1$ 期)的销售量(或购买量、消费量)。

$P_{i,t}$ 为第 i 种产品报告期(第 t 期)的平均价格。

$P_{i,t-1}$ 为第 i 种产品报告期上一期(第 $t-1$ 期)的平均价格。

以上等式中环比价格指数的权数基年为报告期上一期(第 $t-1$ 期),即第 i 种产品价格相对数的权数为第 i 种产品在报告期上一期(第 $t-1$ 期)的销售额(或购买额、消费额)占 $t-1$ 期全部产品销售额(或购买额、消费额)的比重;指数计算过程中第 i 种产品的价格相对数为第 i 种产品第 t 期平均价格与第 $t-1$ 期平均价格之比。

环比价格指数可以采用几种形式,费雪环比价格指数是 1993 年联合国 SNA 推荐的优先选择,作为替代,拉氏环比价格指数和帕氏环比价格指数也可以使用。

从环比价格指数的公式可以看出,它与传统的定基拉氏指数的最大区别就是把权重固定在报告期的上一年,这就意味着价格指数的权重每一年都是变动的,这种做法从理论上和现实中都有很多好处。例如,鉴于有些产品不断地从市场上消失,被某些新产品或者新质量的产品所取代,相邻时期的产品之间的可比性有可能比相隔很远时期产品之间的可比性要好得多,因为两个相邻时期的产品重叠的部分几乎是最大的;相反地,两个时期间隔越远,产品的重叠部分就越少。特别是在消费者价格指数采用环比以后,所得到的权重确实能够与越来越多的新产品出现的现实相吻合,确实能够改变定基指数无法反映产品变化快的缺陷。但是环比指数只解决相邻两个时期的价格变动问题,对于要观察比较长的时间里价格的变动,引入了链式价格指数。

2. 链式价格指数

链式价格指数 PI_t^C 是在环比价格指数的基础上,由一系列环比指数连乘而得,即

$$\text{PI}_t^C = \prod_{i=1}^{t} \text{PI}_i^{LC}$$

上述链式价格指数是以第 0 期为参照期、第 t 期为报告期,从第 1 期到第 t 期各期环比价格指数的乘积。

链式价格指数与定基价格指数有相似之处,它是一系列短期指数的乘积,可以通过对价格短期变动的累计来反映价格的长期变动。

链式方法提供了基年更新以后新旧序列连接的问题,提高了当期经济增长

率的测算精度,但用链式方法测算的不变价 GDP 不具备可加性(Additive),也就是说,连接后的 GDP 各构成项目不变价价值之和不等于 GDP 不变价总值。这是因为 GDP 及其构成项目的不变价数据都是在参照年现价数据的基础上根据链式物量指数外推得到的。

联合国 1993 年 SNA 肯定了链式指数的优点,同时也明确指出了使用链式指数产生的这种不可加性问题。但为了保证总量水平上价格和数量指数的精确性,保持每一分项物量运动的完整性,SNA 仍然建议选择链式指数。

二、质量调整

产品的质量不仅取决于产品的性能,也取决于地点、时间、销售条件等其他因素,如土豆有新的或旧的、洗过的或没有洗过的、散装的或包好的、在集市上卖的或在超市里卖的,等等。同样是土豆,由于产品的销售条件不同,造成质量不同,价格不同。但是从土豆的基本性能来看,没有发生本质的变化,它的基本功能还是一致的。在不变价核算理论中,联合国和欧盟统计局都把产品由于质量的变化而带来的价格的变化,定义为物量的变化。因此,在这种情况下,不同质量的土豆之间价格的不同,不是价格因素的影响,而是质量变化的影响。但是,在实际经济活动中,产品质量的变化往往与价格的变化混合在一起,如果在价格统计中不对质量的因素进行调整,会对不变价 GDP 核算产生不利的影响。因此,为了准确地反映产品的价格变化,必须进行质量调整,就是剔除价格变动中的质量变动因素,使价格指数只反映纯价格的变动。

在产品科技含量不是太高和产品升级换代不是太快的情况下,产品中质量因素的影响问题不是很突出,但是近些年来,随着科学技术的不断发展和进步,质量因素对价格的影响越来越突出。例如计算机,随着它的容量和速度的不断升级,其价格也在发生变化,或者是质量发生了变化,但是价格却没有变化,实际上是价格发生了变化。因此,如果将这两种不同质量的产品进行对比,反映的就不是真正的价格变化,必须对质量因素进行调整。居民住房也是这样。对价格中质量变化因素影响的调整,是近年来发达国家在价格指数的编制中普遍做的事情。美国、加拿大等国对计算机和居民住房等都进行了质量调整。

质量调整的方法主要有三种:

(1) 一个时期新质量的产品和老质量的产品在市场上同时存在,用价格相对数衡量新旧产品的质量变动。

时期	旧质量	新质量
0	p_0	
T	p_t	p_t^*
N		p_n^*

价格相对数 $\dfrac{p_t}{p_t^*}$ 连接了第 n 期的新质量和第 0 期的旧质量,调整了质量差异以后的价格相对数为 $\dfrac{p_n^* \times \left(\dfrac{p_t}{p_t^*}\right)}{p_0} = \dfrac{p_n^*}{p_t^*} \times \dfrac{p_t}{p_0}$。

(2) 新、旧质量的产品在市场上不同时存在,可用相对生产成本取代相对价格来估算相对质量。假设新质量产品的价格比旧质量产品的价格上升了 $x\%$,新质量产品的成本比旧质量产品的成本上升了 $y\%$,那么连接了新质量和旧质量的价格相对数为 $\dfrac{1+x}{1+y}$。

(3) 享乐指数(Hedonic)方法,假设产品的价格是产品某种可衡量特征(Characteristics)的函数,用回归的方法可以测算产品特征的变动所带来的价格的变动。该方法是目前各国进行质量调整采用的主要方法。例如,一个产品的价格只受产品尺寸(Size)的影响,在第 0 期,市场上有三种尺寸:尺寸 1、尺寸 2 和尺寸 4;在第 t 期,市场上有另外三种尺寸:尺寸 3、尺寸 5 和尺寸 6,如下表所示:

第 0 期	尺寸 1	尺寸 2		尺寸 4		
第 t 期			尺寸 3		尺寸 5	尺寸 6

根据上述数据,建立第 0 期价格对尺寸的回归方程,推出尺寸 3 在第 0 期的虚拟价格;建立第 t 期价格对尺寸的回归方程,推出尺寸 4 在第 t 期的虚拟价格。根据回归方程,也可以外推尺寸 1 和尺寸 2 在第 t 期的虚拟价格,尺寸 5 和尺寸 6 在第 0 期的虚拟价格。最后可以计算出各个尺寸的价格相对数。

质量调整后的价格指数就是根据经过质量调整以后的价格相对数计算出来的。

享乐指数方法适用于产品的价格只受该产品的主要特征的影响的情况,比如说计算机。计算机的价格取决于计算机的容量和运算速度,建立价格对这两个特征的回归方程,就可以推算具有高容量和高速度的计算机在过去的价格。

第二节 发达国家不变价国内生产总值核算方法

一、美国的不变价国内生产总值核算

美国的国民经济核算由美国商务部经济分析局(BEA)实施。美国的不变价 GDP 核算有两个方面的特点:第一,所依赖的基础数据,取自于美国分散的统计体系内的多家机构,是依据广泛的基础资料来进行不变价核算的;第二,近年来对核算的技术进行了拓展,特别是引入了链式价格和物量指数。

(一)不变价 GDP 核算的基本方法

美国的不变价 GDP 核算包括不变价支出法 GDP 核算和不变价生产法 GDP 核算,两种不变价 GDP 核算是独立进行的。前者是对最终需求的各组成部分单独进行不变价核算,然后将各部分核算结果加总得到不变价支出法 GDP。后者是对各行业总产出和中间投入分别进行不变价核算,然后用不变价总产出减去不变价中间投入,得到不变价增加值[①],不变价生产法 GDP 等于各行业不变价增加值合计。

对于这两种方法,BEA 都力求使用最恰当的基础资料和计算程序,同时也力求在尽可能细致的层次上进行不变价核算,然后汇总出更高层次的结果。

1. 不变价支出法 GDP 核算

为了便于理解美国是如何利用可获得的数据进行不变价支出法 GDP 核算的,下面对每个主要的最终需求部分分别进行介绍,包括个人消费支出(即住户和为住户服务的非营利机构的最终消费支出)、私人固定资产投资和存货变化(即非政府机构的资本形成总额)、政府消费支出和投资(即政府部门的最终消

[①] 限于篇幅,本节未对 BEA 的初步不变价生产法 GDP 核算进行讨论,如想了解相关信息,请参阅 Erich H. Strassner 和 Thomas F. Howells III 的"年度行业账户:对 2004 年的高级估计",《现代商业调查 85》(2005 年 5 月):第 7—19 页。对本节中讨论的修正后不变价生产法 GDP 核算,如想了解更多相关信息,请参阅 Brian C. Moyer, Mark A. Plantting, Mahnaz Fahim-Nader 和 Sherlene K. S. Lum 的"年度行业账户综合修正概述",《现代商业调查 84》(2004 年 3 月):第 38—51 页。

费支出和资本形成总额),以及货物和服务的净出口(即出口减进口)。

(1) 个人消费支出

个人消费支出(PCE)的不变价核算主要采用缩减法,所需价格指数主要取自美国劳工统计局(BLS)的消费者价格指数(CPI)(见表 3.1)。然而,由于编制 CPI 的首要目的是提供一个整体的价格指数,以反映因生活成本变化引起的收入和支出的变化,而不是直接为 PCE 的不变价核算提供价格指数,因此需要利用其他资料来源对其进行补充。

表 3.1 美国不变价 GDP 核算所采用的方法

组成部分	缩减法,所使用的价格指数		物量外推法或直接估价法
	CPI 或 PPI	其他指数	
个人消费支出			
耐用及非耐用产品			
大多数耐用及非耐用产品(下面列出的产品除外)	CPI PPI,适用于军装		
新汽车(不包括卡车)	CPI		
二手汽车(不包括卡车)和二手轻型卡车的净购买	……	……	直接估价法。二手汽车(不包括卡车)和二手轻型卡车的估价,分为两部分:(1) 毛利和销售数据取自交易源,中介商毛利取自普查局和交易源;(2) 汽车首次买卖后的单位存量净变化,依赖基年价格的原始价值折余计算
新卡车	CPI		
汽油和润滑油	CPI		
提供给雇员的食品(包括军队)	CPI		
美国常住居民在国外的支出减去其对非常住居民的实物转移	……	国外 CPI	
服务			
非农场住宅:自有住宅的虚拟租金和出租住宅的租金	CPI		

(续表)

组成部分	缩减法,所使用的价格指数		物量外推法或直接估价法
	CPI 或 PPI	其他指数	
农场住宅的租金	……	……	物量外推法。农场住宅净存量的不变价值取自 BEA 的资本存量测算
机动车辆的维修,出租和其他服务;其他维修服务;其他城市间交通;法律及殡葬服务;理发馆,美容院,健身房,疗养院;洗衣房;职业介绍所;会计及税务代理服务;娱乐(不包括有线电视,赛马,彩票,计算机在线服务);旅馆及汽车旅馆;商务服务,贸易,以及相应的学校;教育服务;研究组织及基金	CPI PPI,适用于私立和公立疗养院、职业介绍所	私立非营利疗养院,适用投入价格组合指数,其中投入价格取自医疗保险和医疗补助服务中心;俱乐部、互助会,及非营利研究和基金支出,适用 BEA 投入价格组合指数	
内科医师,牙科医师,及其他专业医疗服务	CPI PPI,适用于内科医师、家庭保健及医疗实验室		
私人幼儿园,小学,中学,(托儿所的)日托,福利活动,政治组织,基金,贸易商会,以及专业协会	……	BEA 投入价格组合指数	
银行提供的不收费的金融服务,其他信托机构和投资公司	PPI,适用于投资公司的证券业务佣金	BEA 投入价格组合指数,适用于投资公司"扣减总额"	物量外推法。银行提供的不收费的金融服务,适用 BLS 的总产出(减去 BEA 实际金融服务收费)指数乘以消费者存贷款相关数据;其他信托机构,适用相关金融机构的付酬雇员工时数;投资公司的"潜在收费",适用 BEA 基于交易源物量数据的方法

(续表)

组成部分	缩减法,所使用的价格指数		物量外推法或直接估价法
	CPI 或 PPI	其他指数	
经纪代理收费和投资咨询服务,金融服务收费,除"其他"类外的城市间交通,私立高等教育	CPI PPI,适用于证券业务佣金	航空交通,适用基于每人公里平均收入的 BEA 指数,资料取自交通部和航空运输交易数据;私立高等教育,适用 BEA 投入价格组合指数	物量外推法。共同基金销售收费,利用经 CPI 缩减的新销售基金价值
家政服务	CPI		
公立教育和医院,水和其他清洁服务,彩票	CPI PPI,适用于公立医院		
保险,私立医院,宗教活动,有线电视,电力,天然气,电话,本地交通	CPI PPI,适用于营利的私立医院	人寿保险和宗教活动,适用 BEA 投入价格组合指数;非营利私立医院,适用投入价格组合指数,其中投入价格数据取自医疗保险和医疗补助服务中心	物量外推法。汽车保险,用 CPI 缩减保险金;医疗保险,用 PPI 缩减保险金;失业保险,用 PPI 缩减保险金
美国常住居民在国外的旅游支出减去非常住居民在美国的支出	CPI,适用于在美国的支出	在国外的旅游,适用 BEA 投入价格组合指数;在国外旅游的机票,适用 BLS 进口价格数据	
其他服务:机动车辆出租;彩票净支出;除旅馆和汽车旅馆外的其他住宿服务;通行费;除维修和保险外的其他家庭活动;旅游和娱乐车;速录及复制服务;汇票和分类广告;计算机在线服务	CPI	……	物量外推法。彩票净支出,用 CPI 缩减总奖金

(续表)

组成部分	缩减法,所使用的价格指数		物量外推法或直接估价法
	CPI 或 PPI	其他指数	
私人固定资产投资			
非住宅建筑物			
商业和卫生业建筑物	……	商业建筑物,适用基于每平方英尺成本的 BEA 指数,成本数据取自商业建筑物的交易资料;卫生业建筑物,适用基于成本指数的 BEA 指数,成本指数数据取自交易数据,同时对于在建的独栋住宅,适用普查局的价格指数	
制造业建筑物	……	基于每平方英尺成本的 BEA 指数,成本数据取自交易数据	
能源和通信建筑物	PPI,适用于除电力外的其他能源建筑物	电力建筑物,适用成本指数,资料取自交易数据和政府机构;通信建筑物,适用成本指数,资料取自交易数据	
采矿业建筑物,包括矿道、矿井、通风井等	PPI,适用于油、气钻井机及油、气领域的服务	在建的独栋住宅、矿井,适用基于成本指数和普查局价格缩减指数的 BEA 指数	物量外推法。钻探活动,利用取自交易源的钻探地理面积
其他建筑物	PPI,适用于中介费用	教育及职业建筑物,适用于每平方英尺成本的 BEA 指数,资料取自交易数据;铁路,BEA 价格指数;其他组成部分,基于成本指数的 BEA 指数,资料取自交易数据;在建的独栋住宅,基于普查局价格缩减指数的 BEA 指数	

（续表）

组成部分	缩减法,所使用的价格指数		物量外推法或直接估价法
	CPI 或 PPI	其他指数	
非住宅设备和软件			
除以下列明的项目以外的设备	PPI,适用于大多数国产装备和进口交通设备	除交通设备外的进口装备,适用 BLS 进口价格指数	
新汽车（不包括卡车）、新轻型卡车,以及二手汽车（不包括卡车）和轻型卡车的净购买	CPI,适用于新汽车（不包括卡车）;PPI,适用于新轻型卡车	……	直接估价法。对于二手汽车（不包括卡车）和轻型卡车的净购买,参见 PCE 中的"二手汽车（不包括卡车）和轻型卡车的净购买"
电话和电报装置	……	BEA 成本指数	
电话交换设备	……	BEA 价格指数	
影印设备	……	BEA 价格指数	
软件	……	BEA 成本指数,BLS 雇佣成本指数,PPI,自用及定制软件	
住宅投资			
新建的单家庭房屋	……	在建的独栋住宅,普查局价格缩减指数	
新建的多家庭房屋	……	BEA 价格指数	
人造房屋	PPI		
大修	……	BEA 投入价格组合指数,适用于大修;BEA 基于普查局对在建的独栋住宅价格缩减指数的价格指数和 BEA 针对大修的价格指数,适用于更新和改造	
住宅经纪代理	PPI		
装备	CPI		
私人存货变化			
非农场			
各行业中已经采购的货物	PPI	原油,适用来自能源信息管理部的综合价格;贸易业进口的货物,适用 BLS 进口价格指数	直接估价法。煤炭、石油、天然气的物量和价格取自能源信息管理部

(续表)

组成部分	缩减法,所使用的价格指数		物量外推法或直接估价法
	CPI 或 PPI	其他指数	
制造业中在制和制成品	PPI	单位劳动成本的 BEA 指数	
农场	……	USDA 平均市场价格	
政府消费支出和投资			
联邦政府			
国防支出(政府固定资本消耗除外)	PPI,适用于选中的货物和服务 CPI 和 PPI,适用于公用事业和通信	某些货物和服务,以及大多数军事建筑物,基于国防部支付价格的 BEA 指数;某些服务,适用 BLS 雇佣成本价格指数;非军事建筑物,适用取自交易数据和政府机构的成本指数;自用软件,适用基于非国防支付的 BEA 指数;定制软件,适用基于非国防支付价格指数和 PPI 的 BEA 指数	物量外推法。军队雇员报酬,适用按军衔和服务年限计算的全日制等量就业数;民用雇员报酬,适用按等级计算的全日制等量就业数,并根据基年以来工作时数的变化进行调整 直接估价法。某些货物和服务,以及一部分军事建筑物,适用取自国防部报告的物量和价格;电力和天然气,适用取自能源部的物量
国防支出中的政府固定资本消耗	……	……	直接估价法。基于投资的永续盘存法计算
非国防支出(政府固定资本消耗除外)	PPI,适用于大多数货物和选中的服务 CPI,适用于租借、公用事业和通信	建筑物,适用取自交易数据和政府机构的成本指数;某些服务,适用 BLS 雇佣成本价格指数;自用软件,适用基于非国防支付的 BEA 指数;定制软件,适用基于非国防支付价格指数和 PPI 的 BEA 指数	物量外推法。雇员报酬,适用按等级计算的全日制等量就业数,并根据基年以来工作时数的变化进行调整;不收费的金融服务,适用 BLS 全部银行产出(减去银行实际收费服务)的指数 直接估价法。商品信用公司对农产品的净购买,适用取自相关机构的农产量和农业部价格;选中的石油交易,适用能源部物量和价格

(续表)

组成部分	缩减法,所使用的价格指数		物量外推法或直接估价法
	CPI 或 PPI	其他指数	
非国防支出中的政府固定资本消耗	……	……	直接估价法。基于投资的永续盘存法计算
州和地方政府			
除以下列明的项目以外的消费支出和总投资	CPI,适用于服务;PPI,适用于电力,医院,大部分专业服务业,以及货物	交通、图书、邮政服务,适用基于联邦非国防支付价格的BEA指数;小学和中学教育,福利,图书馆,适用BEA投入价格组合指数;养护和维修服务,适用州和地方建筑物的BEA组合价格指数	
政府雇员报酬	……	……	物量外推法。教育业雇员,适用按学历和教龄计算的全日制等量就业数,并根据基年以来工作时数的变化进行调整;其他行业雇员,适用全日制等量就业数,并根据基年以来工作时数的变化进行调整
政府固定资本消耗	……	……	直接估价法。基于总投资的永续盘存法计算
建筑物	……	成本指数,取自交易数据和政府机构	
软件	……	见"非住宅设备和软件"中的"软件"	
佣金费用和不收费的金融服务	……	……	物量外推法。见 PCE 中经纪代理收费和金融服务

(续表)

组成部分	缩减法,所使用的价格指数		物量外推法或直接估价法
	CPI 或 PPI	其他指数	
货物和服务的净出口			
货物的出口和进口	PPI,适用于黄金出口,半导体出口,选中的交通设备出口,选中的农业食品、饲料、饮料出口,选中的精制石油进口	BLS 进出口价格指数;电力能源进出口及石油进口,适用基于普查局价值和物量的单位价值指数	
服务的出口和进口	CPI,适用于旅游收入,医疗收入,以及非常住学生的支出 PPI,适用于选中的其他交通	军事转移和国防支出,适用选中的缩减指数,详见除政府固定资本消耗以外的国防支出;旅客费用,适用 BLS 进出口价格指数;旅游花费,杂项服务,及美国学生在国外的支付,适用 BEA 国外 CPI 组合指数;选中的其他交通,适用 BLS 进出口价格指数;版税等收费,及其他个人服务,适用 BEA 价格指数,CPI,PPI,以及对国内购买者最终销售的潜在价格缩减指数	物量外推法。不收费的金融服务出口,适用 BLS 全部银行产出(减去银行实际收费服务)的指数

在 PCE 中有三类交易与 CPI 覆盖的范围不一致。首先,CPI 仅包括住户的实际花费,而 PCE 不限于住户的实际花费。例如,在医疗消费中,CPI 仅包括住户的实际花费,而 PCE 还包括第三方代住户支付的花费。其次,PCE 包括非市场交易,如一些虚拟交易的价值,像自有住房服务,以及为住户服务的非营利机构的支出,而 CPI 不包括。再次,PCE 包括与衍生收入有关的支出,例如中介费用,而 CPI 不包括。这是由于 CPI 的目的仅是为了覆盖一般的生活消费领域,而不包括与衍生收入相关的生产活动的领域。

在 PCE 和 CPI 覆盖的交易范围有差异的领域,通常使用由美国劳工统计局编制的生产者价格指数(PPI)所提供的详细数据进行缩减,这方面的例子包括由各种医疗机构、职业代理机构以及一些金融媒介提供的货物和服务。虽然 PPI 的编制是基于生产者提供的价格,而不是消费者支付的价格,但由于 PPI 更全面地覆盖了 PCE 所包含的交易,因此使用详细的 PPI 数据对 CPI 进行补充仍可以得到较好的不变价核算结果。①

在 PCE 中,还有一些种类的货物和服务,不是利用来自美国劳工统计局的价格指数进行不变价核算。例如,在缩减美国常住居民在国外的支出减去其对非常住居民的实物转移时,使用的是在国外 CPI 数据基础上加工而得的价格指数。BEA 还在大量不同来源的数据基础之上编制了投入价格综合指数,用于缩减为住户服务的非营利性机构提供的货物和服务的价值。虽然对于非市场的货物和服务的不变价核算来说,采用缩减投入的方法是很普遍的,但这种方法还是有问题的,这是因为它需要假设随着时间的变化,非市场货物和服务产出的生产率没有变化。使用物量外推法可以避免这个问题,但是正如前面提到过的,使用这种方法时,如果想得到可信赖的不变价核算结果,一般需要非常详细的基础资料。

尽管用于 PCE 不变价核算的首选方法是缩减法,但物量外推法和直接估价法(即直接基年价值法)也会用于某些货物和服务的不变价核算。例如,物量外推法被用于农场住房租金价值的不变价核算,直接估价法被用于汽车特许经营权的不变价核算。

(2) 私人固定资产投资和存货变化

不变价私人固定资产投资和存货变化核算通常使用两种类型的数据。首先,大多数非住宅设备及存货变化的不变价核算,使用的是详细的 PPI 数据。但这种方法并不完美,因为 PPI 是基于生产者获得的价格,而不是购买者支付的价格。其次,对于大多数建筑物的不变价核算,利用覆盖面很广的交易源数据,生成成本指数,然后对现价进行缩减。虽然在目前可供利用的数据来源情况下,这是最好的方法,但由于它需假设建筑物产出的生产率没有变化,因此也

---

① 当生产税、进口税、流通成本较小或基本不随时间变动时,使用 PPI 不会造成很多核算上的问题。对美国经济而言,正是这种情况。

并不是一种最优的方法。

私人固定资产投资和存货变化的不变价核算,都面临一个共同的问题,这就是当货物和服务的质量随着时间迅速变化时,价格指数会出现偏差。这是因为新的产品的价格信息不会随着时间变化被及时补充进去,这样价格指数事实上就会忽略掉新的货物和服务的出现,从而出现偏差。这种偏差通常是利用质量调整或使用一个"享乐"价格指数来减小。前面已经指出,享乐指数是基于这样的概念:对于新产品在以往时期缺失的价格数据,利用该产品的具体特性进行推算,然后利用推算的价格数据对产品的质量变化因素进行调整。

在进行不变价固定资产投资核算时,既使用享乐价格指数,也使用其他质量调整方法。例如,在不变价住宅投资核算中,对于在建的独栋住宅,使用美国普查局的享乐价格指数①,而对某些设备和软件,包括自用的预装定制软件,还有影印和电话交换设备,则使用其他质量调整方法。

不变价存货变化核算是比较复杂的,因为存货变化有可能是正的,也有可能是负的。BEA是利用期末存货的不变价价值减去期初存货的不变价价值,来得到存货变化的不变价价值,所使用的价格指数一般是PPI。

(3) 政府消费支出和投资

政府消费支出和投资的不变价核算是较为复杂的,这其中至少有以下两方面原因:首先,政府采购细目及支付价格的信息一般是不能获得的;其次,政府支出门类中交易的范围比其他支出门类要广得多,不但包括同提供货物和服务相关的政府支出,例如雇员报酬,也包括政府投资采购支出。

尽管有上述复杂性,但对于不变价政府支出核算,仍有一些通用的方法,下面分别对雇员报酬、货物和服务采购以及投资的不变价核算进行介绍。

雇员报酬的不变价核算,分为军队雇员和非军队雇员,采用物量外推法。对于军队雇员,使用按军衔和服务年限计算的全日制等量就业数来构造物量序列;对于非军队雇员,使用按公务员工资等级计算的全日制等量就业数来构造物量序列。通过使用军衔和公务员工资等级,可以对政府雇员的级别作出区分,从而提高核算水平。

---

① 对独栋住宅的价格指数进行补充,是由于住宅投资中除独栋住宅外,还有其他项目,例如多家庭住宅、大修、中介费用。

货物和服务采购的不变价核算,也区分为军事和非军事两部分。对某些非军事货物和服务的采购,利用PPI中的详细分类数据。但是对于大多数军事采购种类的缩减,并不使用PPI数据,这是因为从美国国防部可以获得相关价格信息,这些信息更详细,更适合使用直接估价法。另外,还有一些交易,例如电力、天然气、农产品的采购,也使用直接估价法。

政府投资各组成部分的不变价核算,一般与私人固定资产投资使用的基础资料相同。例如,政府投资的大多数建筑物使用成本指数进行缩减。各种不同类型装备的采购,使用PPI数据进行缩减。有一些设备的投资采购用到质量调整,例如影印设备、电话交换设备以及自用软件。

(4) 净出口

净出口的不变价核算很大程度上依赖于美国劳工统计局编制的详细的国际价格指数(IPI)数据。在一些不使用缩减法的领域,需要用其他数据作为补充。例如,不收费的金融服务的出口,使用的是物量外推法,从全部银行服务的产出,减去利用美国劳工统计局指数得到的收费金融服务的物量,得到不收费的金融服务的物量,并以此作为外推的依据。

2. 不变价生产法GDP核算

不变价生产法GDP核算就是从行业角度对总产出、中间投入、增加值进行不变价核算。对一个行业所有产出商品的现价价值进行缩减,就得到了这个行业的不变价总产出;将一个行业所有中间投入商品的现价价值进行缩减,就得到了该行业的不变价中间投入。不变价总产出减去不变价中间投入,就得到不变价增加值,各行业增加值的不变价核算就是采用这种双缩法。

每种商品缩减时用到的数据取自一个相当广泛的基础资料来源(见表3.2)。缩减中用到的价格指数有很大一部分取自PPI数据。由于PPI是基于生产者获得的价格,因此对总产出的不变价核算来说,是最合适的缩减指数。但同时PPI数据也经常用于缩减中间投入,因为与中间投入相关的独立的价格指数通常并不存在。

虽然PPI为不变价生产法GDP核算提供了非常丰富的基础资料来源,但也必须有其他的资料来源作为补充,例如CPI。尽管美国劳工统计局一直在扩展PPI数据所包含的商品的覆盖范围。但仍有很多行业的商品未被完全覆盖,特别是服务业和建筑业中的很多商品。未被覆盖的领域,有时采用CPI进行补充,如在废物管理和食品加工业。然而更多的时候是采用不变价支出法 GDP 核算中所使用的缩减指数或成本指数进行补充,这些指数一般是在 PCE 中所使用的价格指数。因此,不变价支出法 GDP 核算中的很多问题,在不变价生产法 GDP 核算中也同样存在。

表 3.2 分行业不变价增加值核算基础资料

行业及商品	价格指数基础资料
农业、林业、渔业和狩猎	
农业	农场主收到的价格,取自 USDA;PPI
林业、渔业和相关活动	PPI;NOAA;NIPA 缩减指数
采矿	
油和气的开采	原油和天然气,适用 IPD,取自 DOE;液化天然气,适用 PPI
除油和气之外的其他开采	IPD,取自 DOE 和 USGS
采矿的支持活动	IPD,取自 DOE、USGS 和交易源;矿藏勘探,适用 PPI
公用事业	
电力	PPI
天然气	PPI
水、下水道及其他系统	CPI
建筑	
国防设施	军事建筑,适用 DOD 的价格数据;其他建筑,适用成本指数,资料取自交易源和政府机构
州和地方高速公路	成本指数,资料取自政府机构
私人电力和天然气建筑	成本指数,资料取自交易源和政府机构
农场(不包括住宅)	成本指数,资料取自交易源;在建的单家庭房屋,适用普查局的价格缩减指数
其他非住宅建筑	成本指数,资料取自交易源;在建的单家庭房屋,适用普查局的价格缩减指数;工厂、办公楼、仓库和学校,适用 BEA 经质量调整的价格指数
其他住宅建筑	在建的单家庭房屋,适用普查局价格指数;多家庭房屋,适用 BEA 价格指数
批发贸易	由 CPI 计算的按商品分类的销售价格
零售贸易	由 PPI 计算的按商品分类的销售价格
运输及仓储	
空中运输	乘客收入和里程的虚拟价格指数来源于交通部数据;货运量、邮件量和快递的虚拟价格指数来源于交通部数据;雇员工资和薪金数据来源于劳工部数据

(续表)

行业及商品	价格指数基础资料
铁路运输	PPI
水上运输	货运,PPI;客运,CPI
卡车运输	PPI
公共交通和公路客运	出租车、城市间巴士客运及其他本地公共交通,PCE 价格指数;学校巴士,BLS 的雇员平均工资数据
管道运输	PPI
其他运输及支持活动	观光游览,PCE 价格指数;其他运输和支持性活动,PCE 价格指数和 PPI
仓储	PPI
信息	
出版(包括软件)	软件,BEA 价格指数;其他出版,PPI
电影和录音	PCE 价格指数
广播和通信	电缆网、规划设计、通信,PPI;广播等其他通信,PPI 组合价格指数
信息和数据处理服务	信息服务,PCE 价格指数;数据处理服务,PPI
金融和保险	
联邦储备银行,信用中介服务和相关活动	PCE 价格指数,其他政府数据
证券、期货、投资	PCE 价格指数
保险及相关活动	健康和人寿保险,PCE 价格指数;财产和灾害保险,PPI;保险代理机构及其服务,基于交易源和 PCE 价格指数的组合指数
基金、信托和其他金融媒介	IPD,取自 NIPA 中计算的服务收费;基于 PCE 价格指数的组合价格指数;PPI 数据;BLS 的全职雇员平均工资和薪金数据
房地产、出租和租赁	
房地产	非农场住宅建筑,NIPA 价格指数;非住宅建筑,PPI;房地产管理和代理机构,PPI 和交易源数据;非营利和农场住宅建筑,IPD
出租租赁服务和无形资产租借	汽车出租,PPI;其他出租服务,PCE 价格指数;无形资产租借,PCE 价格指数、IPD 和 PPI,其中 IPD 取自 DOE
专业、科学及技术服务	
法律服务	PPI
计算机系统设计及相关服务	针对预装定制软件的 BEA 指数
综合专业、科学及技术服务	PPI;BLS 的全职雇员平均工资和薪金数据
企业管理	BLS 的全职雇员平均工资和薪金数据

（续表）

行业及商品	价格指数基础资料
废物管理和回收服务	
管理和辅助服务	BLS 的全职雇员平均工资和薪金数据；PCE 价格指数；PPI
废物处理和保洁服务	CPI
教育服务	PCE 价格指数，资料取自交易源
卫生保健和社会救济	
流动卫生保健服务	PPI；PCE 价格指数
医院、疗养院及可住宿的保健机构	PCE 价格指数
社会救济	PCE 价格指数
艺术和娱乐	
表演艺术、体育比赛、博物馆及相关活动	PCE 价格指数
博彩、娱乐	PCE 价格指数
住宿和餐饮服务	
住宿	旅馆和汽车旅馆，PPI；PCE 价格指数
餐饮服务	CPI
除政府外的其他服务	CPI；BLS 的全职雇员平均工资和薪金；PCE 价格指数
政府	
联邦	
一般行政机构	NIPA 价格指数
政府办的企业	USPS 和电力企业，适用 PPI；其他单位，适用 PCE 价格指数和 NIPA 价格指数
州和地方	
一般行政机构	NIPA 价格指数
政府办的企业	PPI

注：表中的缩略语：
BEA：经济分析局　　　　　　　　NOAA：国家海洋及大气管理局
BLS：劳工统计局　　　　　　　　PCE：个人消费支出
CPI：消费者价格指数　　　　　　PPI：生产者价格指数
DOD：国防部　　　　　　　　　　USDA：美国农业部
DOE：能源部　　　　　　　　　　USGS：美国地理调查
IPD：内含的价格缩减指数　　　　USPS：美国邮政服务
NIPA：国民生产和收入账户

（二）近年来的进展

近年来，美国统计体系取得了多方面进展，这帮助 BEA 提高了其不变价

GDP核算的质量。其中,第一个进展是在不变价核算中引入了链式费雪指数;第二个进展是在美国的统计体系中更多地使用了享乐型价格指数及其他类型的质量调整程序;第三个进展是扩展了美国劳工统计局 PPI 覆盖的商品范围。

1. 链式费雪指数

1996 年,BEA 开始在 GDP 核算中放弃使用传统的固定权重拉氏指数,转而使用链式费雪指数。虽然使用这种指数在计算上更繁琐,但通过比较新旧方法的不变价核算结果,可以看出新方法能够在很大程度上消除替代偏差造成的影响。例如,通过比较发现,以 1987 年为基年,固定权重的不变价核算方法,低估了 1949—1990 年间七个经济扩张周期的 GDP 增长率,平均每年低估 0.4 个百分点,同时高估了 1991—1995 年的增长率,平均每年高估 0.5 个百分点。

对于行业来说,如使用近期的权重对以往时期进行不变价核算,如果前后时期的价格变化巨大,就会对行业的增长率造成扭曲。通过新旧两种方法的结果对比,证明应用新方法可以消除这种扭曲。例如,使用新方法进行不变价核算,制造业在 1977—1987 年间的年度平均增长率为 2.7%,而如果使用 1987 年的固定权重,那么该增长率为 1.7%。另外,使用新方法进行不变价核算,1944—1947 年间的 GDP 下降率为 13%,而如果使用 1987 年价格为固定权重,则下降率为 25%,这其中部分原因是由于国防装备在 1987 年的价格要远高于二战刚结束后的价格。[①]

然而,链式费雪指数存在的一个主要问题,就是计算出的不变价数据不具有可加性。也就是说,各分量的不变价数据加起来不等于总量的不变价数据。为解决这个问题,BEA 引入了一种具有可加性的"贡献率"的方法,通过这种方法,可以确定每一分量对总体价格和物量变化的贡献率,从而达到分量之和与总量的结果相等。

2. 价格的质量调整

近年来,在美国的统计机构中,使用享乐型方法构建价格指数的情况呈直线上升趋势。据估计,在 2001 年 GDP 的最终消费中,有 18% 是使用基于享乐

[①] 如想详细了解在不变价支出法 GDP 核算中使用链式费雪指数的优点,请参阅 J. Steven Landefeld 和 Robert P. Parker 的"BEA 的链式指数及长期增长的测算",《现代商业调查 84》(2004 年 3 月):第 38—51 页。

型方法的价格指数缩减的。①

尽管早在 1968 年,普查局就已经有针对独栋住宅的享乐价格指数了,但直到 1985 年,BEA 才开始在 GDP 核算中使用享乐价格指数。在这一年,通过 BEA 和 IBM 公司的合作,针对计算机设备的享乐价格指数开始引入不变价支出法 GDP 核算。虽然人们普遍质疑价格下降得过快(例如,1959—2000 年间,价格平均每年下降约 17.5%),但学术研究证实了这种快速的价格下降。这不仅对 BEA 的指数提供了支持,而且也说明了对类似货物引入享乐价格指数的重要性。在此之后,美国劳工统计局在计算机和外设设备价格指数中,开始采用质量调整的方法。GDP 核算中使用的就是这些经质量调整的价格指数。

在普查局的协助下,BEA 于 1993 年开始编制了针对多家庭住宅建筑物的享乐价格指数。在 20 世纪 90 年代后期,又编制了针对电话交换设备的享乐价格指数。除此之外,BEA 创建和使用的经质量调整的指数还包括针对预装的定制自用软件和影印设备的价格指数。

除了对计算机价格进行质量调整外,近来美国劳工统计局还对许多其他类型的货物和服务建立了享乐价格指数,以帮助提高 BEA 的不变价 GDP 核算水平和数据质量。虽然美国劳工统计局在 1987 年就开始针对出租的住宅和房屋的质量变化引入享乐价格指数,但直到 1998 年,大量的享乐价格指数才开始被引入 CPI,并进而提高了不变价支出法 GDP 核算的核算水平和数据质量。这方面的例子包括计算机、电视机、音响设备、便携式摄像机、大学教科书、洗衣机及烘干机、DVD 播放机、微波炉、电冰箱、录像机。另外,PPI 中也引入了一部分享乐价格指数,但涉及商品的范围要小一些。

3. PPI 的扩展

传统上,PPI 仅覆盖农业、林业、渔业、采矿业和制造业国内货物的总产出,然而近年来,PPI 已得到扩展,还包括了运输业、零售业、保险业、房地产业、卫生业、法律业以及专业服务业国内服务的总产出。这种扩展,已经直接提高了不变价生产法 GDP 核算的水平。此外,一些交易也纳入新的 PPI 中,这些交易包括诸如与经纪代理、医疗服务相关的个人支出,不变价支出法 GDP 核算也从中

---

① 见 Brent R. Moulton,"美国官方统计中享乐型方法的角色:日益重要",此文更详细地介绍了在美国的统计体系中是如何具体应用享乐型方法的,参见 BEA 网站(www.bea.gov)。

受益。

(三) 仍有待解决的问题

虽然近年来美国的不变价 GDP 核算取得了很大进展,但今后仍会有更多的进展,主要包括三个方面:第一,美国劳工统计局计划继续提高 PPI 覆盖的商品范围;第二,在政府提供的教育和卫生服务的不变价核算中开展质量调整研究;第三,继续研究享乐价格指数在不变价核算中的应用。

首先,美国劳工统计局希望扩展 PPI 覆盖的商品范围,主要包括以下方面:公用事业、金融业、商务服务业以及建筑业。由于这种扩展能够提供更合适、更详细的用于相关行业价格缩减的数据,因此它可以直接提高不变价生产法 GDP 的核算水平和数据质量。另外它还可以提高不变价支出法 GDP 的核算水平和数据质量。

其次,根据英国国家统计局在阿特肯森报告中的研究成果[1],BEA 正在认真考虑对使用物量外推法所做的不变价核算进行质量调整。目前,针对这项工作,BEA 正在对政府提供的教育和卫生服务进行专题研究,以期提高其不变价核算的水平和数据的质量。[2]

另外,BEA 也在继续研究享乐价格指数的应用,以提高不变价 GDP 核算水平。例如,BEA 正在研究扫描仪数据的可用性,以提高预装软件的不变价核算水平;也正在研究保险赔付数据的可用性,以提高医疗服务的不变价核算水平。[3]

二、加拿大的不变价国内生产总值核算

加拿大的不变价 GDP 核算是通过缩减法计算的。2001 年以前,采用的是拉氏定基指数。采用的基年有 1961 年、1971 年、1981 年、1986 年、1992 年和 1997 年。在计算物量变动时,同一个基期之内容易做到,因为每一年的不变价格都是基年的价格,可以直接计算。但是,如果要计算一段时期的物量变动,由

---

[1] 参见英国国家统计局的《阿特肯森回顾:最终报告》(帕尔格雷夫·麦克米伦出版社,2005 年)。
[2] 如想了解具体的教育服务不变价核算的研究成果,参阅 Barbara Fraumeni, Marshall B. Reinsdorf 和 Brook B. Robinson 的"政府提供的教育服务的价格和实际产出测算:小学和中学教育测算初探"(www.ipeer.ca/CRIW.htm)。
[3] BEA 也计划研究扫描仪数据在某些 PCE 门类现价核算中的可用性,这项研究将间接地帮助提高 PCE 的现价核算水平。

于数据跨越不同的基期,必须把所有的不变价链接起来。链接的方法是根据基年两个不同的价格水平计算出一个换算系数,通过换算系数将不同基期的数据转换成相同的价格,得到可比的时间序列。

2001年以来,加拿大不变价 GDP 核算采用的是费雪链式指数。从理论上说,这种方法优于拉氏定基指数,这是1993年 SNA 推荐的方法,同时也使得加拿大不变价 GDP 数据同美国的不变价 GDP 数据具有可比性。

(一) 为什么要采用费雪链式物量指数

在信息和通信技术快速传播的今天,拉氏物量指数衡量的不变价结果会产生非常大的偏差,增长速度被高估。因为,自1992年以来,由于技术快速变化的原因,在加拿大,与高速发展的信息和通信行业相关的设备和服务的价格大大降低了,而在 GDP 的核算中,如果不变价的增长速度用1992年的价格水平来估价,这些产品,1992年的价格大致上是2000年的四倍,拉氏物量指数的权重被严重高估。这种现象在价格统计中称做"替代偏差",这也是为什么拉氏物量指数计算的 GDP 增长速度是处在可能衡量的上限,它不能补偿由于商品价格降低而带来的替代效应。

误差的程度取决于价格离散的大小。例如,如果所有产品的价格的上升幅度是相同的,像20世纪70年代中期到80年代早期那样,偏差是最小的。但是,如果经济中一个部门的价格由于技术进步的原因相对于其他的价格变化非常大,就像80年代中期到2000年那样,偏差就会非常大。

采用拉氏物量指数与费雪物量指数两种不同的公式计算表明,1981—2000年,GDP 增长速度的差异是2.5%,其中,到2000年第三季度有6个季度的差异是1%。从整个 GDP 的增长来看,这个差异看起来不是特别大,但是,从支出项目看,由于高技术进步对投资有比较大的影响,因此,在固定资本形成中两个不同公式计算的差异达到40%之多,在出口中也有12%,只不过由于进口数据存在偏差抵消了这个差异。当加拿大的信息通信技术产业继续高速发展时,进口数据的偏差不可能再去抵消固定资本形成和出口的偏差,因此,不变价支出法 GDP 数据同样也要受到影响。

如果将指数公式改变为帕氏指数,使用现价也就是当期的价格作为权重的衡量基础,也不能解决问题。这种结果产生的偏差与拉氏指数正好相反,由于信息通信行业的价格一直下降,基年的增长速度用现价衡量,这时所犯的错误与采用拉氏指数正好相反,有低估 GDP 增长速度的趋势。因此,采用拉氏指数衡量经济增长会高估增长速度,采用帕氏指数则会低估经济增长速度。费雪指数,是拉氏和帕氏两个指数的几何平均,是一条比较稳定的中间道路。因此,不变价 GDP 采用费雪指数公式,它是拉氏和帕氏两个指数的中间地带,重新对每一个季度建立基期可以减少由于离散带来的偏差。

下面简要介绍加拿大使用费雪链式指数计算不变价 GDP 的方法。

(二)建立一个指数并进行链接

名义 GDP 可用如下公式表示:$GDP = \sum pq$,其中 q 为货物或服务的物量,p 为相应的现行价格。从 0 到 t 时期的名义 GDP 变动,可以用指数形式表示为:

$$\Delta GDP_{t/0} = \frac{\sum p_t q_t}{\sum p_0 q_0} \qquad (3-1)$$

其中:$\Delta GDP_{t/0}$ 为 GDP 的现价增长指数;

p_t 为 t 期的价格;

p_0 为 0 期的价格;

q_t 为 t 期的物量;

q_0 为 0 期的物量。

例 1 给出了一个计算 GDP 现价增长指数的例子,为简化起见,我们假设在这个经济体中,只有小麦和酒两种产品。

公式(3-1)给出的 GDP 变化,从理论上来说,可以分解为价格和物量两个方面的变化。如果我们有一个"平均的" GDP 价格,那么用这个 GDP 平均价格的变化去除 GDP 的变化,就可以得到平均的物量变化。但在 GDP 核算中,这样的平均价格是不存在的,因此我们只能通过对经济体中不同产品物量的变化加总,来得到总体的物量变化。然而,对于物理属性不同的产品,无法进行这样的简单加总。比如,汽车和电话无法相加在一起,即使两种不同型号的汽车,也不能加总在一起。这意味着必须用一个通用的单位对物量进行重新估价。在以货币化为基础的经济体中,最简单的方法就是以货币形式表示物量:估价之后,即乘以价格以后,就可以对物量进行加总了。

例 1 小麦和酒的经济体

在一个只有小麦和酒两种产品的经济体中,我们假设在过去四个季度的产量及价格情况如下表所示：

		Q1	Q2	Q3	Q4
		小麦			
（公斤）	q	100	105	108	112
	p	15	16	18	20
	v	1 500	1 680	1 944	2 240
		酒			
（升）	q	25	30	38	50
	p	22	20	16	12
	v	550	600	608	600
GDP	v	2 050	2 280	2 552	2 840

在这个经济体中，小麦的价格和物量都比较平稳地上升，而酒的物量上升较快，同时其价格有比较明显的下降。

如果要问：Q1 和 Q3 之间名义 GDP 的增长是多少呢？通过方程(3-1)，我们可以得到：

$$\Delta \text{GDP}_{Q3/Q1} = \frac{\sum p_{Q3} q_{Q3}}{\sum p_{Q1} q_{Q1}} = \frac{(108 \times 18) + (38 \times 16)}{(100 \times 15) + (25 \times 22)} = \frac{2\,552}{2\,050} = 1.245$$

即 Q3 相对 Q1 的名义 GDP 增长率为 24.5%。

利用同样的方法，我们可以得到各个季度相对于 Q1 的名义 GDP 增长。

		Q1	Q2	Q3	Q4
ΔGDP	i	1.000	1.112	1.245	1.385

那么如何计算 Q4 相对于 Q3 的增长呢？可以利用方程(3-1)直接计算，也可以利用如下公式计算：

$$\Delta \text{GDP}_{Q4/Q3} = \frac{1.385}{1.245} = 1.112$$

即 Q4 相对于 Q3 的名义 GDP 增长率为 11.2%。

另外一种直观的计算物量变化的方法，是选取固定基年的价格，然后分别乘以报告期和基年的数量，以这两个量的比值作为物量的变化。这意味着用基年的价格来对报告期的现行价值进行重估价，这样也就消除了价格影响。这就是固定基年的拉氏指数，可用数学公式表达如下：

$$LQ_{t/0} = \frac{\sum p_0 q_t}{\sum p_0 q_0} \quad (3\text{-}2)$$

其中：$LQ_{t/0}$ 为拉氏物量指数；

p_0 为 0 期的价格；

q_t 为 t 期的物量；

q_0 为 0 期的物量。

方程(3-2)同方程(3-1)相比，唯一的区别在于分子不同。在方程(3-2)中，是用 0 期的价格而不是 t 期的价格乘以 t 期的物量。关于这个公式的应用可见例2。

显而易见，这个公式的结果高度依赖于 0 期的价格结构。价格结构是会随着时间而变化的，比如某种产品相对于其他产品的价格或许会发生明显的下降。在这种情况下，由方程(3-2)计算得到的指数可能会由于使用了过时的价格结构而发生偏差。

克服这个问题的方法，就是周期性地更新基年，例如每五年更换一次基年，以反映价格结构的变动。

例2 消除价格影响后小麦和酒的生产增长

仍旧以小麦和酒的经济体为例，这次我们想计算 Q2、Q3、Q4 相对于 Q1 消除了价格影响后的物量变动情况。把 Q1 作为基年，Q1 价格即为我们使用的"固定价格"。

应用方程(3-2)，计算 Q3 相对于 Q1 的增长，可以得到：

$$LQ_{Q3/Q1} = \frac{\sum p_{Q1} q_{Q3}}{\sum p_{Q1} q_{Q1}} = \frac{(108 \times 15) + (38 \times 22)}{(100 \times 15) + (25 \times 22)} = \frac{2\,456}{2\,050} = 1.198$$

即 Q3 相对 Q1 的实际 GDP 增长率为 19.8%。

利用同样的方法，以 Q1 为基年，可以得到各个季度相对于 Q1 的实际 GDP 增长。

		Q1	Q2	Q3	Q4
$LQ_{t/Q1}$	i	1.000	1.090	1.198	1.356

这次，Q4 相对于 Q3 的实际增长率为 13.2%：

$$LQ_{Q4/Q3} = \frac{1.356}{1.198} = 1.132$$

值得注意的是,Q4 相对 Q3 的实际 GDP 增长率为 13.2%,大于其名义增长率 11.2%,即 Q4 相对于 Q3 的名义 GDP 增长率为 11.2%。这意味着 GDP 的隐含价格(也称为一般价格水平),在 Q3 和 Q4 之间有所降低。

对于方程(3-2)计算中使用的价格结构,我们也可以使之变化得更快一些,而不是像过去那样每五年才更新一次。近年来,很多产品的价格变动越来越快,对更换价格基年的频率要求更高了。最快的更新基年的做法,就是每次都以当期的上一期为基年:

$$LQ_{t/t-1} = \frac{\sum p_{t-1} q_t}{\sum p_{t-1} q_{t-1}} \tag{3-3}$$

同方程(3-2)相比,在方程(3-3)中我们用 p_{t-1} 代替了 p_0。对于当期 t,这个"移动基年"指数给出了用 $t-1$ 期的价格结构反映的物量增长,比使用 0 期的价格结构更能反映当期的实际情况。另外,它还对更换基年的频率有了统一明确的处理,在一定程度上消除了以往"根据需要"更换基年所带来的随意性。

例3　另外一种消除价格影响的方法

在上一个例子中,Q3 和 Q4 之间的 GDP 增长计算,利用的是 Q1 的价格。然而,随着时间变化,我们例子中小麦和酒的价格变化是非常明显的。在 Q1 时,每升酒的价格要比每公斤小麦的价格贵,而在 Q3 时,已是相反的情况。现在我们使用 Q3 的价格结构来测算 Q3 和 Q4 之间的增长。

应用方程(3-3),我们得到:

$$LQ_{Q4/Q3} = \frac{\sum p_{Q3} q_{Q4}}{\sum p_{Q3} q_{Q3}} = \frac{(112 \times 18) + (50 \times 16)}{(108 \times 18) + (38 \times 16)} = \frac{2816}{2552} = 1.103$$

这次得到的 Q4 相对于 Q3 的实际 GDP 增长率为 10.3%,而在固定基年的拉氏指数中,增长率为 13.1%,为什么会发生这种情况呢?这其中的原因就在于我们使用了不同价格结构:比如酒,其产量由 38 升上升为 50 升,在固定基年的拉氏指数中是用 22 来估价的,而现在是用 16 来估价的,这也意味着在进行加总时,后者中酒的权重相对要小了。

那么 Q3 相对于 Q1 的增长是多少呢?由于方程(3-3)只给出了相邻两个时期 GDP 增长的计算方法,因此我们无法用方程(3-3)直接计算。然而,我们可以用 Q1 到 Q3 的每个时期的增长率进行连乘,得到 Q1 到 Q3 的增长率。例如,如果 Q1 和 Q2 之间的增长率为 9.0%,Q2 和 Q3 之间的增长率为 9.1%,那么 Q1 和 Q3 之间的增长为 $1.090 \times 1.091 = 1.190$,即增长率为 19.0%。这种计算方法,也给出了"链接"的含义。应用于每个季度,我们得到:

	Q1	Q2	Q3	Q4
未经链接的拉氏指数				
(相对于上个季度)	1.000	1.090	1.091	1.103
拉氏链式指数				
(相对于 Q1)	1.000	1.090	1.190	1.313

通过上面的例子,我们可以看到,方程(3-3)不仅可以应用于两个相邻的时期,而且可以通过链接的技术应用于任意两个不相邻的时期。在这种情况下,我们使用的总是最近一个时期的价格结构,避免了价格结构过时的现象。时期 n 相对于基年 0 的拉氏链式指数可用公式表示如下:

$$\mathrm{LQ}_C = \frac{\sum p_0 q_1}{\sum p_0 q_0} \times \frac{\sum p_1 q_2}{\sum p_1 q_1} \times \cdots \times \frac{\sum p_{t-1} q_t}{\sum p_{t-1} q_{t-1}} \times \cdots \times \frac{\sum p_{n-1} q_n}{\sum p_{n-1} q_{n-1}} \quad (3\text{-}4)$$

联合国 1993 年 SNA 推荐使用链式指数,加拿大统计局从 2001 年第一季度开始在季度不变价 GDP 核算中采纳这种方法,并于 2002 年第三季度起也开始将其应用于地区核算。链式指数总是使用最新的价格权重,避免了使用定基指数带来的权重过时的问题。

(三) 指数的选择

在前面的例子中,一直使用的是拉氏型指数。然而,指数理论还为我们提供了许多其他不同类型的指数,其不同之处主要在于使用的是不同的权重。例如,在拉氏物量指数中,以前一个时期价格作为权重,而在帕氏物量指数中,以当期价格作为权重:

$$\mathrm{PQ}_{t/0} = \frac{\sum p_t q_t}{\sum p_t q_0} \quad (3\text{-}5)$$

其中:$\mathrm{PQ}_{t/0}$ 为帕氏物量指数。

实际上,帕氏指数和拉氏指数是互为倒数的。在定基的帕氏指数中,也存在和定基拉氏指数类似的问题,但与定基拉氏指数不同,定基帕氏指数未能充分反映以前时期价格的变动。为解决这个问题,帕氏指数也可以像拉氏指数那样利用链接的技术得到帕氏链式指数。

可以证明,在一般情况下,随着时间的变动,拉氏物量指数会比帕氏物量指数有一个更快的增长。这种情况会在价格和物量负相关时发生,负相关的含义是随着时间的变化,价格相对更加昂贵的货物和服务会被价格相对便宜的货物和服务所替代。这种经济学理论上所说的替代效应说明,对于一个理论上理想的、无偏的指数而言,拉氏指数和帕氏指数分别是它的上极限和下极限。

这种理论上的指数可以用费雪型指数来逼近,其值为拉氏指数和帕氏指数的几何平均值:

$$\mathrm{FQ}_{t/0} = \sqrt{\mathrm{LQ}_{t/0} \times \mathrm{PQ}_{t/0}} = \sqrt{\frac{\sum p_0 q_t}{\sum p_0 q_0} \times \frac{\sum p_t q_t}{\sum p_t q_0}} \tag{3-6}$$

其中:$\mathrm{FQ}_{t/0}$ 为费雪物量指数。

这种指数不但具有理论上的优点,而且还具有很多特性,可满足国民核算实际工作的需要。例如,它是"时间可逆"的,即从时期 0 到时期 t 的费雪指数恰好是从时期 t 到时期 0 的费雪指数的倒数。费雪指数另外一个有趣的性质是"要素可逆性",即费雪价格和物量指数的乘积恰好等于当期价值量变化的指数:

$$\mathrm{FP}_{t/0} \times \mathrm{FQ}_{t/0} = \sqrt{\frac{\sum p_t q_0}{\sum p_0 q_0} \times \frac{\sum p_t q_t}{\sum p_0 q_t}} \times \sqrt{\frac{\sum p_0 q_t}{\sum p_0 q_0} \times \frac{\sum p_t q_t}{\sum p_t q_0}} = \frac{\sum p_t q_t}{\sum p_0 q_0}$$

这个公式告诉我们,如何把名义 GDP 的变化分解为"价格变化"和"物量变化"两部分。从公式中很容易看出来,只要用名义 GDP 的变化除以利用费雪公式计算得到的实际 GDP 变化,就可以得到 GDP 的隐含费雪价格指数。拉氏指数和帕氏指数不具备上述所说的两个性质中的任何一个。

加拿大统计局使用费雪链式指数计算不变价 GDP:

$$\mathrm{FQ}_C = \sqrt{\frac{\sum p_0 q_1}{\sum p_0 q_0} \times \frac{\sum p_1 q_1}{\sum p_1 q_0}} \times \cdots \times \sqrt{\frac{\sum p_{t-1} q_t}{\sum p_{t-1} q_{t-1}} \times \frac{\sum p_t q_t}{\sum p_t q_{t-1}}}$$

$$\times \cdots \times \sqrt{\frac{\sum p_{n-1} q_n}{\sum p_{n-1} q_{n-1}} \times \frac{\sum p_n q_n}{\sum p_n q_{n-1}}} \tag{3-7}$$

上述公式(3-7)即为加拿大不变价 GDP 核算的基础。

(四) 将费雪指数应用于不变价 GDP 核算

在实践中,由于缺乏详细的价格和物量数据,上述这些公式是不能直接应用的。在 GDP 核算中,只有现价的价值量序列(C)和价格指数(即相对价格),没有物量指数,因此我们不得不依赖于三者之间的关系 $C_t = p_t q_t$,把物量利用价值量和价格指数表示出来。这样,我们可以得到拉氏指数(利用方程(3-3)):

$$LV_{t/t-1} = \frac{\sum \left(\frac{p_{t-1}}{p_t}\right) C_t}{\sum C_{t-1}} \tag{3-8}$$

和帕氏指数(利用方程(3-5)):

$$PV_{t/t-1} = \frac{\sum C_t}{\sum \left(\frac{p_t}{p_{t-1}}\right) C_{t-1}} \tag{3-9}$$

最后,可以得到费雪指数(方程(3-8)和方程(3-9)的几何平均数):

$$FV_{t/t-1} = \sqrt{\frac{\sum \left(\frac{p_{t-1}}{p_t}\right) C_t}{\sum C_{t-1}} \times \frac{\sum C_t}{\sum \left(\frac{p_t}{p_{t-1}}\right) C_{t-1}}} \tag{3-10}$$

在实践中,应用的是方程(3-10)的链式形式。

例 4　实际应用:缩减法

在实践中,GDP 核算人员无法得到像前面几个例子中那么详细的价格和物量数据。所能得到的,仅是名义价值量和相应的价格:

		Q1	Q2	Q3	Q4
		小麦			
(公斤)	v	1 500	1 680	1 944	2 240
	p	15	16	18	20
		酒			
(升)	v	550	600	608	600
	p	22	20	16	12
GDP		2 050	2 280	2 552	2 840

在这个例子中,我们要对每种产品的价值量利用其价格指数进行"缩减",然后将各分量进行加总,得到实际 GDP,这种方法称为"缩减法"。这个过程可

以应用前文中提到的各种指数。例如,应用方程(3-8),我们可以得到 Q2 和 Q3 之间的拉氏指数:

$$LV_{Q3/Q2} = \frac{\sum \left(\frac{p_{Q2}}{p_{Q3}}\right) C_{Q3}}{\sum C_{Q2}} = \frac{((16/18) \times 1\,944) + ((20/16) \times 608)}{1\,680 + 600}$$

$$= \frac{2\,488}{2\,280} = 1.091$$

同样地,分别应用方程(3-9)和方程(3-10),也分别能得到帕氏指数和费雪指数。应用于每个季度,我们得到:

	Q1	Q2	Q3	Q4
未经链接的拉氏指数				
(相对于上个季度)	1.000	1.090	1.091	1.103
拉氏链式指数				
(相对于Q1)	1.000	1.090	1.190	1.313
未经链接的费雪指数				
(相对于上个季度)	1.000	1.088	1.084	1.095
费雪链式指数				
(相对于Q1)	1.000	1.088	1.179	1.291

加拿大统计局进行不变价 GDP 核算时,首先应用方程(3-10),得到一个指数序列,然后将得到的指数序列按照季度顺序链接起来,最后将链接后的指数序列基准化到一个参照年,以得到按加元表示的不变价 GDP。

基年和参照年的区别是什么?

在编制物量指数时,使用的价格结构来自于所谓的基年。而参照年是被选定作为参照的一个时期,在这个时期内,价值量序列的不变价等于现价。在加拿大统计局以往的实际 GDP 核算中,使用的是固定基年的拉氏指数方法,这时基年和参照年是一致的。然而在链式的物量指数测算中,这两个时期就不一定一致了。例如,现在加拿大统计局在发表 GDP 数据时,是以 1997 年为参照年的,但是基年却是当期和其上一个时期的混合体,这是由于在核算中使用的是费雪链式指数方法。参照年的作用仅是用于对指数序列进行基准化,将它们都放到同一个绝对量水平上进行比较,而各时期的增长率没有任何改变。

由于这个原因,现在发表的费雪链式时间序列虽然是以 1997 年为参照年的,但是不能称之为是"按1997年价格计算的",这是因为参照年的价格未用于任何1997年以后或以前时期的物量指数的计算中。然而,我们可以说,这些序列是以1997年水平表示的不变价数据。换句话说就是,以1997年为参照年的不变价数据时间序列,是自1997年始消除了价格因素影响的时间序列。

在计算不变价GDP时,需要从较细的分类开始做起,然后逐层汇总。分类的详细程度主要取决于数据的可获取程度及总体数据的质量要求。在加拿大的国家GDP核算中,共有425个现价价值量时间序列及相应的价格指数时间序列,以用来计算费雪链式指数型的不变价GDP。表3.3给出了这些序列的分类。

表3.3 加拿大支出法 GDP 核算中的支出项目分类

支出项目	当年值
个人货物和服务消费支出	130
耐用货物	22
半耐用货物	15
非耐用货物	14
服务	79
政府货物和服务消费支出	24
政府固定资本形成总额	14
政府存货变化	1
固定资本形成总额(除政府以外)	18
住宅建筑	4
非住宅建筑及设备	14
非住宅建筑	4
机器设备	10
存货变化(除政府以外)	110
非农业	76
农业	34
货物和服务出口	69
货物	64
服务	5
货物和服务进口	68
货物	63
服务	5
统计误差	1
按市场价格计算的国内生产总值	435

另外需要指出的是,加拿大统计局不计算年度费雪指数。不变价 GDP 的年度增长率是四个季度增长率的简单平均值。

三、澳大利亚的链式物量核算

澳大利亚是在 1998 年将链式物量核算引入 GDP 核算的。后来,从 1986 年开始的数据,均使用链式物量核算替代了原来不变价生产法和支出法 GDP 核算数据。

(一) 为什么要采用链式物量核算方法

在相当长的一段时间里,澳大利亚统计局采用固定价格法(即直接基年价值法)核算不变价 GDP。固定价格法是将货物和服务的单位价格固定在基年,通过基年的单位价格,与报告期的货物和服务的购买量或生产量加权平均,得到按照固定价格计算的物量值,也就是不变价值。但是不同货物和服务的单位价格通常会按照不同的速度增长,有时它们增长速度的差异甚至非常明显。例如,在1989—1998年间,澳大利亚的电脑器材价格降低了 75%,而与此同时,其他大部分货物和服务的价格却都在上升。因此,随着时间的变化,一些货物和服务的价格关系变化得非常明显,特别是在距离基年比较远的年份,这影响了的不变价核算的实用性。为改变这种状况,必须不断地变化基年,与国际上大多数国家一样,澳大利亚过去也采用每五年改变一次基年的方法。但是,实践中发现这还不够,而且联合国 1993 年 SNA 中建议基年每年都要变化,通过对本国数据的分析,在 GDP 核算中,澳大利亚采用了每年重新确定权重的链式物量核算方法。

(二) 链式物量核算方法

链式物量核算有多种不同的方法。澳大利亚的做法是:

年度链式物量核算采用拉氏公式计算。根据此公式,任意连续两年的物量都用前一年的价格表示,用于年度之间比较的环比物量指数,通过用后一年的价值除以前一年的价值得到。在给定的 t 时间,年度拉氏环比物量指数为:

$$L_t^v = \frac{\sum Q_t P_{t-1}}{\sum Q_{t-1} P_{t-1}}$$

其中: $Q_t = t$ 年的数量;

P_{t-1} = $t-1$ 年的价格，$t-1$ 年是 t 年的基年。

年度的物量估计值组合成了一组时间序列，这一组时间序列都是用最相近的基年，也就是核算年前一年的现价来进行估价。一般来讲，链式的物量是不可加的，现价数据的核算关系并不能直接应用于链式物量核算。只有在参照年和参照年的后一年才可以相加。因此，在保证最近的基年与参照年年份相一致的基础上，澳大利亚统计局所用的方法保证了最相近两年数值的可加性。t 年拉氏链式物量的估计值 L_t^{CV} 为：

$$L_t^{CV} = \sum Q_r P_r \times \prod_{i=r+1}^{t} \left(\frac{\sum Q_i P_{i-1}}{\sum Q_{i-1} P_{i-1}} \right) \quad t > r$$

$$= \sum Q_r P_r \quad t = r$$

$$= \sum Q_r P_r \times \prod_{i=t+1}^{r} \left(\frac{\sum Q_i P_{i-1}}{\sum Q_{i-1} P_{i-1}} \right) \quad t < r$$

其中：L_t^{CV} 是 t 年的拉氏链式物量估计值；

P_{i-1} 是 $i-1$ 年的价格，也是 i 年的基年价格；

P_r 为 r 年的价格，也就是参照年的价格；

Q_i 为 i 年的数量；

Q_{i-1} 为 $i-1$ 年的数量；

Q_r 为 r 年的数量，也就是参照年的数量。

类似地，也可以得到季度数据，每季度的数据由前一年度的价格来表示。每个季度的数据同样组合成一组长的时间序列，并且此时间序列以年度的链式物量数据为基准进行了调整。

季度物量的权重每年重新确定一次，而不是每季度一次，这主要是因为：第一，季度权重的价格数据，以行业为基础的生产法 GDP 无法得到，而只有支出法的 GDP 可以得到。第二，季度权重的确定只能利用季节调整后的数据，而季节调整必须在比较细的分类基础上进行。但是澳大利亚统计局认为，通常效果比较好的季节调整后的数据是在总量的层面上。另外，也有很多用户需要没有经过季节调整的原始数据。

季度链式物量数据以年度物量数据为基准的最主要的理由是可以保证季度数据与相应的年度数据可加。这是保证 GDP 核算的季度和年度数据之间相互衔接的一个基本原则。

(三) GDP 链式物量估计值的计算方法

总体上,澳大利亚是按照上年的价格在投入产出框架下编制年度支出法和生产法的物量估计值。为保证各行业和进口的商品供给与各行业商品使用相平衡,支出法与生产法的 GDP 物量估计值是一样的。以按照可比的上年价格计算的本年的估计值除以按照上年价格计算的上年的估计值,就可以得到年度环比物量指数。

下面分别简要介绍支出法和生产法 GDP 物量估计的数据来源和方法。

1. 支出法 GDP

季度和年度 GDP 的物量估计值是由用上年价格表示的最终消费、固定资本形成、存货变化和净出口的物量估计值加总而得到的。

住户最终消费支出的大多数项目,是通过价格缩减法,以现价价值除以价格指数得到的。可获得的价格指数,在很多情况下,是固定权重的。住户最终消费支出中的一些小的项目,如果缺乏价格和数量数据,使用的是隐含的价格指数;电脑设备,使用的是费雪链式价格指数。

政府最终消费支出的物量估计是从投入的角度进行计算,而不是直接估计所提供的服务的数量。与政府最终消费支出现价价值的计算方法一致,政府最终消费支出的物量估计值定义为原材料成本、劳动力成本、固定资产消耗之和减去一般政府有偿对外提供的货物和服务的价值。工资、货物和服务购买的物量估计值用工资成本指数(按年度计算,再加权的拉氏链式指数)和原材料价格指数缩减而得,固定资本消耗的物量估计值用永续盘存模型得出。

固定资本形成用设备进口和生产者价格指数、各种建筑物价格指数、道路建设价格指数和工资成本及工程建筑原料价格指数来重估价。

大部分存货的物量估计值用进口和生产者价格指数缩减得出,农业和政府存货根据数量进行重估价。

大部分货物出口根据数量进行重估价。服务出口的物量估计值用消费者价格指数等价格指数通过价格缩减法得出。货物和服务进口的物量估计值用进口价格指数和一些其他国家的价格指数通过价格紧缩法获得。

2. 生产法 GDP

按照现行价格计算的行业增加值定义为产出价值与生产过程中耗费的货

物和服务中间投入价值之间的差额。因此,增加值的物量估计值,是产出的物量估计值和中间投入物量估计值的差额,也就是采用双缩法获得的。从1995—1996年度开始,双缩法用于所有年度行业增加值的估计。

年度核算,通常根据年度供给和使用表按双缩法计算每一个行业增加值的估计值。在可能的情况下,使用与产出和投入直接相关的价格指数,但在这种价格指数无法获得的情况下,使用的是基于投入价格的替代价格指数,如工资成本和材料的价格指数。批发和零售毛利的物量估计值用与其相关的商品的销售量的增长率推算。

季度核算,除农业以外,大部分行业因无法获得使用双缩法所需的数据,季度增加值物量估计值采用替代的方法,根据产出物量值增长速度推算,这种方法是假设在物量的估计中,中间投入和产出的比率是恒定的。但实际上,对于服务行业来说,由于通常很难计算出真实的产出的物量变化,因此产出的物量估计值要采用较可行的替代法来计算。

例如,交通行业的产出,通过区分不同的交通方式、不同种类的运送物体(旅客和货物),用乘客/公里和吨/公里来计算每种交通方式的产出量。但是,这种计算方法没有考虑到如装卸货物这样的相关服务因素,也没有考虑由于速度或服务频率不同而导致的质量的变化。

批发和零售行业,假设产出和交易商品的数量成一定比例,用商品交易的数量进行推算。因此,对于商品交易过程中提供服务的质量变化,比如快捷的服务或者延长购物时间等因素并没有考虑在内。银行业,衡量产出的标准就是银行金融资产的真实价值。同样,这种衡量方法也没有考虑到银行服务质量的变化。

由于缺乏合适的指标,工时数据被用做计算其余服务行业增加值物量变化的指标。这些行业包括房地产和商务服务、政府行政和国防、教育、健康和社区服务、大部分个人服务以及部分文化和娱乐服务。这里隐含的一个假设是每个工作小时的增加值物量没有变化,假定劳动生产率是恒定的。

与政府部门有关的行业,产出中的劳动收入的物量值通过工资成本指数缩减而获得。由于工资占政府产出的大部分,因此这种方法与使用工时指数来衡量产出几乎是相同的。但是在高薪和低薪两种不同工作混合的情况下,采用工资缩减法更能反映出生产率的增长。

第 四 章

中国不变价生产法国内生产总值核算研究

第一节 不变价生产法国内生产总值核算的历史演变

中国不变价国内生产总值核算同现价核算一样是从1985年开始的。初期的不变价国内生产总值核算是在物质产品平衡表体系(MPS)下的不变价国民收入核算的基础上建立起来的。它以不变价国民收入为基础,通过价格指数缩减法补算了有关服务业不变价数据,最终求出不变价国内生产总值。为了实现历史数据的可比性,还推算了1952—1984年不变价国内生产总值数据,补充了不变价国内生产总值的历史时间序列。

1985年以后,适应经济体制改革的不断深化和经济迅速发展的需要,中国国民经济核算体系、价格统计、不变价产值统计方法等不断改进,逐步向通行的国际标准转变,不变价国内生产总值核算方法有了较大的改进,由原来的以MPS不变价国民收入为基础的核算方法,转变成依据联合国民经济核算体系(SNA)推荐的核算方法,基本形成了比较规范的不变价国内生产总值核算方法。

不变价国内生产总值核算就是把现价国内生产总值换算成按基年价格计算的价值。基年一旦选定,一般在一段时期内是不变的。在实践中,一般每五年或十年更换一次基年。

新中国成立以来,中国不变价国内生产总值核算采用的基年,主要是随着农业统计和工业统计中基年的变化而变化的。在MPS体系下,农业和工业统计是通过编制基年产品不变价的方法来计算行业不变价数据的,先后有 1952 年、1957 年、1970 年、1980 年、1990 年五个基年,与之相应,不变价国内生产总值核算也采用了上述五个基年。之后,由于农业和工业统计逐步取消了编制基年产品不变价格的做法,从 2004 年开始正式采用价格指数缩减法,计算农业和工业不变价总产值和增加值。在这种情况下,国内生产总值不变价核算从中国的实际出发,在 2001 年国内生产总值核算中更换了新的基年,以 2000 年为新的基年,并确定了每五年更换一次基年的原则,从 2006 年开始,国内生产总值核算的基年又更换为 2005 年。

第一次经济普查,为改进中国的不变价国内生产总值核算方法提供了条件,主要表现在两个方面:一是细化了行业分类。由于经济普查采用的国民经济行业分类标准是 2002 年发布的国民经济行业分类标准(GB/T 4754-2002),在现价国内生产总值核算中,国民经济行业分类也采用新的分类标准,由原来的按 1994 年国民经济行业分类标准划分 15 个行业,改为按 2002 年国民经济行业分类标准划分 94 个行业。不变价国内生产总值核算按 94 个行业分别进行核算。二是对农林牧渔业不变价增加值尝试采用双缩法计算。三是改进了部分行业的缩减指数。例如,房地产业将原来把居民消费价格指数作为缩减指数改为按细分行业分别采用房屋销售价格指数、土地交易价格指数、房屋租赁价格指数、居民消费价格指数中的服务项目价格指数作为缩减指数,居民服务和其他服务业、科学研究、技术服务和地质勘查业将原来把居民消费价格指数作为缩减指数改为采用居民消费价格指数中的服务项目价格指数作为缩减指数。

第二节 经济普查之前不变价增加值的计算方法

中国国民经济核算体系实现了由 MPS 向 SNA 全面过渡以后,在国内生产总值核算中,行业分类基本上采用 1994 年国家颁布的国民经济行业分类标准(GB/T 4754-1994),共分 15 个行业,即农林牧渔业、工业、建筑业、农林牧渔服务业、地质勘查业和水利管理业、交通运输仓储及邮电通信业、批发和零售贸易餐饮业、金融保险业、房地产业、社会服务业、卫生体育和社会福利业、教育文化艺术及广播电影电视业、科学研究和综合技术服务业、国家机关政党机关和社会团体、其他行业。在行业不变价增加值核算时,根据每个行业的具体情况,采用了不同的方法分别计算。具体方法如下：

一、农林牧渔业

（一）现价增加值

农林牧渔业现价增加值按生产法计算，即增加值＝总产出－中间消耗。

农林牧渔业总产出是指核算期内农林牧渔业生产活动的总成果，按农业、林业、牧业和渔业四个行业分别计算。其中，农业总产出指种植业产出和其他农业产出之和；林业总产出包括采伐竹木产出、人造林生产活动产出和林果产品产出；牧业总产出包括当年出栏（出卖和宰杀）畜禽的产出、年初年末畜禽存栏增加产出、活的畜产品产出和其他动物饲养以及捕猎野兽、野禽产出等；渔业总产出包括海水产品产出和淡水产品产出。

农林牧渔业总产出根据不同产出的特点，主要使用以下计算方法：一是产品法，即总产出等于产品产量乘以单位产品价格。对于在市场上出售的产品，采用这种方法计算总产出；对于不在市场上销售的自产自用的产品，按照市场上同类产品的价格，也采用这种方法计算。二是生产成本法，也就是把生产过程中发生的总成本作为总产出。有些产品，如人工造林等，无法获得相应的产品产量和价格，采用生产成本法计算总产出。三是按加工费计算总产出。对于农民家庭兼营的农产品简单加工活动，按收取的加工费计算总产出，如碾米、磨面、轧花、饲料加工等。

农林牧渔业中间消耗是指农林牧渔业生产经营过程中所消耗的货物和服务的价值，包括货物的消耗和服务的消耗。货物的消耗是指农林牧渔业生产过程中所消耗的各种货物的价值，包括外购的和计入总产出的自给性农产品的消耗，如种籽、饲料、肥料、农药、燃料、用电量、小农具、原材料等；服务的消耗指对外支付的各种服务费，包括修理费、生产用外雇运输费、生产用邮电费以及畜禽配种费、畜禽防疫医疗费、科研费、住宿费、车船费、金融服务费、保险服务费和广告费等。

农林牧渔业现价中间消耗与总产出一样，也分农业、林业、牧业和渔业四个行业，通过农业统计调查资料，直接获得四个行业的中间消耗数据。

（二）不变价增加值

农林牧渔业不变价增加值，2000 年以前采用外推法计算，2004 年以后采用缩减法计算。

外推法是把国家统计局农业统计的不变价总产值作为外推指标,将农林牧渔业总产值的增长速度视同不变价增加值增长速度,利用基年的现价增加值,采用逐年外推的方法,分别计算出各年农业、林业、牧业和渔业不变价增加值。

需要说明的是,这里讲的农业统计的农林牧渔业不变价总产值与国内生产总值核算中的农林牧渔业不变价总产出是不同的,农业统计的不变价总产值是根据国家统计局统一编制的各种农产品的基年不变价格和核算期产品产量计算的总产值,这是计划经济条件下的一种做法,国内生产总值中的农林牧渔业不变价总产出是指按基年实际发生的市场价格和核算期产品产量计算的总产出。由于国家统一编制的各种农产品的基年不变价格与基年同类产品的市场价格不同,因此,农业统计中的不变价总产值与国民核算所要求的不变价总产出不一致,对此,在国内生产总值核算中,计算农林牧渔业不变价总产出和增加值,是把农业统计的不变价总产值发展速度作为外推指标,对农业统计中的基年的现价总产值和增加值进行外推,推算核算期当期的不变价总产出和增加值,即:

基年不变价增加值＝农业统计中的基年现价增加值

非基年不变价增加值

＝上年不变价增加值×农业统计中不变价总产值发展速度

1990年是国家统计局编制各种农产品不变价格的最后一个基年,这一不变价格在农业统计中一直使用到2004年,以后取消了这种做法。

2004年以后农林牧渔业不变价增加值采用单缩法,利用农产品生产价格缩减指数直接缩减现价增加值,计算不变价增加值。公式为:

不变价增加值 ＝ 现价增加值 ÷ 农产品生产价格缩减指数

二、工业

(一)现价增加值

工业现价增加值分规模以上工业企业、规模以下工业两个部分分别计算。规模以上工业企业指全部国有及年产品销售收入500万元以上的非国有工业企业,增加值采用生产法计算,即增加值＝总产出－中间投入;规模以下工业是除规模以上工业企业外的其他工业单位,包括规模以下工业企业和个体经营户等,增加值采用增加值率法计算,即增加值＝总产出×增加值率。

工业总产出遵循"工厂法"原则计算,也就是,把工业企业作为一个整体计算企业的生产活动的最终成果,企业内部不允许重复计算,不能把企业内部各个车间生产的成果相加。工业总产出包括产成品价值、工业性作业价值、自制半成品和在制品当期新增加价值。

产成品指工业生产单位在报告期内生产的、完成了所有工序、经检验和包装(规定不需包装的产品除外)入库的产品,也包括按规定可以销售的次品,产成品价值等于产品产量乘以单位产品的价格。当产品在市场上出售或准备在市场上出售时,采用实际销售价格即出厂价格计算,当产品不在市场上出售(如自制设备)时,采用实际成本计算;工业性作业价值指工业生产单位在报告期内生产的以生产性劳务形式表现的产品价值,按加工费计算,即不包括被修理、加工产品本身的价值,但包括在工业性作业过程中消耗的材料和零件价值;自制半成品、在制品指已经过一定的生产过程,但尚未完成全部生产过程仍需继续加工的中间产品,自制半成品、在制品当期新增价值即报告期自制半成品、在制品期末余额减去期初余额后的差额价值。

规模以上工业企业、规模以下工业总产出从国家统计局工业统计调查资料中直接取得。

工业中间投入指工业生产单位在工业生产活动中消耗的外购物质产品和对外支付的服务费用。也就是说,中间投入必须是从外部购入并已计入工业总产出的产品和服务价值,必须是本期投入生产并一次性消耗掉(包括本期摊销的低值易耗品等)的产品和服务价值,包括外购材料、外购燃料、动力的消耗以及向外单位支付的运输费、邮电费、修理费、仓储费、保险费、职工教育费、劳动保护费、诉讼费、签证费、公证费、技术开发费、招待费、无形资产摊销,以及会议费、差旅费中的部分费用(计入中间投入的费用根据投入产出调查的比例确定),工业中间投入按购买者价格计算。

规模以上工业企业中间投入从国家统计局工业统计调查资料中直接取得;规模以下工业中间投入因缺少基础资料,不能直接计算,根据总产出减增加值倒推计算。其中,工业增加值采用增加值率法计算,增加值率根据规模以下工业抽样调查资料,并结合实际情况确定。

（二）不变价增加值

不变价工业增加值采用单缩法计算,即不变价增加值＝现价增加值÷缩减指数。

缩减指数采用工业总产出缩减指数,它等于现价总产出除以不变价总产出。

2004年以前,在工业统计中,国家统计局编制基年各种工业产品不变价格,通过编制的工业产品不变价格计算不变价工业总产值。因此,不变价工业总产出利用基年现价工业总产出和工业统计的不变价总产值发展速度,逐年推算不变价工业总产出。

2004年以后,国家统计局取消了按基年不变价格计算不变价工业总产值的方法,在计算不变价工业增加值时,改用工业品出厂价格指数作为缩减指数。

三、建筑业

（一）现价增加值

建筑业现价增加值采用增加值率法计算,即增加值＝总产出×增加值率。

建筑业总产出从建筑产品的角度计算。包括建筑工程产出、安装工程产出、房屋构筑物修理产出、非标准件制造产出、装修装饰业产出等。建筑工程产出包括各种建筑工程和附属设备的价值;安装工程产出包括各种设备的装配及与设备装配相关的工程等的产出价值,不包括被安装的设备本身的价值;房屋构筑物修理产出指房屋和构筑物修理所完成的工作量,但不包括被修理的房屋和构筑物本身价值和生产设备的修理价值;非标准件制造产出指加工制造没有定型的非标准生产设备的加工费和原材料价值以及附属加工厂为本企业承建制作的非标准设备的价值;装修装饰业产出指对建筑物的内、外装修装饰的施工和安装活动的价值。

建筑业增加值率根据国家统计局建筑业统计的资质等级四级及四级以上建筑业企业财务状况资料确定。

计算需要的资料主要取自国家统计局固定资产投资统计资料和建筑业统计资料。

（二）不变价增加值

建筑业不变价增加值采用单缩法计算,即不变价增加值＝现价增加值÷缩减指数。公式中,缩减指数以固定资产投资价格指数中的"建筑安装工程价格指数"为基础,同时结合人工费价格指数和材料费价格指数确定。

四、交通运输仓储及邮电通信业

(一) 现价增加值

交通运输仓储及邮电通信业总产出主要指从事交通运输仓储及邮电通信服务获得的收入,主要有铁路、公路、水运、民航、管道运输收入,邮电通信业务收入,仓储活动的收费收入等。它还包括不在市场上交易的非市场活动产出,如公路养护总产出,国家储备等非营利性仓储活动产出,这类活动因没有市场收入,总产出根据生产成本加固定资产虚拟折旧进行计算。

交通运输仓储及邮电通信业现价增加值,根据基础资料情况,现价增加值采用收入法和增加值率法计算。对于财务资料比较健全的部分,如民航、铁路、管道、邮电通信、国有公路和水运等,直接利用财务资料计算劳动者报酬、生产税净额、固定资产折旧和营业盈余,得到收入法增加值。对于财务资料薄弱的部分,如非国有交通运输企业活动和个体私营运输活动等,利用增加值率法计算,其中,增加值率根据有财务资料部分的增加值率确定。

(二) 不变价增加值

交通运输仓储及邮电通信业不变价增加值,利用外推法和缩减法计算。

交通运输邮电业按铁路、公路、水运、民航、管道和邮电通信六个部分采用外推法分别计算。计算方法是:

基年不变价增加值 = 现价增加值

非基年不变价增加值 = 上年不变价增加值 × 物量指标发展速度

交通运输业把运输周转量作为外推的物量指标,邮电业把邮电业务总量作为外推的物量指标。运输周转量是指运输距离和运输数量的乘积,如人公里、吨公里等,邮电业务总量是以各类邮电业务的实物量乘以相应的不变单价求得,以时点数表示的业务量按序时平均数计算,不变单价用一定时期内全国各类邮电业务的平均价格来确定。对于周转量这一指标,由于不同的运输方式,不同的运送对象,周转量是不同的,是不能直接相加的,因此,需要分别对每种运输方式,通过一定的折算系数把客运和货运周转量折算成可以加总的周转量。具体标准为:公路客货周转量折算系数为 10 人/吨,即运送 1 吨公里货物相当于运送10人公里旅客,铁路客货周转量折算系数为1人/吨,内河水运为3人/吨,远洋水运为1人/吨,在不能取得内河与远洋分类周转量时,水运按2人/吨折算,民航为13.7人/吨。

公路养护业不变价增加值采用缩减法计算,由于养护活动与建筑活动近似,因此缩减指数采用固定资产投资价格指数。

五、批发和零售贸易、餐饮业

(一) 现价增加值

批发和零售贸易业是为商品买卖提供服务的行业,它与其他行业不同,总产出不是商品的销售收入,而是商品买卖过程中提供的服务收入,等于商业毛利,即商品销售收入减商品购进成本价值的差额。餐饮业总产出是提供餐饮服务获得的销售收入,它既包括服务费收入,也包括餐饮食品本身的价值。

批发和零售贸易餐饮业包括限额以上批发和零售贸易餐饮企业、限额以下批发和零售贸易餐饮企业、个体户、制造业和其他单位从事的批发和零售贸易餐饮活动。限额以上批发和零售贸易餐饮企业增加值采用收入法计算,根据限额以上批发和零售贸易餐饮企业财务资料直接计算劳动者报酬、生产税、生产补贴、固定资产折旧、营业盈余,得到收入法增加值;限额以下批发和零售贸易餐饮企业、个体户、制造业和其他单位从事的批发和零售贸易餐饮活动增加值利用增加值率法计算,其中,限额以下批发和零售贸易企业、个体批发和零售贸易、制造业和其他单位从事的批发和零售贸易活动总产出根据相应部分的社会商品零售额和毛利率推算,餐饮业总产出等于餐饮业社会商品零售额。增加值率利用限额以上批发和零售贸易餐饮企业增加值率以及工商行政管理资料、税收资料、第三产业普查资料确定。

(二) 不变价增加值

批发和零售贸易餐饮业不变价增加值采用单缩法计算,即不变价增加值=现价增加值÷缩减指数,缩减指数为商品零售价格指数。

六、金融保险业

(一) 现价增加值

金融保险业包括银行业、证券业和保险业。银行业提供的金融媒介服务,除少部分服务直接收费外,绝大部分服务都不直接收取服务费用,而是利用利率形成机制,通过存款利率和贷款利率的差额间接获得服务收入,即对存款人支付低于纯资金收益的利息,对借款人收取高于纯资金收益的利息,获得存贷款利息差。银行业总产出等于银行业间接计算的金融服务收入加实际服务收入。其中,间接计算的金融服务收入等于银行业获得的贷款利息收入和投资利息收入减去存款利息支出的差额,原则上,应扣除银行运用自有资金进行贷款和投资获得的利息收入。实际服务费收入等于手续费收入加其他业务收入,这里的其他业务有证券销售业务、租赁业务、汇兑业务及其他业务,即:

总产出 = 银行业间接计算的金融服务收入 + 实际服务收入
   = (银行业各项利息收入 − 各项利息支出) + (手续费收入
    + 证券销售差价收入 + 租赁收益 + 汇兑收益 + 其他营业收入
    + 投资收益)

证券业提供证券交易、管理、投资、咨询分析等服务,证券业总产出就是从事证券服务获得的收入,即:

总产出 = 证券业营业收入 − 手续费支出 − 利息支出 − 金融企业往来支出
   − 卖出回购证券支出 + 印花税

保险业提供的保险服务,是通过按一定的标准预先收取保险费,等事故发生后再以支付赔偿的方式来运作。它与银行业一样,一般也不直接向投保人收取服务费用,保险机构预收的保险费并不是当期提供保险服务的服务费收入,其中大部分主要用于支付保险期内的索赔,因此,保险服务总产出一般也不能直接计算,也通过间接计算的方法求得,即根据当期收取的保费收入减当期发生的理赔支出计算,即:

保险服务总产出 = 营业收入 − 赔款支出 − 退保金及给付
    − 死亡、医疗、期满、年金给付 − 分保费支出
    − 分保赔款及费用支出 − 提取保险保障基金
    − 准备金提转差 + 投资收益

银行、证券、保险业现价增加值都采用收入法计算。根据中国人民银行、证券公司、中国人民保险公司等金融机构、证券机构和保险机构的财务资料,直接计算劳动者报酬、生产税净额、固定资产折旧、营业盈余,求得收入法增加值。

(二)不变价增加值

金融保险业不变价增加值采用单缩法计算,即不变价增加值 = 现价增加

值÷缩减指数,缩减指数为固定资产投资价格指数和居民消费价格指数的加权平均。权数为固定资本形成总额、居民最终消费支出占二者之和的比重。

七、房地产业

(一) 现价增加值

房地产业总产出指房地产企业和单位在一定时期内提供房地产服务获得的收入,包括房地产开发业、房地产管理与经纪代理业、城乡居民自有住房三部分。房地产开发经营业总产出等于房地产交易的差价收入和房地产租赁的租金收入,即:

总产出 = 经营收入 - (单位建筑面积造价 × 销售面积) - 土地购置费

房地产管理与经纪代理业总产出等于房地产管理与经纪代理活动的经营收入,包括房地产收入、供暖收入、城市维护费拨款、生产经营收入。

城乡居民自有住房服务总产出应等于按市场上同等住房的房租价格计算的虚拟房租,在房地产市场还不成熟的情况下,找不到适当的市场房租,根据居民自有住房的房屋存量价值和2%—4%的折旧率推算。

房地产业现价增加值按收入法计算。劳动者报酬包括工资、福利费,实物性收入和其他收入。工资、福利费收入根据劳动统计资料计算,实物性收入根据房地产业年平均从业人数和该行业人均实物折款推算,其他收入利用投入产出调查资料和房地产业工资总额推算;生产税净额根据有关财务资料和第三产业普查资料计算;固定资产折旧等于上年固定资产折旧加本年新增固定资产折旧。本年新增固定资产折旧利用房地产业本年新增固定资产投资与国民核算核定的固定资产折旧率(4%)计算。城乡居民自有住房折旧根据城乡居民自有住房面积、住房单位面积平均造价和国民核算核定的折旧率计算,城镇居民住房折旧率为4%,农村居民住房折旧率为2%;营业盈余根据有关财务资料和第三产业普查资料计算。

(二) 不变价增加值

房地产业不变价增加值采用单缩法计算。具体方法为:先把房地产业现价增加值分为固定资产折旧和净增加值两部分,然后用不同的价格指数进行缩减。净增加值用居民消费价格指数作为缩减指数,固定资产折旧用固定资产投资价格指数作为缩减指数,但在计算不变价固定资产折旧时,由于现价固定资产折旧是按固定资产购买时的价格,即历史成本价格计算的,因此,不能用缩减指数对全部现价固定资产折旧一笔缩减,而只应缩减当年新增加的固定资产折旧,然后加上上年不变价固定资产折旧求得。

八、其他服务业

(一)现价增加值

其他服务业包括农林牧渔服务业、地质勘查业和水利管理业、社会服务业、卫生体育和社会福利业、教育文化艺术及广播电影电视业、科学研究和综合技术服务业、国家机关政党机关和社会团体、其他行业8个行业。其他服务业总产出分两种情况计算:一是非市场服务活动,如公共设施服务、公共教育、文化卫生以及社会保障服务、国家机关、政党机关和社会团体、企业管理机构等,其总产出按成本法计算,即从业务支出的角度计算,总产出等于经常性业务支出加固定资产折旧。经常性业务支出包括单位从事日常业务的工资、补助工资、职工福利费、离退休人员费用、公务费、修缮费、业务费、差额补助费等经费支出,预算外业务经费支出和专项资金支出等。对于固定资产折旧,由于非市场性其他服务业单位与市场性企业不同,一般不对拥有的固定资产提取折旧,实际中也很难搜集到有关的固定资产存量数据,因此,通常在能够获得的某一年份(如普查年度)固定资产存量和折旧数据的基础上,通过计算每年新增加的固定资产折旧求得,即当年固定资产折旧等于上年固定资产折旧加当年新增固定资产折旧。当年新增固定资产折旧利用固定资产投资统计的当年新增固定资产投资和国民核算核定的折旧率(4%)计算。二是市场服务活动,如农林牧渔服务业、地质勘查、社会服务业、私立教育、收费的文艺演出、电影、电视、出版等服务,总产出等于从事服务活动获得的营业收入。

其他服务业现价增加值采用收入法计算。劳动者报酬包括其他服务业企业和单位职工从生产单位获得的工资和福利、实物性收入、农民兼营其他服务业获得的收入、城镇和农村个体其他服务业收入等。工资福利用劳动工资统计资料直接计算;实物性收入通过劳动统计中其他服务业的从业人数和人均获得的实物折款进行推算;农民兼营其他服务业收入利用农民兼营其他服务活动的人数,以及相应行业人均工资进行推算;城镇和农村个体收入部分根据工商行政管理统计的个体营业收入资料和第三产业普查的劳动者报酬占营业收入的比例进行推算;生产税净额主要根据全国税收统计的分行业营业税和从有关行政管理部门获得的服务业财务统计资料推算;固定资产折旧与上述计算方法相同,即利用上年固定资产折旧加当年新增固定资产折旧计算;营业盈余根据其他服务业营业收入以及第三产业普查的营业盈余占营业收入的比例推算。

(二) 不变价增加值

其他服务业不变价增加值采用单缩法计算。根据每个行业的活动特点,农林牧渔服务业、地质勘查业和水利管理业、社会服务业、科学研究和综合技术服务业、国家机关政党机关和社会团体、其他行业等6个行业的缩减指数为居民消费价格指数;教育文化艺术及广播影视业缩减指数为娱乐教育文化用品及服务价格指数;卫生体育和社会福利保障业缩减指数为医疗保健及个人用品价格指数。

国民经济各行业现价和不变价增加值核算的基本方法和所用主要价格指数如表4.1所示:

表4.1 经济普查之前行业现价和不变价增加值核算的基本方法及采用的主要价格指数

行业	现价增加值基本方法	不变价增加值基本方法	主要价格指数
农林牧渔业	生产法	外推法	农业总产值发展速度
工业	1. 规模以上:生产法 2. 规模以下:增加值率法	单缩法	工业品出厂价格指数
建筑业	增加值率法	单缩法	考虑人工费价格指数和材料费价格指数后,修订的固定资产投资价格指数中的建筑安装工程价格指数
交通运输仓储及邮电通信业	1. 国有企业:收入法 2. 非国有小企业及个体户:增加值率法	外推法、单缩法	运输周转量,邮电业务总量,固定资产投资价格指数
批发和零售贸易、餐饮业	1. 限额以上:收入法 2. 限额以下及个体:增加值率法	单缩法	商品零售价格指数
金融保险业	收入法	单缩法	居民消费价格指数和固定资产投资价格指数的加权平均指数
房地产业	收入法	单缩法	居民消费价格指数,固定资产投资价格指数
其他服务业	收入法	单缩法	居民消费价格指数,医疗保健及个人用品价格指数,娱乐教育文化用品及服务价格指数

第三节 经济普查年度不变价增加值的计算方法

第一次经济普查采用的国民经济行业分类标准是2002年发布的国民经济行业分类标准(GB/T 4754-2002),在经济普查年度国内生产总值核算中,行业分类根据2002年发布的国民经济行业分类标准,采用四级分类的方法。第一级分类是三次产业分类,第二级分类主要是国民经济行业分类中的门类,第三级分类和第四级分类主要是国民经济行业分类中的大类。具体分类如表4.2所示:

表4.2 经济普查年度GDP核算的行业分类

第一级分类	第二级分类	第三级分类	第四级分类
第一产业	农林牧渔业	农业 林业 畜牧业 渔业 农林牧渔服务业	农业 林业 畜牧业 渔业 农林牧渔服务业
第二产业	工业	采矿业	煤炭开采和洗选业 石油和天然气开采业 黑色金属矿采选业 有色金属矿采选业 非金属矿采选业 其他采矿业
		制造业	农副产品加工业 食品制造业 饮料制造业 烟草制造业 纺织业 纺织服装、鞋、帽制造业 皮革、毛皮、羽毛(绒)及其制造业 木材加工及木、竹、藤、棕、草制造业 家具制造业 造纸及纸制品业 印刷业和记录媒介的复制 文教体育用品制造业

(续表)

第一级分类	第二级分类	第三级分类	第四级分类
第二产业	工业	制造业	石油加工、炼焦及核燃料加工业 化学原料及化学制品制造业 医药制造业 化学纤维制造业 橡胶制品业 塑料制品业 非金属矿物制品业 黑色金属冶炼及压延加工业 有色金属冶炼及压延加工业 金属制品业 通用设备制造业 专用设备制造业 交通运输设备制造业 电气机械及器材制造业 通信设备、计算机及其他电子设备制造业 仪器仪表及文化、办公用机械制造业 工艺品及其他制造业 废弃资源和废旧材料回收加工业
		电力、燃气及水的生产和供应业	电力、热力的生产和供应业 燃气生产和供应业 水的生产和供应业
	建筑业	房屋和土木工程建筑业 建筑安装业 建筑装饰业 其他建筑业	房屋和土木工程建筑业 建筑安装业 建筑装饰业 其他建筑业
第三产业	交通运输、仓储和邮政业	铁路运输业 道路运输业 城市公共交通业 水上运输业 航空运输业 管道运输业 装卸搬运和其他运输服务业 仓储业 邮政业	铁路运输业 道路运输业 城市公共交通业 水上运输业 航空运输业 管道运输业 装卸搬运和其他运输服务业 仓储业 邮政业
	信息传输、计算机服务和软件业	电信和其他信息传输服务业 计算机服务业 软件业	电信和其他信息传输服务业 计算机服务业 软件业

（续表）

第一级分类	第二级分类	第三级分类	第四级分类
第三产业	批发和零售业	批发业 零售业	批发业 零售业
	住宿和餐饮业	住宿业 餐饮业	住宿业 餐饮业
	金融业	银行业 证券业 保险业 其他金融活动	银行业 证券业 保险业 其他金融活动
	房地产业	房地产开发经营业 物业管理业 房地产中介服务业 其他房地产活动 居民自有住房服务业	房地产开发经营业 物业管理业 房地产中介服务业 其他房地产活动 居民自有住房服务业
	租赁和商务服务业	租赁业 商务服务业	租赁业 商务服务业
	科学研究、技术服务和地质勘查业	研究与试验发展 专业技术服务业 科技交流和推广服务业 地质勘查业	研究与试验发展 专业技术服务业 科技交流和推广服务业 地质勘查业
	水利、环境和公共设施管理业	水利管理业 环境管理业 公共设施管理业	水利管理业 环境管理业 公共设施管理业
	居民服务和其他服务业	居民服务业 其他服务业	居民服务业 其他服务业
	教育	教育	教育
	卫生、社会保障和社会福利业	卫生 社会保障业 社会福利业	卫生 社会保障业 社会福利业
	文化、体育和娱乐业	新闻出版业 广播、电视、电影和音像业 文化艺术业 体育 娱乐业	新闻出版业 广播、电视、电影和音像业 文化艺术业 体育 娱乐业
	公共管理和社会组织	公共管理和社会组织	公共管理和社会组织

一、农林牧渔业

农林牧渔业分农业、林业、畜牧业、渔业、农林牧渔服务业5个行业。

(一) 现价增加值

农林牧渔业现价增加值按照生产法和收入法两种方法计算,以生产法计算结果为准。

1. 生产法

增加值 = 总产出 − 中间投入

(1) 总产出

总产出一般采用产品法计算,计算公式为:

总产出 = $\sum$(产品产量 × 产品价格)

产品产量为当期实际收获的产量,产品价格按生产者第一手出售农产品的价格或集市交易价格或生产成本计算。

(2) 中间投入

中间投入包括物质消耗和生产服务支出。物质消耗包括外购的和计入总产出的自给性物质产品消耗,如种籽、饲料、肥料、农药、燃料、用电量、小农具购置、原材料消耗等。生产服务支出包括修理费、生产用外雇运输费、生产用邮电费、畜禽配种费、畜禽防疫医疗费、科研费、旅馆、车船费、金融和保险中介服务费、广告费等。

中间投入 = 农林牧渔业中间消耗 + (农林牧渔业分摊的间接计算的金融中介服务产出 − 利息净支出)

资料取自国家统计局农林牧渔业总产值(M301表)、国家统计局农林牧渔业中间消耗表(M302表)。

2. 收入法

增加值 = 劳动者报酬 + 生产税净额 + 固定资产折旧 + 营业盈余

(1) 劳动者报酬

因农户从事的农林牧渔业活动很难分清劳动者报酬和营业盈余,国有和集体农场的财务资料也难以搜集到,因此,把营业盈余与劳动者报酬合并,统一作为劳动者报酬处理。

劳动者报酬＝农林牧渔业生产法增加值－生产税净额－固定资产折旧

（2）生产税净额

农林牧渔业生产税净额＝农业税＋牧业税＋农业特产税

（3）固定资产折旧

农业、林业、畜牧业、渔业和农林牧渔服务业固定资产折旧,利用农村住户抽样调查的农村居民家庭人均拥有生产性固定资产进行推算。计算方法如下：

固定资产折旧＝（农村居民家庭人均拥有生产性固定资产原值×农村居民年平均人数）×折旧率

资料取自财政部财政收支决算表、国家统计局农村居民家庭基本情况表、国家统计局人口调查资料。

（二）不变价增加值

1. 农业、林业、畜牧业、渔业不变价增加值采用双缩法计算

不变价增加值＝不变价总产出－不变价中间投入

（1）不变价总产出

不变价总产出采用缩减法计算,缩减指数为农产品生产价格缩减指数,计算公式为：

不变价总产出＝现价总产出÷农产品生产价格缩减指数

农产品生产价格缩减指数取自农产品生产价格指数表（M402表）。

（2）不变价中间投入

不变价中间投入采用缩减法计算,缩减指数为各类中间投入的价格指数,计算公式为：

不变价中间投入＝现价中间投入÷中间投入价格指数

农业、林业、畜牧业、渔业四个大类行业中间投入分类和使用的价格指数见表4.3。

2. 农林牧渔服务业不变价增加值计算方法

农林牧渔服务业不变价增加值采用单缩法计算,计算公式为：

不变价增加值＝现价增加值÷缩减指数

缩减指数采用农村居民消费价格指数中的服务项目价格指数,资料取自国家统计局价格指数资料。

表4.3 农林牧渔业中间投入价格指数表

	农业	林业	畜牧业	渔业	农林牧渔服务业	价格指数
中间投入合计	√	√	√	√	√	
用种量	√	√	√	—	—	农村商品零售价格指数中的粮食类
畜役用饲料饲草	√	√	√	√	—	农业生产资料价格指数中的饲料类
肥料	√	—	—	—	—	农业生产资料价格指数中的化学肥料类
燃料	√	√	√	√	—	农村商品零售价格指数中的燃料类
农药	√	—	—	—	—	农业生产资料价格指数中的农药及农药械类
农用塑料薄膜	√	—	—	—	—	农业生产资料价格指数中的其他类中农用塑料薄膜类
用电量	√	√	√	√	—	电力工业总产值缩减指数
小农具购置费	√	—	—	—	—	农业生产资料价格指数中的小农具类
办公用品购置	√	√	—	√	—	农村居民消费价格指数中的家具类
畜牧用药品	—	—	√	—	—	农村商品零售价格指数中的中西药品类
其他	√	√	√	√	—	农业生产资料价格指数
生产服务支出	√	√	√	√	√	农村居民消费价格指数中的服务项目价格指数

注:√表示有此项分类,—表示没有此项分类。

二、工业

工业分类分为两个层次。第一层次按国民经济行业门类分为采矿业,制造业,电力、燃气及水的生产和供应业3个行业(即第三级分类)。第二层次按国民经济行业大类分为39个行业(即第四级分类),其中采矿业有6个,制造业有

30个,电力、燃气及水的生产和供应业有3个。

（一）现价增加值

工业现价增加值按生产法和收入法两种方法计算。其中,规模以上工业企业现价增加值以生产法和收入法计算结果的简单平均数为准;规模以下工业企业、工业执行行政事业会计制度的法人单位、其他行业附属的工业产业活动单位现价增加值以收入法的计算结果为准;工业个体经营户现价增加值以生产法的计算结果为准。

在计算中,首先分别计算39个国民经济行业大类的现价增加值,然后合并生成3个行业门类增加值,最后合并生成工业现价增加值。

1. 生产法

增加值 = 总产出 – 中间投入

（1）总产出

总产出 = 规模以上工业企业总产出 + 规模以下工业企业总产出 + 工业执行行政事业会计制度的法人单位总产出 + 其他行业附属的工业产业活动单位总产出 + 工业个体经营户总产出

规模以上工业企业、规模以下工业企业总产出等于经济普查的工业总产值加本年应缴增值税,工业执行行政事业会计制度的法人单位总产出等于工业执行行政事业会计制度的法人单位的行政事业性支出,其他行业附属的工业产业活动单位总产出等于其他行业附属的工业产业活动单位经营性收入,工业个体经营户总产出等于工业个体经营户营业收入。

资料取自国家统计局经济普查的规模以上工业企业生产情况表、规模以上工业企业财务状况表、规模以下工业企业生产经营状况表、行政事业单位财务状况表、多产业法人单位所属产业活动单位情况综合表和个体经营户经营情况综合表。

（2）中间投入

中间投入 = 规模以上工业企业中间投入 + 规模以下工业企业中间投入 + 工业执行行政事业会计制度的法人单位中间投入 + 其他行业附属的工业产业活动单位中间投入 + 工业个体经营户中间投入

规模以上工业企业中间投入等于经济普查的规模以上工业企业中间投入合计加规模以上工业企业分摊的间接计算的金融中介服务产出减利息净支出,

规模以下工业企业中间投入、工业执行行政事业会计制度的法人单位中间投入、其他行业附属的工业产业活动单位中间投入利用倒减法计算,等于相应部分的总产出减收入法增加值,工业个体经营户中间投入等于工业个体经营户营业支出扣除雇员报酬和缴纳税费。

资料取自国家统计局经济普查的规模以上工业企业财务状况表、行政事业单位财务状况表和个体经济户经营情况综合表。

2. 收入法

增加值 = 劳动者报酬 + 生产税净额 + 固定资产折旧 + 营业盈余

(1) 劳动者报酬

劳动者报酬 = 规模以上工业企业劳动者报酬 + 规模以下工业企业劳动者报酬 + 工业执行行政事业会计制度的法人单位劳动者报酬 + 工业个体经营户劳动者报酬

规模以上工业企业劳动者报酬、规模以下工业企业劳动者报酬主要利用规模以上工业企业、规模以下工业企业财务资料计算,工业执行行政事业会计制度的法人单位劳动者报酬利用工业执行行政事业会计制度的法人单位财务状况资料计算,工业个体经营户劳动者报酬利用工业个体经营户经营情况资料计算。

资料取自国家统计局经济普查的规模以上工业企业财务状况表、规模以下工业企业生产经营状况表、行政事业单位财务状况表和个体经营户经营情况综合表。

(2) 生产税净额

生产税净额 = 规模以上工业企业生产税净额 + 规模以下工业企业生产税净额 + 工业执行行政事业会计制度的法人单位生产税净额 + 其他行业附属的工业产业活动单位生产税净额 + 工业个体经营户生产税净额

规模以上工业企业生产税净额、规模以下工业企业生产税净额主要利用规模以上工业企业、规模以下工业企业财务资料计算,工业执行行政事业会计制度的法人单位生产税净额利用工业执行行政事业会计制度的法人单位财务状况资料计算,其他行业附属的工业产业活动单位生产税净额利用其他行业附属的工业产业活动单位经营性收入和规模以下工业企业生产税净额占总产出的比重计算,工业个体经营户生产税净额利用工业个体经营户经营情况资料计算。

资料取自国家统计局经济普查的规模以上工业企业财务状况表、规模以下工业企业生产经营状况表、行政事业单位财务状况表、多产业法人单位所属产业活动单位情况综合表和个体经营户经营情况综合表。

（3）固定资产折旧

固定资产折旧＝规模以上工业企业固定资产折旧＋规模以下工业企业固定资产折旧＋工业执行行政事业会计制度的法人单位固定资产折旧＋工业个体经营户固定资产折旧

规模以上工业企业固定资产折旧、规模以下工业企业固定资产折旧利用规模以上工业企业、规模以下工业企业财务资料中的本年固定资产折旧计算，工业执行行政事业会计制度的法人单位固定资产折旧利用工业执行行政事业会计制度的法人单位财务状况资料中固定资产原值和折旧率计算，工业个体经营户固定资产折旧利用工业个体经营户经营情况中的固定资产原值和折旧率计算。

资料取自国家统计局经济普查的规模以上工业企业财务状况表、规模以下工业企业生产经营状况表、行政事业单位财务状况表和个体经营户经营情况综合表。

（4）营业盈余

营业盈余＝规模以上工业企业营业盈余＋规模以下工业企业营业盈余＋其他行业附属的工业产业活动单位营业盈余＋工业个体经营户营业盈余

规模以上工业企业营业盈余、规模以下工业企业营业盈余主要利用规模以上工业企业、规模以下工业企业财务资料计算，其他行业附属的工业产业活动单位营业盈余利用其他行业附属的工业产业活动单位经营性收入和规模以下工业企业营业盈余占总产出的比重计算，工业个体经营户营业盈余利用工业个体经营户经营情况资料计算。

资料取自国家统计局经济普查的规模以上工业企业财务状况表、规模以下工业企业生产经营状况表、多产业法人单位所属产业活动单位情况综合表和个体经营户经营情况综合表。

（二）不变价增加值

不变价增加值，采用单缩法分39个行业大类分别计算。

不变价增加值＝现价增加值÷工业品出厂价格指数

工业品出厂价格指数使用分行业大类的指数。

三、建筑业

建筑业分房屋和土木工程建筑业、建筑安装业、建筑装饰业、其他建筑业4个行业。

（一）现价增加值

建筑业现价增加值按生产法和收入法两种方法计算，以收入法的计算结果为准。

1. 生产法

增加值＝总产出－中间投入

（1）总产出

总产出＝资质以内建筑业企业总产出＋资质以外建筑业企业总产出＋其他行业附属的建筑业产业活动单位总产出＋建筑业个体经营户总产出

资质以内建筑业企业总产出、资质以外建筑业企业总产出等于经济普查的资质以内建筑业企业、资质以外建筑业企业总产值，其他行业附属的建筑业产业活动单位总产出等于其他行业附属的建筑业产业活动单位经营性收入，建筑业个体经营户总产出等于建筑业个体经营户营业收入。

资料取自国家统计局经济普查的总承包和专业承包建筑业企业生产情况表、劳务分包及资质以外建筑业企业生产经营状况表、多产业法人单位所属产业活动单位情况综合表和个体经营户经营情况综合表。

（2）中间投入

中间投入利用总产出和收入法增加值推算。

中间投入＝总产出－收入法增加值

2. 收入法

增加值＝劳动者报酬＋生产税净额＋固定资产折旧＋营业盈余

（1）劳动者报酬

劳动者报酬＝资质以内建筑业企业劳动者报酬＋资质以外建筑业企业劳动者报酬＋建筑业个体经营户劳动者报酬＋实物报酬

资质以内建筑业企业劳动者报酬、资质以外建筑业企业劳动者报酬利用资质以内建筑业企业、资质以外建筑业企业财务资料计算,建筑业个体经营户劳动者报酬利用建筑业个体经营户经营情况资料计算。

资料取自国家统计局经济普查的总承包和专业承包建筑业企业财务状况表、劳务分包及资质以外建筑业企业生产经营状况表和个体经营户经营情况综合表。

(2) 生产税净额

生产税净额 = 资质以内建筑业企业生产税净额 + 资质以外建筑业企业生产税净额 + 其他行业附属的建筑业产业活动单位生产税净额 + 建筑业个体经营户生产税净额

资质以内建筑业企业生产税净额、资质以外建筑业企业生产税净额主要利用资质以内建筑业企业、资质以外建筑业企业财务资料计算,其他行业附属的建筑业产业活动单位生产税净额利用其他行业附属的建筑业产业活动单位经营性收入和资质以外建筑业企业生产税净额占资质以外建筑业企业主营业务收入的比重计算,建筑业个体经营户生产税净额利用建筑业个体经营户经营情况资料计算。

资料取自国家统计局经济普查的总承包和专业承包建筑业企业财务状况表、劳务分包及资质以外建筑业企业生产经营状况表、多产业法人单位所属产业活动单位情况综合表和个体经营户经营情况综合表。

(3) 固定资产折旧

固定资产折旧 = 资质以内建筑业企业固定资产折旧 + 资质以外建筑业企业固定资产折旧 + 建筑业个体经营户固定资产折旧

资质以内建筑业企业固定资产折旧、资质以外建筑业企业固定资产折旧利用资质以内建筑业企业、资质以外建筑业企业财务资料中的本年固定资产折旧计算,建筑业个体经营户固定资产折旧利用建筑业个体经营户经营情况中的固定资产原价和折旧率计算。

资料取自国家统计局经济普查的总承包和专业承包建筑业企业财务状况表、劳务分包及资质以外建筑业企业生产经营状况表和个体经营户经营情况综合表。

(4) 营业盈余

营业盈余 = 资质以内建筑业企业营业盈余 + 资质以外建筑业企业营业盈

余+其他行业附属的建筑业产业活动单位营业盈余+建筑业个体经营户营业盈余

资质以内建筑业企业营业盈余、资质以外建筑业企业营业盈余主要利用建筑业企业财务资料计算,其他行业附属的建筑业产业活动单位营业盈余利用其他行业附属的建筑业产业活动单位经营性收入和资质以外建筑业企业营业盈余占资质以外建筑业企业主营业务收入的比重计算,建筑业个体经营户营业盈余利用建筑业个体经营户经营情况资料计算。

资料取自国家统计局经济普查的总承包和专业承包建筑业企业财务状况表、劳务分包及资质以外建筑业企业生产经营状况表、多产业法人单位所属产业活动单位情况综合表和个体经营户经营情况综合表。

(二)不变价增加值

建筑业不变价增加值采用价格指数缩减法计算,计算公式为:

不变价增加值=现价增加值÷建筑安装工程价格指数

四、交通运输、仓储和邮政业

交通运输、仓储和邮政业分铁路运输业、道路运输业、城市公共交通业、水上运输业、航空运输业、管道运输业、装卸搬运和其他运输服务业、仓储业、邮政业9个行业。

(一)现价增加值

交通运输、仓储和邮政业现价增加值按生产法和收入法两种方法计算,以收入法的计算结果为准。

1. 生产法

增加值=总产出-中间投入

(1)总产出

交通运输和邮政活动在空间上具有跨地区的特点,对于地区核算来说,以辖区内交通运输和邮政企业实际获得的收入计算总产出。

总产出=交通运输、仓储和邮政业企业总产出+交通运输、仓储和邮政业执行行政事业单位会计制度的法人单位总产出+其他行业附属的交通运输、仓储和邮政业产业活动单位总产出+交通运输、仓储和邮政业个体经营户总产出

交通运输、仓储和邮政业企业总产出等于交通运输、仓储和邮政业企业主

营业务收入,其中,铁路运输企业总产出除了主营业务收入还要加上铁路建设基金收入。交通运输、仓储和邮政业执行行政事业单位会计制度的法人单位总产出等于交通运输、仓储和邮政业执行行政事业单位会计制度的法人单位经常性业务支出、固定资产折旧和经营性结余之和。其他行业附属的交通运输、仓储和邮政业产业活动单位总产出等于其他行业附属的交通运输、仓储和邮政业产业活动单位经营性收入。交通运输、仓储和邮政业个体经营户总产出等于交通运输、仓储和邮政业个体经营户营业收入。

资料取自国家统计局经济普查的铁路运输业损益表、多产业法人单位所属产业活动单位情况综合表、交通运输和电信业企业财务状况表、服务业企业财务状况表、行政事业单位财务状况表、个体经营户经营情况综合表和国家邮政企业财务状况表。

(2) 中间投入

中间投入利用总产出和收入法增加值推算。

中间投入 = 总产出 − 收入法增加值

2. 收入法

增加值 = 劳动者报酬 + 生产税净额 + 固定资产折旧 + 营业盈余

(1) 劳动者报酬

劳动者报酬 = 交通运输、仓储和邮政业企业劳动者报酬 + 交通运输、仓储和邮政业执行行政事业会计制度的法人单位劳动者报酬 + 交通运输、仓储和邮政业个体经营户劳动者报酬

交通运输、仓储和邮政业企业劳动者报酬利用交通运输、仓储和邮政业企业运输总支出资料、财务资料计算,交通运输、仓储和邮政业执行行政事业会计制度的法人单位劳动者报酬利用交通运输、仓储和邮政业执行行政事业会计制度的法人单位财务状况资料计算,交通运输、仓储和邮政业个体经营户劳动者报酬利用交通运输、仓储和邮政业个体经营户生产经营情况资料计算。

(2) 生产税净额

生产税净额 = 交通运输、仓储和邮政业企业生产税净额 + 交通运输、仓储和邮政业执行行政事业会计制度的法人单位生产税净额 + 其他行业附属的交通运输、仓储和邮政业产业活动单位生产税净额 + 交通运输、仓储和邮政业个体经营户生产税净额

交通运输、仓储和邮政业企业生产税净额利用交通运输、仓储和邮政业企业损益资料、财务资料计算,交通运输、仓储和邮政业执行行政事业会计制度的法人单位生产税净额利用交通运输、仓储和邮政业执行行政事业会计制度的法人单位财务状况资料计算,其他行业附属的交通运输、仓储和邮政业产业活动单位生产税净额利用其他行业附属的交通运输、仓储和邮政业产业活动单位经营性收入以及交通运输、仓储和邮政业企业生产税净额占总产出的比重计算,交通运输、仓储和邮政业个体经营户生产税净额利用交通运输、仓储和邮政业个体经营户生产经营情况资料计算。

(3) 固定资产折旧

固定资产折旧 = 交通运输、仓储和邮政业企业固定资产折旧 + 交通运输、仓储和邮政业执行行政事业会计制度的法人单位固定资产折旧 + 交通运输、仓储和邮政业个体经营户固定资产折旧

交通运输、仓储和邮政业企业固定资产折旧等于交通运输、仓储和邮政业企业财务资料中的本年固定资产折旧,交通运输、仓储和邮政业执行行政事业会计制度的法人单位固定资产折旧利用交通运输、仓储和邮政业执行行政事业会计制度的法人单位财务状况资料中的固定资产原值和折旧率计算,交通运输、仓储和邮政业个体经营户固定资产折旧利用交通运输、仓储和邮政业个体经营户固定资产原值和折旧率计算。

(4) 营业盈余

营业盈余 = 交通运输、仓储和邮政业企业营业盈余 + 交通运输、仓储和邮政业执行行政事业会计制度的法人单位营业盈余 + 其他行业附属的交通运输、仓储和邮政业产业活动单位营业盈余 + 交通运输、仓储和邮政业个体经营户营业盈余

交通运输、仓储和邮政业企业营业盈余利用交通运输、仓储和邮政业企业运输总支出资料、财务资料计算,交通运输、仓储和邮政业执行行政事业会计制度的法人单位营业盈余利用交通运输、仓储和邮政业执行行政事业会计制度的法人单位财务状况资料计算,其他行业附属的交通运输、仓储和邮政业产业活动单位营业盈余利用其他行业附属的交通运输、仓储和邮政业产业活动单位经营性收入以及交通运输、仓储和邮政业企业营业盈余占总产出的比重计算,交通运输、仓储和邮政业个体经营户营业盈余利用交通运输、仓储和邮政业个体

经营户生产经营情况资料计算。

资料取自国家统计局经济普查的铁路运输业损益表、铁路运输业运输总支出表、多产业法人单位所属产业活动单位情况综合表、铁路运输业资产负债表、交通运输和电信业企业财务状况表、服务业企业财务状况表、行政事业单位财务状况表、个体经营户经营情况综合表和国家邮政企业财务状况表。

（二）不变价增加值

交通运输、仓储和邮政业不变价增加值采用单缩法计算。

1. 铁路运输业、道路运输业、水上运输业、航空运输业、管道运输业和邮政业

在常规年度GDP核算中，铁路运输业、道路运输业、水上运输业、航空运输业、管道运输业和邮政业不变价增加值采用物量指数外推法计算。在经济普查年度，限于资料情况，上述行业不变价增加值采用缩减法计算。

本行业不变价增加值＝本行业现价增加值÷本行业缩减指数

其中：

本行业缩减指数＝（本行业上年现价增加值÷本行业上年不变价增加值）×本行业本年价格指数

铁路运输业、道路运输业、水上运输业、航空运输业、管道运输业本年价格指数采用城市间交通费价格指数，邮政业本年价格指数采用通信服务价格指数。

2. 城市公共交通业

城市公共交通业不变价增加值＝现价增加值÷市区公共交通费价格指数

3. 装卸搬运和其他运输服务业

装卸搬运和其他运输服务业不变价增加值＝现价增加值÷城市间交通费价格指数

4. 仓储业

仓储业不变价增加值＝现价增加值÷商品零售价格指数

五、批发和零售业

批发和零售业分为批发业和零售业2个行业。

（一）现价增加值

批发和零售业现价增加值按生产法和收入法两种方法计算，以收入法计算

结果为准。

1. 生产法

增加值 = 总产出 – 中间投入

（1）总产出

总产出 = 限额以上批发和零售业企业总产出 + 限额以下批发和零售业企业总产出 + 其他行业附属的批发和零售业产业活动单位总产出 + 批发和零售业个体经营户总产出

限额以上批发和零售业企业、限额以下批发和零售业企业总产出利用限额以上批发和零售业企业、限额以下批发和零售业企业财务资料中的主营业务收入加应缴增值税和关税计算，其他行业附属的批发和零售业产业活动单位总产出利用其他行业附属的批发和零售业产业活动单位销售合计以及限额以下批发和零售业企业毛利率计算，批发和零售业个体经营户总产出利用批发和零售业个体经营户营业收入和限额以下批发和零售业企业毛利率计算。

资料取自国家统计局经济普查的限额以上批发和零售业企业财务状况表、限额以下批发和零售业企业财务状况表、产业活动单位基本情况附表综合表、批发和零售业企业商品销售分类情况表和个体经营户经营情况综合表。

（2）中间投入

中间投入利用总产出和收入法增加值推算。

中间投入 = 总产出 – 收入法增加值

2. 收入法

增加值 = 劳动者报酬 + 生产税净额 + 固定资产折旧 + 营业盈余

（1）劳动者报酬

劳动者报酬 = 限额以上批发和零售业企业劳动者报酬 + 限额以下批发和零售业企业劳动者报酬 + 批发和零售业个体经营户劳动者报酬

限额以上批发和零售业企业劳动者报酬和限额以下批发和零售业企业劳动者报酬利用限额以上批发和零售业企业和限额以下批发和零售业企业财务资料计算，批发和零售业个体经营户劳动者报酬利用批发和零售业个体经营户经营情况资料计算。

（2）生产税净额

生产税净额 = 限额以上批发和零售业企业生产税净额 + 限额以下批发和

零售业企业生产税净额+其他行业附属的批发和零售业产业活动单位生产税净额+批发和零售业个体经营户生产税净额

限额以上批发和零售业企业生产税净额、限额以下批发和零售业企业生产税净额利用限额以上批发和零售业企业、限额以下批发和零售业企业财务资料计算,其他行业附属的批发和零售业产业活动单位生产税净额利用其他行业附属的批发和零售业产业活动单位销售合计以及限额以下批发和零售业企业生产税净额占限额以下批发和零售业企业销售合计的比重计算,批发和零售业个体经营户生产税净额利用批发和零售业个体经营户经营情况资料计算。

(3) 固定资产折旧

固定资产折旧=限额以上批发和零售业企业固定资产折旧+限额以下批发和零售业企业固定资产折旧+批发和零售业个体经营户固定资产折旧

限额以上批发和零售业企业固定资产折旧、限额以下批发和零售业企业固定资产折旧利用限额以上批发和零售业企业、限额以下批发和零售业企业财务资料中的本年固定资产折旧计算,批发和零售业个体经营户固定资产折旧利用批发和零售业个体经营户固定资产原值和折旧率计算。

(4) 营业盈余

营业盈余=限额以上批发和零售业企业营业盈余+限额以下批发和零售业企业营业盈余+其他行业附属的批发和零售业产业活动单位营业盈余+批发和零售业个体经营户营业盈余

限额以上批发和零售业企业营业盈余、限额以下批发和零售业企业营业盈余利用限额以上批发和零售业企业、限额以下批发和零售业企业财务资料计算,其他行业附属的批发和零售业产业活动单位营业盈余利用其他行业附属的批发和零售业产业活动单位销售合计以及限额以下批发和零售业企业营业盈余占限额以下批发和零售业企业销售合计的比重计算,批发和零售业个体经营户营业盈余利用批发和零售业个体经营户增加值减劳动者报酬、生产税净额、固定资产折旧求得。批发和零售业个体经营户增加值利用批发和零售业个体经营户总产出和限额以下批发和零售业企业增加值率计算。

资料取自国家统计局经济普查的限额以上批发和零售业企业财务状况表、限额以下批发和零售业企业财务状况表、个体经营户经营情况综合表、产业活动单位基本情况附表综合表、批发和零售业企业商品销售分类情况表、批发和零售业企业商品销售分类情况表。

（二）不变价增加值

批发和零售业不变价增加值采用单缩法计算。

不变价增加值＝现价增加值÷商品零售价格指数

六、住宿和餐饮业

住宿和餐饮业分为住宿业和餐饮业2个行业。

（一）现价增加值

住宿和餐饮业现价增加值按生产法和收入法两种方法计算，以收入法计算结果为准。

1. 生产法

增加值＝总产出－中间投入

（1）总产出

总产出＝限额以上住宿和餐饮业企业总产出＋限额以下住宿和餐饮业企业总产出＋其他行业附属的住宿和餐饮业产业活动单位总产出＋住宿和餐饮业个体经营户总产出

限额以上住宿和餐饮业企业、限额以下住宿和餐饮业企业总产出等于限额以上住宿和餐饮业企业、限额以下住宿和餐饮业企业主营业务收入，其他行业附属的住宿和餐饮业产业活动单位总产出等于其他行业附属的住宿和餐饮业产业活动单位营业额，住宿和餐饮业个体经营户总产出等于住宿和餐饮业个体经营户营业收入。

资料取自国家统计局经济普查的限额以上住宿和餐饮业企业经营状况表、限额以下住宿和餐饮业企业经营状况表、产业活动单位基本情况附表综合表和个体经营户经营情况综合表。

（2）中间投入

中间投入利用总产出和收入法增加值推算。

中间投入＝总产出－收入法增加值

2. 收入法

增加值＝劳动者报酬＋生产税净额＋固定资产折旧＋营业盈余

（1）劳动者报酬

劳动者报酬＝限额以上住宿和餐饮业企业劳动者报酬＋限额以下住宿和餐饮业企业劳动者报酬＋住宿和餐饮业个体经营户劳动者报酬

限额以上住宿和餐饮业企业劳动者报酬、限额以下住宿和餐饮业企业劳动者报酬利用限额以上住宿和餐饮业企业、限额以下住宿和餐饮业企业财务资料计算，住宿和餐饮业个体经营户劳动者报酬利用住宿和餐饮业个体经营户经营情况资料计算。

（2）生产税净额

生产税净额＝限额以上住宿和餐饮业企业生产税净额＋限额以下住宿和餐饮业企业生产税净额＋其他行业附属的住宿和餐饮业产业活动单位生产税净额＋住宿和餐饮业个体经营户生产税净额

限额以上住宿和餐饮业企业生产税净额、限额以下住宿和餐饮业企业生产税净额利用限额以上住宿和餐饮业企业、限额以下住宿和餐饮业企业财务资料计算，其他行业附属的住宿和餐饮业产业活动单位生产税净额利用其他行业附属的住宿和餐饮业产业活动单位营业额以及限额以下住宿和餐饮业企业生产税净额占限额以下住宿和餐饮业企业营业额的比重计算，住宿和餐饮业个体经营户生产税净额利用住宿和餐饮业个体经营户经营情况资料计算。

（3）固定资产折旧

固定资产折旧＝限额以上住宿和餐饮业企业固定资产折旧＋限额以下住宿和餐饮业企业固定资产折旧＋住宿和餐饮业个体经营户固定资产折旧

限额以上住宿和餐饮业企业固定资产折旧、限额以下住宿和餐饮业企业固定资产折旧利用限额以上住宿和餐饮业企业、限额以下住宿和餐饮业企业财务资料中的本年固定资产折旧计算，住宿和餐饮业个体经营户固定资产折旧利用住宿和餐饮业个体经营户固定资产原值和折旧率计算。

（4）营业盈余

营业盈余＝限额以上住宿和餐饮业企业营业盈余＋限额以下住宿和餐饮业企业营业盈余＋其他行业附属的住宿和餐饮业产业活动单位营业盈余＋住宿和餐饮业个体经营户营业盈余

限额以上住宿和餐饮业企业营业盈余、限额以下住宿和餐饮业企业营业盈余利用限额以上住宿和餐饮业企业、限额以下住宿和餐饮业企业财务资料计算,其他行业附属的住宿和餐饮业产业活动单位营业盈余利用其他行业附属的住宿和餐饮业产业活动单位营业额以及限额以下住宿和餐饮业企业营业盈余占限额以下住宿和餐饮业企业营业额的比重计算,住宿和餐饮业个体经营户营业盈余利用住宿和餐饮业个体经营户经营情况资料计算。

资料取自国家统计局经济普查的限额以上住宿和餐饮业企业经营状况表、限额以下住宿和餐饮业企业经营状况表、个体经营户经营情况综合表和产业活动单位基本情况附表综合表。

(二) 不变价增加值

住宿和餐饮业不变价增加值采用单缩法计算。

1. 住宿业

不变价增加值 = 现价增加值 ÷ 缩减指数

其中:

缩减指数 = (宾馆住宿价格指数 + 其他住宿价格指数) ÷ 2

2. 餐饮业

不变价增加值 = 现价增加值 ÷ 商品零售价格指数

七、金融业

金融业分银行业、证券业、保险业、其他金融活动 4 个行业。

(一) 现价增加值

金融业现价增加值按生产法和收入法两种方法计算,以收入法的计算结果为准。

1. 生产法

增加值 = 总产出 − 中间投入

(1) 总产出

总产出 = 银行业总产出 + 证券业总产出 + 保险业总产出 + 其他金融活动总产出

① 银行业总产出

银行业总产出等于银行企业总产出加银行业执行行政事业会计制度的法人单位总产出。其中,银行企业总产出等于间接计算的金融中介服务产出加上实际服务产出,即间接计算的金融中介服务收入加实际服务收入。间接计算的金融中介服务收入等于银行业从事金融活动获得的贷款利息收入、投资收益、租赁收益和金融机构往来收入减去存款利息支出和金融机构往来支出。原则上，银行业贷款利息收入应扣除银行运用自有资金进行贷款的利息收入、投资收益和租赁收益。实际服务收入等于手续费收入加其他业务收入，其他业务收入包括金融机构证券买卖业务、汇兑业务等收入。银行业执行行政事业会计制度的法人单位总产出等于银行业执行行政事业单位会计制度的法人单位经常性业务支出、固定资产折旧和经营性结余之和。

② 证券业总产出

证券业总产出等于证券企业总产出加证券业执行行政事业会计制度的法人单位总产出。其中，证券企业总产出等于营业收入减利息支出加证券交易印花税加投资收益。证券业执行行政事业会计制度的法人单位总产出等于证券业执行行政事业单位会计制度的法人单位经常性业务支出、固定资产折旧和经营性结余之和。

③ 保险业总产出

保险业总产出等于保险企业总产出加保险业执行行政事业会计制度的法人单位总产出。其中，保险企业总产出等于保险企业业务收入减赔偿及给付支出减准备金提转差加投资收益。保险业执行行政事业会计制度的法人单位总产出等于保险业执行行政事业单位会计制度的法人单位经常性业务支出、固定资产折旧和经营性结余之和。

④ 其他金融活动总产出

其他金融活动总产出等于其他金融活动企业总产出加典当企业总产出。其中，其他金融活动企业总产出等于间接计算的其他金融活动中介服务产出加上实际服务产出，即间接计算的其他金融活动中介服务收入加实际服务收入。典当企业总产出等于典当企业营业收入。

资料取自国家统计局经济普查的银行业及相关金融业损益表、证券业损益表、国家税务总局税收部门组织收入分税种收入情况表、保险业利润表和服务业企业财务状况表。

（2）中间投入

中间投入利用总产出和收入法增加值推算。

中间投入 = 总产出 − 收入法增加值

2. 收入法

增加值 = 劳动者报酬 + 生产税净额 + 固定资产折旧 + 营业盈余

(1) 劳动者报酬

劳动者报酬 = 金融业企业劳动者报酬 + 金融业执行行政事业会计制度的法人单位劳动者报酬

金融业企业劳动者报酬利用金融业企业损益资料、费用明细资料和财务资料计算,金融业执行行政事业会计制度的法人单位劳动者报酬利用金融业执行行政事业会计制度的法人单位财务状况资料计算。

(2) 生产税净额

生产税净额 = 金融业企业生产税净额 + 金融业执行行政事业会计制度的法人单位生产税净额

金融业企业生产税净额利用金融业企业损益资料、费用明细资料和财务资料计算,金融业执行行政事业会计制度的法人单位生产税净额利用金融业执行行政事业会计制度的法人单位财务状况资料计算。

(3) 固定资产折旧

固定资产折旧 = 金融业企业固定资产折旧 + 金融业执行行政事业会计制度的法人单位固定资产折旧

金融业企业固定资产折旧利用金融业企业损益资料、费用明细资料、资产负债资料、财务资料中的固定资产折旧计算,金融业执行行政事业会计制度的法人单位生产税净额利用金融业执行行政事业会计制度的法人单位财务状况资料中的固定资产原值和折旧率计算。

(4) 营业盈余

营业盈余 = 金融业企业营业盈余

金融业企业营业盈余利用金融业企业损益资料、费用明细资料和财务资料计算。

资料取自国家统计局经济普查的银行业及相关金融业损益表、银行业及相关金融业资产负债表、证券业费用明细表、证券业损益表、国家税务总局税收部门组织收入分税种收入情况表、保险业业务费用明细表、保险业利润表、服务业企业财务状况表和行政事业单位财务状况表。

（二）不变价增加值

金融业不变价增加值采用单缩法计算。

不变价增加值 = 现价增加值 ÷ 金融业缩减指数

其中：

金融业缩减指数 = 居民消费价格指数 × ［最终消费支出 ÷（最终消费支出 + 固定资本形成总额）］+ 固定资产投资价格指数 × ［固定资本形成总额 ÷（最终消费支出 + 固定资本形成总额）］

八、房地产业

房地产业分房地产开发经营业、物业管理业、房地产中介服务业、其他房地产活动和居民自有住房服务业5个行业。

（一）现价增加值

房地产业现价增加值按生产法和收入法两种方法计算，以收入法的计算结果为准。

1. 生产法

增加值 = 总产出 − 中间投入

（1）总产出

总产出 = 房地产业企业总产出 + 执行行政事业会计制度的房地产业法人单位总产出 + 其他行业附属的房地产业产业活动单位总产出 + 房地产业个体经营户总产出 + 居民自有住房服务总产出

房地产业企业中，房地产开发经营业企业总产出等于房地产开发经营业企业主营业务收入减主营业务成本，除房地产开发经营业企业以外的其他房地产业企业总产出等于它们的主营业务收入。执行行政事业会计制度的房地产业法人单位总产出等于执行行政事业会计制度的房地产业法人单位经常性业务支出、固定资产折旧和经营性结余之和，其他行业附属的房地产业产业活动单位总产出等于其他行业附属的房地产业产业活动单位经营性收入，房地产业个体经营户总产出等于房地产业个体经营户营业收入，居民自有住房服务总产出等于城乡居民自有住房服务成本，即自有住房修理维护费、管理费和虚拟折旧之和。

资料取自国家统计局经济普查的房地产开发企业财务状况表、多产业法人单位所属产业活动单位情况综合表、房地产物业管理业、中介服务及其他房地产业企业生产经营状况表、行政事业单位财务状况表、个体经营户经营情况综合表、国家统计局城市居民家庭住房基本情况调查表、城镇居民家庭消费支出调查表、农村居民家庭收入与支出表、农村居民家庭概况表、国家统计局人口调查资料和国家统计局固定资产投资统计年报。

（2）中间投入

中间投入采用总产出和收入法增加值推算。

中间投入＝总产出－收入法增加值

2. 收入法

增加值＝劳动者报酬＋生产税净额＋固定资产折旧＋营业盈余

（1）劳动者报酬

劳动者报酬＝房地产业企业劳动者报酬＋房地产业个体经营户劳动者报酬

房地产业企业劳动者报酬利用房地产业企业财务资料和生产经营状况资料计算，房地产业个体经营户劳动者报酬利用房地产业个体经营户经营情况资料计算。

（2）生产税净额

生产税净额＝房地产业企业生产税净额＋其他行业附属的房地产业产业活动单位生产税净额＋房地产业个体经营户生产税净额

房地产业企业生产税净额利用房地产业企业财务资料和生产经营资料计算，其他行业附属的房地产业产业活动单位生产税净额利用其他行业附属的房地产业产业活动单位经营性收入和房地产业企业生产税净额占房地产业企业总产出的比重计算，房地产业个体经营户生产税净额利用房地产业个体经营户经营情况资料计算。

（3）固定资产折旧

固定资产折旧＝房地产业企业固定资产折旧＋房地产业个体经营户固定资产折旧＋居民自有住房虚拟折旧

房地产业企业固定资产折旧利用房地产业企业财务资料和生产经营情况资料计算，房地产业个体经营户固定资产折旧利用房地产业个体经营户经营情况资料计算，居民自有住房虚拟折旧利用城乡居民自有住房价值和折旧率计算。

(4) 营业盈余

营业盈余 = 房地产业企业营业盈余 + 其他行业附属的房地产业产业活动单位营业盈余 + 房地产业个体经营户营业盈余

房地产业企业营业盈余利用房地产业企业财务资料和生产经营情况资料计算,其他行业附属的房地产业产业活动单位营业盈余利用其他行业附属的房地产业产业活动单位经营性收入和房地产业企业营业盈余占房地产业企业总产出的比重计算,房地产业个体经营户营业盈余利用房地产业个体经营户经营情况资料计算。

资料取自国家统计局经济普查的房地产开发企业财务状况表,多产业法人单位所属产业活动单位情况综合表,房地产物业管理业、中介服务及其他房地产业企业生产经营状况表,行政事业单位财务状况表,个体经营户经营情况综合表。

(二) 不变价增加值

房地产业不变价增加值采用单缩法计算,利用相关的价格指数分别对房地产业各行业现价增加值缩减求得。

1. 房地产开发经营业

不变价增加值 = 现价增加值 ÷ 缩减指数

缩减指数 = (房屋销售价格指数 + 土地交易价格指数 + 房屋租赁价格指数) ÷ 3

2. 物业管理业

不变价增加值 = 现价增加值 ÷ 服务项目价格指数

3. 房地产中介服务业

不变价增加值 = 现价增加值 ÷ 服务项目价格指数

4. 其他房地产活动

不变价增加值 = 现价增加值 ÷ 服务项目价格指数

5. 居民自有住房服务业

不变价增加值 = 现价增加值 ÷ 固定资产投资价格指数

九、其他服务业

其他服务业包括信息传输、计算机服务和软件业,租赁和商务服务业,科学研究、技术服务和地质勘查业,水利、环境和公共设施管理业,居民服务和其他服务业,教育,卫生、社会保障和社会福利业,文化、体育和娱乐业,公共管理和社会组织9个门类行业,24个大类行业。

(一)现价增加值

其他服务业现价增加值按生产法和收入法两种方法计算,以收入法的计算结果为准。计算中,首先计算大类行业的现价增加值,然后汇总出门类行业现价增加值。

1. 生产法

(1)总产出

总产出 = 本行业法人企业总产出 + 本行业法人行政事业单位总产出 + 其他行业附属的本行业产业活动单位总产出 + 本行业个体经营户总产出 + 家庭服务总产出 + 军队武警活动总产出

本行业法人企业总产出等于本行业法人企业主营业务收入,本行业法人行政事业单位总产出等于本行业法人行政事业单位经常性业务支出、固定资产折旧、经营性结余之和,其他行业附属的本行业产业活动单位总产出等于其他行业附属的本行业产业活动单位经营性收入或行政事业性支出,本行业个体经营户总产出等于本行业个体经营户营业收入。

资料取自国家统计局经济普查的服务业企业财务状况表、交通运输和电信业企业财务状况表、行政事业单位财务状况表、多产业法人单位所属产业活动单位情况综合表、个体经营户经营情况综合表、军队经济普查情况汇总表、武警部队队列单位向社会提供服务和产品财务状况汇总表、武警部队招待所财务状况汇总表、国家统计局城市司城市居民家庭消费支出调查表、国家统计局人口调查资料、财政部财政收支决算表。

(2)中间投入

中间投入利用总产出和收入法增加值推算。

中间投入 = 总产出 − 收入法增加值

2. 收入法

增加值 = 劳动者报酬 + 生产税净额 + 固定资产折旧 + 营业盈余

(1) 劳动者报酬

劳动者报酬 = 本行业法人企业劳动者报酬 + 本行业法人行政事业单位劳动者报酬 + 本行业个体经营户劳动者报酬 + 家庭服务劳动者报酬 + 军队武警活动劳动者报酬

本行业法人企业劳动者报酬利用本行业法人企业财务资料计算,本行业法人行政事业单位劳动者报酬利用行政事业单位财务状况资料计算,本行业个体经营户劳动者报酬利用本行业个体经营户经营情况资料计算,家庭服务劳动者报酬利用城镇住户抽样调查资料和人数计算,军队武警活动劳动者报酬利用军队武警企事业单位经济普查资料和国防支出资料计算。

(2) 生产税净额

生产税净额 = 本行业法人企业生产税净额 + 本行业法人行政事业单位生产税净额 + 其他行业附属的本行业产业活动单位生产税净额 + 本行业个体经营户生产税净额 + 军队武警活动生产税净额

本行业法人企业生产税净额利用本行业法人企业财务资料计算,本行业法人行政事业单位生产税净额利用行政事业单位财务状况资料计算,其他行业附属的本行业产业活动单位生产税净额利用其他行业附属的本行业产业活动单位总产出和本行业法人企业或本行业法人行政事业单位生产税净额占本行业法人企业或本行业法人行政事业单位总产出的比重计算,本行业个体经营户生产税净额利用本行业个体经营户经营情况资料计算,军队武警活动生产税净额利用军队武警企事业单位经济普查资料计算。

(3) 固定资产折旧

固定资产折旧 = 本行业法人企业固定资产折旧 + 本行业法人行政事业单位固定资产折旧 + 本行业个体经营户固定资产折旧 + 军队武警活动固定资产折旧

本行业法人企业固定资产折旧利用本行业法人企业财务资料中的本年固定资产折旧计算,本行业法人行政事业单位固定资产折旧利用行政事业单位财务状况资料中的固定资产原值和折旧率计算,本行业个体经营户固定资产折旧利用本行业个体经营户经营情况资料计算,军队武警活动固定资产折旧利用军队武警企事业单位经济普查资料和国防支出资料计算。

（4）营业盈余

营业盈余=本行业法人企业营业盈余+本行业法人行政事业单位营业盈余+其他行业附属的本行业产业活动单位营业盈余+本行业个体经营户营业盈余+军队武警活动营业盈余

本行业法人企业营业盈余利用本行业法人企业财务资料计算，本行业法人行政事业单位营业盈余利用本行业法人行政事业单位财务状况资料计算，其他行业附属的本行业产业活动单位营业盈余利用其他行业附属的本行业产业活动单位总产出和本行业法人企业或本行业法人行政事业单位营业盈余占本行业法人企业或本行业法人行政事业单位总产出的比重计算，本行业个体经营户营业盈余利用经济普查的本行业个体经营户经营情况资料计算，军队武警活动营业盈余利用军队武警企事业单位经济普查资料计算。

资料取自国家统计局经济普查的服务业企业财务状况表、交通运输和电信业企业财务状况表、行政事业单位财务状况表、个体经营户经营情况综合表、军队经济普查情况汇总表、武警部队队列单位向社会提供服务和产品财务状况汇总表和武警部队招待所财务状况汇总表。

（二）不变价增加值

其他服务业不变价增加值采用单缩法计算，利用相关的价格指数分别对各行业现价增加值缩减后求得。具体计算方法如下：

1. 信息传输、计算机服务和软件业

不变价增加值=现价增加值÷通信服务价格指数

2. 租赁和商务服务业

不变价增加值=现价增加值÷服务项目价格指数

3. 科学研究、技术服务和地质勘查业

不变价增加值=现价增加值÷服务项目价格指数

4. 水利、环境和公共设施管理业

不变价增加值=现价增加值÷服务项目价格指数

5. 居民服务和其他服务业

不变价增加值=现价增加值÷服务项目价格指数

6. 教育

不变价增加值＝现价增加值÷娱乐教育文化用品及服务价格指数

7. 卫生、社会保障和社会福利业

不变价增加值＝现价增加值÷居民医疗保健及个人用品价格指数

8. 文化、体育和娱乐业

不变价增加值＝现价增加值÷娱乐教育文化用品及服务价格指数

9. 公共管理和社会组织

不变价增加值＝现价增加值÷居民消费价格指数

第四节　各行业不变价增加值核算存在的问题分析

一、不变价增加值核算存在的问题概述

根据不变价增加值的计算方法,中国不变价增加值计算结果主要受现价增加值、缩减指数以及基年的影响。从现价增加值的影响看,现价增加值所采用的计算方法和分类的详细程度会影响不变价增加值计算方法的采用以及缩减指数的使用。如果现价增加值采用生产法计算,不变价增加值就有条件采用双缩法计算,否则,就无法使用双缩法;如果现价增加值的分类比较详细,不变价增加值核算就有可能分门别类地采用相应的价格指数分别计算;如果分类比较粗,无法在比较详细的层次上进行计算,只能采用综合性的价格指数,会影响计算结果的准确性。从缩减指数的影响看,缩减指数是否合适,是否能够真实反映现价数据的价格变化,也会影响不变价增加值的计算结果。此外,基年的选定也会对不变价增加值计算结果的准确性产生影响,一般来说,基年越靠近当前时期,两个不同时期的不变价增加值越具有可比性;反之,基年离当期越远,两个不同时期的产品结构和价格结构差异越大,不变价增加值越具有不可比性。在前面介绍的各行业不变价增加值计算方法中,既有现价增加值计算方法问题,又有缩减指数问题,也有基年选择问题。归纳起来,主要表现在以下几个方面:一是现价增加值计算更多地采用了收入法,限制了双缩法的使用;二是现价增加值的行业分类比较粗,无法在比较细的层次上进行不变价核算;三是大部分服务业的不变价增加值计算方法过于笼统,采用的缩减指数还有改进的余

地;四是基年使用的时间太长,已经不能适应社会主义市场经济迅速发展的实际情况,虽然从2000年开始,改为每五年更换一次基年,但仍不能适应社会主义市场经济条件下产品结构和价格结构迅速变化的情况。从长期看,采用发达国家的做法,建立每年更换基年的链式不变价核算方法,是更可取的做法。

二、各行业不变价增加值核算存在的问题分析

各行业不变价增加值的计算,都存在一些问题,但程度不同,核算基础条件好的行业问题少一些,基础条件差的行业问题多一些,下面进行具体分析:

(一)农林牧渔业

农林牧渔业不变价增加值计算中存在的问题主要表现在两个方面:

一是以1990年为基年的不变价格使用的时间太长,基年编制的不变价格的适用性较差,通过编制的不变价格计算不变价总产值及增长速度的方法不能准确地反映实际情况。

二是采用外推法计算不变价增加值,没有考虑中间投入物量变化与总产出物量变化的差异。

2004年之后,农林牧渔业不变价增加值的计算采用了缩减法,第一次经济普查年度尝试采用了双缩法,存在的主要问题是现价中间投入构成及相应的中间投入价格指数不全或数据质量不高,影响了数据的准确性。

(二)工业

工业不变价增加值核算存在的问题主要表现在两个方面:

(1) 2004年之前,以1990年为基年的不变价格使用的时间太长,基年编制的不变价格的适用性较差,通过编制的基年不变价格计算总产值及增长速度的方法不能准确地反映实际情况。

(2) 2004年之后,工业不变价增加值的计算采用了单缩法,但这种方法仍不完善,其不足在于:一是没有针对总产出和中间投入不同的价格变化,采用双缩法计算不变价增加值。当总产出与中间投入的价格变化差异比较大时,双缩法和单缩法的计算结果会有比较大的差异。从中国的实际情况看,2000年以来,除了2002年工业品出厂价格指数与原材料燃料动力购进价格指数基本接近外,其他年份二者都有比较明显的差异,2004年二者的差异高达5.3个百分点。根据2000—2004年的数据测算,工业品出厂价格指数与原材料燃料动力

购进价格指数每相差1个百分点,按双缩法和单缩法计算的工业不变价增加值增长速度就会出现3个百分点左右的差异,也就是说,如果工业品出厂价格指数比原材料燃料动力购进价格指数低1个百分点,按双缩法计算的工业不变价增加值增长速度会比按单缩法计算的增长速度高3个百分点左右。二是分类太粗,没有在较细的层次上考虑不同工业产品价格变化的差异。分类太粗,计算不变价增加值时,只使用一个综合的工业品出厂价格指数对全部工业现价增加值进行缩减,与利用细分行业不同的价格指数分别缩减也会产生偏差。2005年,在细分层次上按39个大类行业计算的不变价增加值增长速度比在综合层次上对全部工业增加值一笔计算的增长速度高约0.5个百分点。

(三) 建筑业

建筑业不变价现价增加值核算存在的问题主要表现在以下两个方面:

(1) 建筑业现价增加值核算存在不足。2004年之前,资质以外建筑业现价增加值利用增加值率法计算,增加值率采用资质以内建筑业企业增加值率替代,由于建筑业资质以内和资质以外企业增加值率一般会有较大的不同,这种处理方法会影响数据质量。2004年之后,由于经济普查提供了比较全面的基础资料,资质以外建筑业现价增加值数据质量得到了提高。

(2) 单缩法影响不变价增加值数据的准确性。建筑业不变价增加值采用单缩法计算,也就是假定建筑业总产出、中间投入的价格变动基本一样。但实际上,中间投入的价格变化与总产出的价格变化不同,前者是指建筑活动中消耗的材料费、机械使用费等货物和服务的价格,后者不仅包括中间投入价格,还包括人工费等增加值的价格。因此,利用单缩法计算建筑业不变价增加值,不能准确反映建筑材料费用、机械费用等中间投入的价格波动,影响了建筑业不变价增加值的数据质量。

(四) 交通运输、仓储和邮政业

交通运输、仓储和邮政业不变价增加值核算存在的问题主要表现在:

(1) 现价增加值核算不完善。2004年以前,由于基础统计不健全,首先,没有单独计算其他行业附属的仓储业活动增加值。在实践中,工业、批发零售业和交通运输业等很多行业都从事仓储活动,但由于仓储活动分布分散、生产规模比较小、市场性单位和非市场性单位并存、基础统计薄弱等原因,在核算中,对于附属在其他行业的仓储活动,通常把它们包括在其主体行业如工业、批发零售业中,而没有在交通运输、仓储和邮政业中另行统计。其次,道路和水运业增加值核算推算成分大。由于缺少交通部系统外即非国有运输企业财务统计资料,只能通过系统内企业的比例关系进行推算,准确性不高。再次,生产法核算不完整。由于中间消耗资料搜集不全或资料无法搜集,生产法中的中间投入没有直接计算,而是采用总产出减收入法增加值计算。生产法核算的不完整,影响了生产法核算与收入法核算的相互验证,不利于数据质量的提高。2004年之后,由于经济普查提供了比较全面的基础资料,交通运输、仓储和邮政业现价增加值核算中存在的数据缺口得到了补充,但经济普查之后的常规年度的数据缺口问题仍然不能得到很好的解决。

(2)物量指数存在偏差。2004年之前,交通运输、仓储和邮政业的不变价核算主要利用物量指数外推法计算,但是,物量指数中存在的一些问题,直接影响到不变价增加值及其增长速度的计算。以邮电业务总量为例,由于物量指数采取固定基年的方法,基年使用的时间又比较长,一些新兴邮电业务没有基年不变价格,只能按当年实际业务收入计入业务总量,因此,邮电业务总量的增长速度一定程度上包含了价格上涨的因素,存在高估。2004年经济普查年度交通运输、仓储和邮政业的不变价核算采用单缩法计算,但使用的缩减指数与当期生产活动价格变化不完全匹配。

(3)价格指数不健全。装卸搬运及其他运输服务业和仓储业这两个行业没有建立物量指数统计,如果按照价格指数缩减法计算不变价增加值,需要建立装卸搬运及其他运输服务业和仓储业价格指数。但是目前的价格统计中,还没有建立这些行业的价格指数。现有的价格统计中,居民消费价格指数反映的是与居民消费有关的运输服务和邮政服务的价格变化,而各类生产单位消耗的运输服务和邮政服务的价格变化还没有纳入价格指数统计中,因此,价格指数覆盖范围不全、缺少生产者价格指数。

(4)缩减指数和价格指数不衔接。由于价格指数不健全、物量指标存在偏差,2004年之前,采用物量指数外推法计算不变价增加值时,会产生增加值隐含缩减指数与有关价格指数不衔接的现象。以2003年为例,邮电业务总量比上年增长23.3%,但是邮电业务收入现价增长速度为8.3%,来自居民消费价格指数中的邮政通信服务价格指数下降0.6%,按缩减法计算,邮电业务收入不变价增长速度只有9.0%。邮电业务总量增长速度比邮电业务收入增长速度高

14.3个百分点,两种方法的差异很大。这种差异也是2004年之前采用物量指数外推法计算不变价增加值同第一次经济普查年度采用单缩法计算不变价增加值的差异。

（五）批发和零售业

批发和零售业不变价增加值核算存在的问题主要表现在：

（1）现价增加值核算受基础资料的局限,数据质量有待提高。2004年之前,批发和零售业现价增加值核算中,占全行业销售额70%以上的限额以下批发和零售业企业、个体经营户及其他行业附属的批发和零售业产业活动单位,没有详细的基础统计,现价增加值只能利用有关比重推算。推算比重过大,影响批发和零售业现价增加值数据质量。2004年,由于经济普查提供了比较全面的基础资料,批发和零售业现价增加值核算中存在的数据缺口得到了补充,但经济普查之后的常规年度的数据缺口问题仍然存在。

（2）缺少批发价格指数。由于缺少批发价格指数,批发业不变价增加值计算用零售价格指数替代。零售业价格指数代表商品销售给最终购买者的价格变动,批发价格指数反映批发环节的价格变化,两者并不相同。因此,批发业利用零售价格指数缩减计算不变价增加值,存在价格指数不准确的问题。

（六）住宿和餐饮业

住宿和餐饮业不变价增加值核算存在的问题主要表现在：

（1）现价增加值核算受基础资料的局限,数据质量有待提高。2004年之前,住宿和餐饮业现价增加值核算中,限额以下住宿和餐饮业企业、个体经营户及其他行业附属的住宿和餐饮业产业活动单位,没有详细的基础统计,现价增加值只能利用有关比重推算,影响住宿和餐饮业现价增加值数据质量。2004年,由于经济普查提供了比较全面的基础资料,住宿和餐饮业现价增加值核算中存在的数据缺口得到了补充,但经济普查之后的常规年度的数据缺口问题仍然存在。

（2）餐饮业使用商品零售价格指数,不能准确地反映餐饮业价格变动的特点。

（七）金融业

金融业不变价增加值核算存在的问题主要是缩减指数问题。这里以银行业为例进行说明。由于银行业主要提供的是不直接收取费用的服务,这类服务没有直接的市场价格，无法找到直接反映其市场价格变化的价格指数。因此，在银行业不变价增加值核算实践中，只能变通地采用固定资产投资价格指数和居民消费价格指数的加权平均数作为缩减指数。从银行业总产出的计算方法看，银行业总产出的价格变动主要体现为存款利率和贷款利率变动，而存款利率和贷款利率既受资本市场资金供求变动的影响，又受宏观经济政策性因素的影响。显然，存款利率和贷款利率变动与固定资产投资价格变化和居民消费价格变化是有差异的，特别是当利率主要还不是由市场决定的情况下，现实中使用的缩减指数与银行业服务价格变化可能存在比较大的偏差。

（八）房地产业

房地产业不变价增加值核算存在的问题主要表现在：

（1）现价增加值核算存在推算成分。2004年之前，物业管理业、房地产中介服务业、其他房地产活动缺少相关的基础统计，现价增加值核算只能根据营业税、劳动报酬和投入产出调查资料推算得到，影响数据的准确性。2004年，由于经济普查提供了比较全面的基础资料，房地产业现价增加值核算中存在的数据缺口得到了补充，但经济普查之后的常规年度的数据缺口问题仍然存在。

（2）价格指数不完善。2004年之前，房地产业不变价增加值核算，因为没有恰当的价格指数，增加值净值用居民消费价格指数缩减。然而，居民消费价格指数是反映居民消费的各种价格变化的总指数，它不仅包括房地产中介服务的价格，还包括维修服务、理发服务等众多服务活动，因此，居民消费价格指数不能准确代表房地产业中服务价格的变化。2004年之后，由于经济普查提供了比较全面的基础资料，房地产业现价增加值核算细化行业分类，并使用有关价格指数分别进行缩减，房地产业不变价增加值核算方法得到改进，但物业管理业、房地产中介服务业、其他房地产活动不变价增加值核算中，把居民消费价格指数中的服务项目价格指数作为缩减指数，仍然存在价格指数与生产活动不匹配的问题。

（九）其他服务业

其他服务业不变价增加值核算存在的问题主要表现在：

（1）现价增加值核算范围不完整。在现行国内生产总值核算中，其他服务业现价增加值主要采用收入法计算。2004年之前，由于基础资料存在缺口，不仅一些新兴的服务业，如计算机软件业、租赁和商务服务业、信息传输业等由于统计制度不健全,存在缺口,而且一些传统服务业,如文化、教育、卫生等服务,市场经济条件下新发展的民办营利性部分,也存在缺口,造成现价增加值数据低估,从而影响其他服务不变价增加值核算方法的科学性和核算数据的准确性。2004年,由于经济普查提供了比较全面的基础资料,资料缺口问题得到一定的解决,但经济普查之后的常规年度资料缺口问题仍然存在,影响其他服务业现价增加值数据质量。

(2)不变价增加值核算方法不完善,没有对市场性服务和非市场性服务分别计算不变价增加值。由于市场性服务和非市场性服务产出的计算方法不同,前者用营业收入计算总产出,后者用生产成本计算总产出,尽管在现价增加值计算中,已把两者区分开来,但在计算不变价增加值时,没有做不同处理,使用同样的价格指数计算,没有体现两者间价格变化的差异。

(3)使用的价格指数代表性不够。在其他服务业不变价增加值核算中,尽管行业分类细化,但各行业使用的缩减指数都是居民消费价格指数或是居民消费价格指数中的分项价格指数。但从这些行业活动的使用去向看,它们既有提供给居民最终消费的服务,又有提供给企业中间使用的服务,还有提供给全社会最终使用的公共服务,不同使用去向的服务价格变化是不同的,提供给居民消费的市场性服务,生产价格变化与居民消费价格或居民消费价格中的相应服务项目价格的变化大体上是一致的,但提供给企业使用的服务以及提供给全社会使用的公共服务,生产价格变化同居民消费价格或居民消费价格中的相应服务项目价格的变化是不同的,因此,其他服务业不变价增加值核算使用的价格指数与它们真实的价格变化有一定的差异,居民消费价格指数或居民消费价格指数中的相应服务项目价格指数对于它们的价格变化代表性不够。

第五节　改进不变价生产法国内生产总值核算方法的设想

一、改进不变价生产法国内生产总值核算方法的原则

为了准确地计算不变价国内生产总值,客观反映社会主义市场经济条件下国民经济的发展,需要完善中国的不变价国内生产总值核算方法。针对当前分行业不变价增加值核算存在的问题,结合现阶段中国统计制度方法改革的实际

情况,在改进不变价国内生产总值核算方法中,应主要坚持以下原则:

首先,要立足现有的基础条件,通过进一步规范和细化,改进不变价国内生产总值核算方法。不变价国内生产总值核算是一个常规性的工作,不仅有年度核算,而且还有季度核算,如果等所有的基础条件都搞好了再来改进工作是不现实的。只有在合理地利用现有资料的基础上,规范核算方法,尽可能细化具有不同价格变动趋势和特点的项目,才能达到尽快改进的目的。

其次,通过统计制度方法改革,不断充实基础统计,改进不变价国内生产总值核算的基础。要想从根本上提高不变价国内生产总值核算数据的质量,必须针对现行增加值核算在行业分类、项目分类方面的问题和价格指数方面存在的问题,通过统计调查方法的改革,做好周期性普查以及经常性抽样调查,改进和完善现价增加值计算所需的基础资料,完善计算方法,扩展和完善价格指数的编制范围。

再次,分清轻重缓急,逐步推进。不变价国内生产总值核算涉及所有的经济活动及其价格变化,核算结果不可能做到十全十美,只要尽可能地接近实际,就达到了核算的目的。因此,不能只考虑科学性和合理性,不管可行性,应先考虑影响大的、易于解决的问题,有先有后,有繁有简,逐步改进。

二、改进不变价生产法国内生产总值核算的设想

(一) 改进分行业现价增加值的核算方法

中国第一次全国经济普查对第二、三产业经济活动进行了全面普查,这为细化国内生产总值核算的行业分类,改进分行业现价增加值的核算方法提供了基础。在经济普查以后的常规年度国内生产总值核算中,也应充分利用经济普查的结果,结合常规年度基础资料的实际情况,修改现价增加值的核算方法,使常规年度的核算方法和结果与经济普查年度的核算方法和结果相衔接。

(二) 尽可能细化行业内部的构成项目

在现价增加值核算中,尽量划分出总产出和中间投入,市场性产出和非市场性产出,不同性能和不同质量的产出,生产成本中的劳动力投入和固定资本投入等。这样,在计算不变价时,不同的价格变化才能得到比较全面的考虑。尽量避免把一个行业作为一个总体,用一个综合缩减指数来计算不变价增加值的做法。

（三）合理确定不变价基年

基年的确定和使用时间的长短，对不变价增加值计算结果直接产生影响，基年使用时间太长，由于产品结构和价格结构变化太大，特别是新产品没有基年价格，而以当年价格代替，一般会高估不变价国内生产总值数据。中国目前不变价国内生产总值核算实行每五年更换一次基年的做法，与以往每十年更换基年的做法相比，基年使用时间缩短了，但对于迅速发展的社会主义市场经济，仍应及时掌握新出现的经济活动和新产品，目前，OECD国家都采用以上年为基年的链式指数，应研究采用这种方法的现实可行性。

（四）改进各行业不变价增加值核算的设想

1. 农林牧渔业

（1）在细化总产出和中间消耗构成的基础上，进一步完善现有的按中类行业（三位码）分类编制的农产品生产价格指数，建立按大类行业（二位码）分类的中间投入价格指数，进一步完善按双缩法计算不变价增加值。特别是要对每个行业不同的中间投入，选定适当的价格缩减指数。

（2）改进农林牧渔服务业使用的价格缩减指数。农林牧渔服务业不变价核算采用农村居民消费价格指数中的服务项目价格指数作为缩减指数。针对农林牧渔服务业的活动特点，应选择能够反映农业灌溉等农业服务，兽医等畜牧服务和渔业服务等价格变化的价格指数，代替原来的农村居民消费价格指数中的服务项目价格指数。

2. 工业

（1）改进现价工业增加值核算方法。一是对经济普查中发现的常规年度的缺口数据，建立基于经济普查资料的推算方法，补充缺口；二是制定中间投入的推算方法。对规模以上工业企业，根据现有的规模以上工业企业财务资料中的生产成本、营业费用、管理费用和财务费用以及投入产出调查的大型工业企业中间投入构成资料等，细化中间投入的构成项目；对规模以下工业企业和工业个体经营户，根据投入产出调查的小型工业中间投入构成，推算中间投入构成数据，为采用双缩法计算不变价增加值提供条件。

（2）改进不变价增加值计算方法，采用双缩法计算不变价增加值。首先，按39个行业大类，利用每个行业的工业品出厂价格指数，计算各行业不变价总产出；其次，利用原材料、燃料和动力等购进价格指数，确定中间投入的价格指数,以此计算每个行业的不变价中间投入;再次,通过完善调查样本和权数,提高现行的按中类行业编制的工业品出厂价格指数的质量。

3. 建筑业

(1) 改进现价增加值核算。对经济普查中发现的常规年度的缺口数据,建立基于经济普查资料的推算方法,补充缺口。

(2) 加强价格指数统计。细化建筑安装工程价格指数统计,按照房屋和土木工程建筑业、建筑安装业、建筑装饰业、其他建筑业等不同行业建立相应的价格指数统计。

4. 交通运输、仓储和邮政业

(1) 改进现价增加值核算。一是对经济普查中发现的常规年度的缺口数据,建立基于经济普查资料的推算方法,补充缺口;二是加强基础资料统计。交通运输、仓储和邮政业常规年度统计中,道路运输、水上运输、地方铁路、地方邮政统计比较薄弱,需要加强主管部门的调查力度,建立系统的统计调查制度,搜集有关营业收入和成本费用资料,为增加值核算提供更加详细的基础资料。

(2) 细化不变价增加值核算。铁路、道路、航空、水运和管道运输业的不变价增加值可以仍然采用物量外推法核算;但邮政业不变价增加值应在物量外推法的基础上,研究利用价格缩减法的可行性;城市公共交通业、装卸搬运及其他运输服务业和仓储业采用单缩法,利用适当的价格指数计算不变价增加值。

(3) 完善邮电业务总量指标统计。根据行业活动的发展情况,在现有的统计中及时增加新出现活动的统计,扩大统计范围,提高数据的质量。同时,加快邮电业务总量指标的基年更换,保持与国内生产总值的基年更换一致,将过去每十年变换一次基年,改变为每五年变换一次基年。

(4) 建立有关生产者价格指数的统计。尽快建立和完善交通运输、仓储和邮政业有关价格指数统计,全面准确地反映各行业生产价格的变动状况。

5. 信息传输、计算机服务和软件业

(1) 改进现价增加值核算方法。对经济普查中发现的常规年度的缺口数据,建立基于经济普查资料的推算方法,补充缺口;计算机服务业、软件业增加值,通过抽样调查资料,结合信息产业部有关的统计资料和税收资料推算。

(2) 改进不变价增加值核算方法。一是修改信息传输服务业外推指标,用电信业务总量指标替代邮电业务总量指标。二是完善物量指数统计。根据信息传输服务业发展情况,应及时增加新兴电信活动的物量统计,不断扩大电信业务总量的统计范围。缩短物量指数的编制基年,将过去每十年变换一次基年,改变为每五年变换一次基年。三是建立计算机服务业和软件业服务价格指数统计。

6. 批发和零售业

(1) 改进现价增加值核算方法。对经济普查中发现的常规年度的缺口数据,建立基于经济普查资料的推算方法,补充缺口;针对限额以下批发和零售业企业及个体经营户基础资料薄弱的情况,建立抽样调查制度,搜集有关营业收入等资料。

(2) 改进不变价增加值核算方法。进一步完善缩减指数,根据批发和零售业商品零售价格指数,结合有关购进价格的变动信息,确定增加值缩减指数;同时,研究建立批发价格指数。

7. 住宿和餐饮业

(1) 改进现价增加值核算方法。一是通过进一步完善现行的限额以上住宿业和餐饮业统计制度,提高反映总产出的营业收入的数据质量。二是改进限额以下住宿业和餐饮业总产出计算方法,通过建立抽样调查制度,搜集有关基础资料,为总产出核算建立基础。三是建立中间投入统计,根据投入产出调查资料,推算住宿与餐饮业中间投入数据,为实施双缩法计算不变价增加值提供条件。

(2) 合理确定缩减指数。在确定住宿业与餐饮业的增加值缩减指数时,餐饮业可以根据居民消费价格指数中的在外用餐价格指数来确定;住宿业除了考虑居民消费价格指数中的住宿价格指数外,还应考虑居民消费的住宿价格变化与提供给商务人员的住宿服务的价格变化可能是不同的,因为居民消费的住宿服务价格一般比较低,价格变化可能会小一些,商务人员住宿价格变化一般比较高,价格变化可能会大一些,因此应综合各种因素确定住宿业的缩减指数。

8. 金融业

改进不变价增加值核算方法。一是不再把金融业作为一个总体一笔计算不变价增加值,按照4个大类行业分别计算不变价增加值。二是通过保险业保险费、证券业交易收费的变化,建立保险业、证券业价格指数。

9. 房地产业

（1）改进现价增加值核算方法。对于有财务资料的部分，利用财务资料，按照收入法直接计算增加值；对于没有财务资料以及经济普查中发现的常规年度的缺口数据，建立基于经济普查资料的推算方法，补充缺口；居民自有住房存量的价值按核算期的现价核算，改变原来的用历史成本价格核算的方法。居民自有住房服务总产出按总成本计算，包括修理维护支出、物业管理支出和居民自有住房的虚拟折旧，改变原来只包括虚拟折旧的做法。

（2）建立有关基础资料统计。针对常规年度物业管理、房地产中介服务、其他房地产活动基础资料存在缺口的状况，逐步建立和完善相应的调查制度，获取营业收入和主要成本费用等资料，改进常规年度现价增加值核算方法。

（3）加强价格指数统计。建立与物业管理、房地产中介服务、其他房地产活动有关的价格指数统计，取代目前使用的居民消费价格指数中的服务项目价格指数。

10. 租赁和商务服务业

（1）改进现价增加值核算方法。根据现有的租赁和商务服务业抽样调查资料，结合税收资料和从业人员劳动报酬统计资料，以及经济普查资料来计算现价增加值。同时，通过加快改进和完善抽样调查制度，增加调查指标，扩充调查样本规模，来提高调查数据质量。

（2）建立不变价增加值核算方法。租赁和商务服务主要提供给生产单位使用，提供给个人消费的很少，在现有的价格指数中很难找到与其活动相似的价格指数，因此，不变价增加值利用物量外推法计算，外推指标使用本行业不变价人均从业人员劳动报酬增长速度。用居民消费价格指数作为人均从业人员劳动报酬的缩减指数。

11. 科学研究、技术服务和地质勘查业

（1）改进现价增加值核算方法。在计算 4 个大类行业现价增加值时，应分别对市场性和非市场性活动进行计算。市场性活动增加值根据科技交流和推广服务业抽样调查资料、经济普查资料进行推算；非市场性活动增加值利用行政事业单位财务决算资料和经济普查资料推算。

（2）改进不变价增加值核算方法。对市场性增加值和非市场性增加值，分别按不同的缩减指数计算不变价增加值。市场性增加值利用居民消费价格指数中的服务项目价格指数计算,非市场性增加值利用总产出隐含缩减指数计算。总产出隐含缩减指数等于现价总产出与不变价总产出之比,不变价总产出通过把现价总产出分成劳动力价值支出、固定资产折旧和其他支出三个部分,然后分别利用劳动工时数外推,固定资产投资价格指数和居民服务项目消费价格指数缩减计算。

12. 水利、环境和公共设施管理业

(1) 改进现价增加值核算方法。现价增加值主要利用行政事业单位财政决算资料,水利部、环保部和建设部等部门财务统计资料以及经济普查资料计算,替代过去的主要以劳动工资资料推算的方法。

(2) 改进不变价增加值核算方法。水利、环境和公共设施管理业主要属于非市场性活动,没有反映其产出价格变化的价格指数,因此,根据它们经常性业务支出的构成,把总产出分为劳动力价值支出、固定资产折旧和其他支出三个部分,然后劳动力价值支出用劳动工时数外推,固定资产折旧用固定资产投资价格指数缩减,其他支出用居民消费价格指数缩减,计算不变价总产出。根据现价和不变价总产出求出总产出缩减指数,然后,把总产出缩减指数作为增加值的缩减指数,计算不变价增加值。

13. 居民服务业和其他服务业

(1) 改进现价增加值核算方法。根据居民服务业和其他服务抽样调查资料,结合税收、工商管理和劳动报酬统计资料以及经济普查资料来计算现价增加值,并且尽可能地细化分类,如搜集家庭服务及加工维修服务项下的加工维修服务、车辆使用及维修费项下的车辆修理服务费等基础数据,以便为在较细的层次上计算不变价增加值提供基础;同时,通过加快改进和完善抽样调查制度,增加调查指标,扩充调查样本规模,提高调查数据质量,最后转到以抽样调查资料计算的方法上来。

(2) 细化不变价核算。居民消费价格指数是目前分类比较细的价格指数,在现价增加值细化分类的基础上,利用相应的价格指数计算不变价增加值。

14. 教育

(1) 完善现价增加值核算方法。针对目前教育服务存在非市场性教育服务和市场性教育服务的实际情况,建立和完善教育服务统计调查。一是根据教育部门管理范围和现行教育统计状况,完善非市场性教育服务统计报表制度;

二是针对教育部门统计范围外的教育服务活动,建立职业技能培训等市场性教育服务抽样调查制度。三是根据全国经济普查相关资料,将党校、军校、团校纳入教育服务核算范围。

在核算方法上规范教育服务增加值核算,对于非市场性教育服务,采用经常性业务支出(成本法)核算产出;对于市场性教育服务,采用服务收入核算产出。

(2)改进不变价增加值核算方法。将教育服务区分为市场性教育服务和非市场性教育服务分别核算。市场性教育服务不变价增加值,利用居民消费价格指数中教育服务价格指数作为缩减指数计算,对于非市场性教育服务不变价增加值,由于居民消费价格指数中的教育服务价格指数不能反映其价格变化,缩减法不适用于非市场性教育服务,因此,采用物量指标外推计算。比较理想的物量指标是根据学校水平分类的学生上课小时数,但在核算实践中,由于很难获得可靠的学生上课小时数据,一般采用学生人数作为物量指标。

15. 卫生、社会保障和社会福利业

(1)改进现价增加值核算方法。一是根据现有的社会保障业抽样调查资料、卫生事业财务状况资料、社会保障和社会福利业财务状况资料以及经济普查资料,按收入法计算现价增加值。二是逐步完善抽样调查制度,扩展调查范围,提高调查数据的质量。三是根据国内生产总值核算的要求,进一步完善卫生部门和民政部门的统计制度。

(2)改进不变价增加值核算方法。卫生不变价增加值以居民消费的卫生医疗保健服务支出价格指数作为缩减指数计算;社会保障和社会福利业主要属于非市场性活动,没有反映其产出价格变化的价格指数,因此,根据它们经常性业务支出的构成,把总产出分为劳动力价值支出、固定资产折旧和其他支出三个部分,然后劳动力价值支出用劳动工时数外推,固定资产折旧用固定资产投资价格指数缩减,其他支出用居民消费价格指数缩减,计算不变价总产出,根据现价和不变价总产出求出总产出缩减指数,然后,把总产出缩减指数作为增加值的缩减指数,计算不变价增加值。

16. 文化、体育和娱乐业

(1)改进现价增加值核算方法。文化、体育和娱乐业既有市场性活动,如出版、艺术表演、文化经纪与代理、娱乐健身、电影制作发行与放映等,也有非市场性活动,如图书馆、档案馆、博物馆、文物和文化保护等。在计算现价增加值时,区分市场性活动和非市场性活动分别计算。其中,体育和娱乐业根据现行体育、娱乐业抽样调查资料,结合税收、工商管理和劳动报酬统计资料,以及经济普查资料来计算;文化活动根据文化部门、新闻出版部门的财务统计资料以及经济普查资料计算。

(2) 改进不变价增加值核算方法。市场性文化、体育和娱乐业不变价增加值采用缩减法,以居民消费的文化娱乐服务价格指数作为缩减指数;非市场性不变价增加值,以总产出缩减指数作为缩减指数计算。非市场性不变价总产出,通过把现价总产出分为劳动力价值支出、固定资产折旧和其他支出三个部分,然后分别采用外推法和缩减法计算。

17. 公共管理和社会组织

公共管理和社会组织提供公共服务,其产出是非市场产出。根据经常性业务支出的构成,把总产出分为劳动力价值支出、固定资产折旧和其他支出三个部分,然后劳动力价值支出用劳动工时数外推,固定资产折旧用固定资产投资价格指数缩减,其他支出用居民消费价格指数缩减,计算不变价总产出,根据现价和不变价总产出求出总产出缩减指数,然后,把总产出缩减指数作为增加值的缩减指数,计算不变价增加值。

第六节 改进的不变价生产法国内生产总值核算方法[①]

根据上述各行业改进不变价增加值核算方法的设想,按照2002年发布的国民经济行业分类标准(GB/T 4754-2002),我们研究制定了各行业新的不变价增加值核算方法,改进后的不变价核算都以2005年为基年,改进的分行业不变价增加值核算方法如下:

一、农林牧渔业

(一) 现价增加值

现价增加值按生产法计算,等于总产出减中间投入。

[①] 由于资料来源的原因,目前很多行业还不具备直接按照生产法计算增加值的条件。因此,对于这些行业,把收入法增加值等同于生产法增加值,并在此基础上进行不变价增加值核算。

农林牧渔业现价总产出,除了服务性活动以营业收入计算外,一般都采用产品法计算,即分不同种类的产品,根据产品产量和相应的产品单位价格计算总产出,公式为:总产出 = 产品产量 × 产品单位价格。

中间投入指在生产过程中发生的物质消耗和服务支出,包括种籽、饲料、肥料、农药、燃料、用电量、小农具购置、原材料消耗、修理费、生产用外雇运输费、生产用邮电费、畜禽配种费、畜禽防疫医疗费、科研费、旅馆费、车船费、金融和保险中介服务费、广告费等。

(二) 不变价增加值

农业、林业、牧业、渔业不变价增加值按双缩法计算,农林牧渔服务业不变价增加值按单缩法计算。

1. 农业、林业、牧业、渔业

(1) 不变价总产出

农业、林业、牧业、渔业不变价总产出,用农产品生产者第一手或直接出售的农产品的价格变化来反映其价格变化,即选用以产值为权数的农产品生产价格指数作为缩减指数,具体按以下三个步骤计算:

首先,根据按当年价格计算的总产出,以农产品生产价格指数为缩减指数,计算以上年为基年的当年可比价总产出。为了更加准确地计算可比价总产出,按照中国国民经济行业分类(GB/T 4754-2002)标准,分 18 个中类行业,分别采用相应的农产品生产价格指数,从行业中类开始缩减。

其次,根据上述步骤计算的可比价总产出,计算当年可比价总产出增长速度。

最后,以可比价总产出增长速度为外推指标,在按 2005 年价格计算的上年不变价总产出的基础上,推算出按 2005 年价格计算的当年不变价总产出。

(2) 不变价中间投入

根据农林牧渔业生产活动投入的特点,在不变价计算中,将中间投入分为生产用种、畜役用饲料、肥料、燃料、农药、农用塑料薄膜、生产用电、生产用小农具、办公用品、生产性服务支出和其他等 11 类,用不同种类中间投入的购买者价格指数作为缩减指数。对于无法获得的中间投入购买者价格指数,利用商品零售价格指数中的类似产品价格指数替代。不变价中间投入具体使用的价格指数见表 4.4。

表 4.4 农林牧渔业中间投入价格指数表

	农业	林业	畜牧业	渔业	农林牧渔服务业	价格指数
中间投入合计	√	√	√	√	√	
生产用种	√	√	√	—	—	农村商品零售价格指数中的粮食类
畜役用饲料饲草	√	√	√	√	—	农业生产资料价格指数中的饲料类
肥料	√	—	—	—	—	农业生产资料价格指数中的化学肥料类
燃料	√	√	√	√	—	农村商品零售价格指数中的燃料类
农药	√	√	—	—	—	农业生产资料价格指数中的农药及农药械类
农用塑料薄膜	√	—	—	—	—	农业生产资料价格指数中的其他类中的农用塑料薄膜类
生产用电	√	√	√	√	—	农业生产用电价格指数
小农具购置	√	√	—	—	—	农业生产资料价格指数中的小农具类
办公用品购置	√	√	—	√	—	农村居民商品零售价格指数中的家具类价格指数
畜牧用药品	—	—	√	—	—	农村商品零售价格指数中的畜牧用药品价格指数
其他	√	√	√	√	—	农业生产资料价格指数
生产服务支出	√	√	√	√	√	农林牧渔服务价格指数

注：√表示有此项分类，—表示没有此项分类。

2. 农林牧渔服务业

农林牧渔服务业不变价增加值采用单缩法计算，用农林牧渔服务价格指数作为缩减指数，直接对现价增加值进行缩减。

资料取自国家统计局农林牧渔业统计资料和价格统计资料。

二、工业

（一）现价增加值

工业现价增加值按以下四个部分采用不同的方法分别计算：一是规模以上工业企业，用生产法和收入法的简单平均数计算；二是规模以下工业企业，用收入法即劳动者报酬、生产税净额、固定资产折旧、营业盈余之和计算；三是产业活动单位，用规模以下工业企业和经济普查资料推算；四是工业个体经营户，用生产法计算。实际计算中，为了弥补常规资料的缺口，每一部分都参考经济普查的有关资料进行调整。

工业现价总产出一般采用"工厂法"计算，也就是把每一个工业企业作为一个整体，对企业从事工业生产活动的最终成果进行计算，同一企业内部不同车间相互之间提供的中间产品不允许重复计算。工业总产出包括产成品价值、工业性作业价值、自制半成品和在制品期末减期初差额的价值。产成品价值等于实际产量乘以单位产品出厂价格，出厂价格就是生产者价格。工业性作业价值按加工费计算，不包括被修理和加工产品的价值，但包括工业性作业过程中消耗的材料和零件的价值；自制半成品和在制品期末减期初差额按实际成本计算。

中间投入指生产过程中投入的原材料及辅助材料、燃料、动力以及生产性服务等，为实际发生的上述各项费用支出。

（二）不变价增加值

不变价增加值采用双缩法计算。

1. 不变价总产出

工业总产出的价格变化用工业品第一次出售时的出厂价格变化来反映，即用工业品出厂价格指数反映。根据中国的实际情况，工业不变价总产出按以下三个步骤计算：

首先，用工业品出厂价格指数，计算以上年为基年的当年可比价总产出，即当年可比价总产出＝当年现价总产出÷工业品出厂价格指数。为了使计算结果更准确，按照中国新的国民经济行业分类（GB/T 4754-2002）标准，将全部工业分为191个中类行业，分别采用相应的工业品出厂价格指数，从行业中类开始缩减。

其次，计算当年可比价工业总产出增长速度。

最后，以当年可比价工业总产出增长速度为外推指标，在按2005年价格计算的上年不变价总产出的基础上，推算出按2005年价格计算的当年不变价总产出。

2. 不变价中间投入

根据已经计算出来的39个工业大类行业中间投入数据，利用投入产出调查资料，推算出每个行业的中间投入的主要构成项目，如原材料、煤、电、水等，然后利用原材料、燃料和动力等购进价格指数，计算不变价中间投入。

资料取自国家统计局工业统计资料、抽样调查资料、经济普查资料和价格统计资料。

三、建筑业

（一）现价增加值

建筑业是从生产单位即建筑施工企业的角度，而不是建筑产品即固定资产投资的角度计算总产出和增加值。建筑业总产出是建筑施工企业获得的经营收入，它不包括建筑物和购置设备本身的价值。

增加值按收入法计算。按照资质以内建筑业和资质以外建筑业两部分分别计算。资质以内建筑业增加值，利用建筑业统计中的"总承包和专业承包建筑业企业财务状况表"和"劳务分包建筑业企业生产经营状况表"、投入产出调查等资料，分别计算劳动者报酬、生产税净额、固定资产折旧、营业盈余，得到资质以内建筑企业现价增加值。资质以外建筑业，包括其他行业附属的建筑业产业活动单位和建筑业个体经营户，其增加值根据资质以内建筑业增加值率以及经济普查的资质以外建筑业资料进行推算。

（二）不变价增加值

建筑业不变价增加值采用单缩法计算，按照房屋和土木工程、建筑安装业、建筑装饰业和其他建筑业4个大类行业，分别采用房屋和土木工程投资价格指数、建筑安装投资价格指数、建筑装饰价格指数和其他建筑活动价格指数直接缩减现价增加值，得到不变价增加值。

资料取自国家统计局建筑业统计资料、投入产出调查资料、经济普查资料和价格统计资料。

四、交通运输、仓储和邮政业

(一)现价增加值

交通运输、仓储和邮政业现价增加值核算针对资料来源情况分别采用收入法和增加值率推算的方法计算。其中,铁路、航空、管道、邮政业增加值根据它们的企业会计决算资料采用收入法直接计算。公路和水上运输分为两部分,即交通部管理系统内企业和不受交通部直接管理的系统外企业。其中系统内企业总产出和增加值根据企业会计资料计算。系统外企业总产出和增加值利用其货物周转量和旅客周转量、系统内企业单位周转量平均总产出和增加值率以及经济普查资料计算。城市公共交通业增加值根据建设部公交车辆和出租车数量等有关统计资料和经济普查资料,利用总产出乘以增加值率的方法计算。仓储业和装卸搬运以及其他运输服务业根据抽样调查资料和经济普查资料,利用总产出乘以增加值率的方法计算。

(二)不变价增加值

交通运输、仓储和邮政业不变价增加值核算采用物量指数外推法和价格指数缩减法两种方法。

1. 铁路运输、道路运输、水上运输、航空运输、管道运输和邮政业

不变价增加值采用物量指数外推法计算,即利用上年不变价增加值和本年物量指标的发展速度,推算报告期不变价增加值。铁路运输、道路运输、水上运输、航空运输、管道运输的物量指标为客货运输周转量,邮政业物量指标为邮政业务总量。

2. 城市公共交通业、装卸搬运及其他运输服务业和仓储业

不变价增加值采用单缩法计算。城市公共交通业利用居民消费价格指数中的市区公共交通费价格指数缩减现价增加值得到不变价增加值;装卸搬运及其他运输服务业利用相应的生产服务价格指数缩减现价增加值计算不变价增加值,但如果找不到相应的价格指数,可利用水上运输隐含价格指数(即水上运输现价增加值与不变价增加值之比)作为缩减指数计算;仓储业用商品零售价格指数作为缩减指数计算。

资料取自铁道部、交通部、工信部、民航局、石油管道局、国资委等部门财务统计资料、国家统计局经济普查资料和价格统计资料。

五、信息传输、计算机服务和软件业

（一）现价增加值

信息传输、计算机服务和软件业现价增加值按收入法计算。

1. 信息传输业

根据通信企业财务资料、工商行政管理统计资料、税务统计资料和经济普查资料，分别计算劳动者报酬、生产税净额、固定资产折旧和营业盈余，得到增加值。

2. 计算机服务和软件业

根据工信部通信企业财务资料、国家统计局计算机服务和软件业抽样调查资料以及经济普查资料，先计算总产出，然后通过比较分析经济普查年度该行业的增加值率以及当年根据通信企业财务资料计算的增加值率，确定其当年的增加值率，最后计算增加值。

（二）不变价增加值

信息传输、计算机服务和软件业不变价增加值采用单缩法计算。

1. 电信和其他信息传输业

以居民消费价格指数中的通信服务价格指数作为缩减指数计算不变价增加值，同时也利用电信业务总量发展速度采用外推法计算不变价增加值，通过两个计算结果的比较分析，最终确定不变价增加值数据。

2. 计算机服务业和软件业

计算机服务业采用通信设备、计算机及其他电子设备制造业工业品出厂价格指数作为缩减指数计算不变价增加值；软件业采用居民消费价格指数中的服务项目价格指数作为缩减指数计算不变价增加值。

基础资料取自工信部财务统计资料、国家工商行政管理总局行政记录资料、国家税务总局税收资料、国家统计局抽样调查资料、经济普查资料和价格统计资料。

六、批发和零售业

（一）现价增加值

批发和零售业现价增加值核算，按限额以上和限额以下批发和零售业两部

分分别计算。

限额以上批发和零售业,根据主要财务资料和经济普查资料,按收入法计算增加值;限额以下批发和零售业,一般搜集不到财务资料,无法按收入法直接计算现价增加值,可利用批发和零售销售额以及相应的毛利率,先计算总产出,然后根据当期限额以上企业的增加值率以及经济普查年度限额以下的增加值率,确定限额以下当期的增加值率,根据增加值率法,用总产出乘以增加值率计算出现价增加值。

（二）不变价增加值

批发和零售业不变价增加值核算采用价格指数缩减法,按照批发业和零售业两个行业分别计算。其中,批发业利用批发价格指数缩减现价增加值计算不变价增加值,在目前还没有编制出批发价格指数的情况下,根据现有的商品零售价格指数中批发业商品零售价格指数来确定批发价格指数;零售业利用商品零售价格指数缩减现价增加值计算不变价增加值。

资料取自国家统计局批发和零售业统计资料、经济普查资料和价格统计资料。

七、住宿和餐饮业

（一）现价增加值

住宿业现价总产出是提供临时住宿服务活动获得的收入,餐饮业现价总产出是提供餐饮食物和服务获得的营业收入。住宿和餐饮业中间投入指住宿和餐饮活动中投入的货物和服务支出。

住宿业现价增加值分限额以上住宿业企业、限额以下住宿业企业、住宿业个体经营户三部分分别计算,其中,限额以上住宿业企业用收入法计算,即劳动者报酬、生产税净额、固定资产折旧和营业盈余之和。其他两部分由于缺少详细的基础资料,根据增加值率法,利用限额以下住宿业企业、住宿业个体经营户总产出乘以经济普查年度的相应的增加值率计算;餐饮业现价增加值分限额以上餐饮业企业、限额以下餐饮业企业和餐饮业个体经营户三部分分别计算,其中,限额以上餐饮业企业采用收入法计算,其他两部分由于缺少详细的基础资料,利用限额以下餐饮业企业、餐饮业个体经营户总产出乘以经济普查年度相应的增加值率计算。

（二）不变价增加值

住宿和餐饮业不变价增加值采用单缩法计算。餐饮业服务的生产与居民消费具有紧密的联系，服务的生产者价格指数与消费者价格指数基本是一致的，因此，可以采用居民消费价格指数中的在外用膳食品价格指数作为缩减指数。住宿业根据居民消费价格指数中的宾馆住宿价格指数和其他住宿价格指数，以四星级以上饭店标准间收费变化来反映商务人员的住宿价格变化，参考其他信息综合确定全部住宿业的缩减指数。

资料取自国家统计局住宿和餐饮业财务统计资料、抽样调查资料、经济普查资料、价格统计资料和国家工商管理总局的行政记录资料。

八、金融业

（一）现价增加值

银行企业总产出指银行提供融资及其辅助服务获得的收入，由于银行一般不对其提供的金融中介服务单独收费，而是隐含地体现在存款利率和贷款利率中，直接收取费用的服务项目很少，因此其提供融资活动的总产出需要间接地进行计算。现价总产出等于间接计算的金融中介服务收入加实际服务收入。其中，间接计算的金融中介服务收入等于银行业从事存贷款活动获得的贷款利息收入和金融机构往来收入减去存款利息支出和金融机构往来支出。实际服务收入等于手续费收入加其他业务收入，其他业务收入包括金融机构证券买卖业务、汇兑业务等活动获取的收入。

证券业总产出指从事证券服务活动获得的收入，包括营业收入、证券交易印花税和投资收益，但要扣除利息支出。

保险业总产出指保险企业提供保险服务获得的收入，同银行业类似，保险企业对其提供保险服务除少数直接收费外，一般也不直接收费，而是隐含地体现在确定保费收入和赔款支出的差异上，也需要间接地计算总产出。总产出等于保险业务收入（包括实际收费收入）和投资收益，减赔偿及给付支出和准备金提转差。

银行、证券、保险业现价增加值根据企业会计决算资料按收入法直接计算劳动者报酬、生产税净额、固定资产折旧和营业盈余求得。

(二) 不变价增加值

不变价增加值采用单缩法计算。

银行业不变价增加值计算中使用的缩减指数为银行业总产出缩减指数,主要按以下方法确定:首先,将银行业总产出分为三部分分别计算不变价。第一部分为银行业利息收入和利息支出之差,分别用1年期贷款利率和存款利率的利率变动指数进行缩减银行业利息收入和银行业利息支出,得出相应的不变价数据,然后两者相减得到不变价的利息收支差;第二部分为金融机构往来收支差,利用银行间同业拆借利率的利率变动指数直接进行缩减,得到不变价的金融机构往来收支差;第三部分为构成银行业产出的其他项目,利用CPI中的服务项目价格指数直接进行缩减。然后,将这三部分数据相加得到银行业不变价总产出。银行业现价总产出除以不变价总产出就是银行业的缩减指数。

证券业不变价增加值计算中使用的缩减指数,主要根据人均佣金和单位交易费率的变化来确定,但也可以参照股票变动的物量指数来综合考虑。

保险业不变价增加值计算中使用的缩减指数,主要根据非寿险和寿险费率的变化来确定。

资料取自中国人民银行、银监会、证监会、保监会、商务部财务资料和国家统计局价格统计资料以及经济普查资料。

九、房地产业

(一) 现价增加值

房地产业现价增加值核算分两部分,采用不同的方法核算。

1. 房地产开发经营业、物业管理业、房地产中介服务业和其他房地产活动

房地产开发经营业、物业管理业、房地产中介服务业和其他房地产活动现价增加值,按收入法计算。其中,房地产开发经营业企业增加值,根据房地产开发经营业企业财务资料计算,其他房地产开发经营业增加值,利用经济普查年度相关比例推算;物业管理业、房地产中介服务业和其他房地产活动的增加值,根据物业管理业和房地产中介服务业抽样调查的财务资料、税收资料、劳动工资统计资料和经济普查资料推算。

2. 居民自有住房服务

居民自有住房服务包括城镇和农村居民自有住房拥有者为自己提供的自

有住房服务。自有住房服务总产出包括修理维护费、物业管理费和虚拟折旧，居民自有住房服务增加值为虚拟折旧。其中，居民自有住房虚拟折旧利用按当期市场价格计算的自有住房存量价值和折旧率计算。

（二）不变价增加值

房地产业不变价增加值采用单缩法，分房地产开发经营业、物业管理业、房地产中介服务业、其他房地产活动和居民自有住房服务业五个行业，利用相关价格指数分别缩减计算。

房地产开发经营业缩减指数为房屋销售价格指数、土地交易价格指数和房屋租赁价格指数的加权平均价格指数，权数为商品房销售收入、土地转让收入和房屋出租收入三者分别占三者之和的比重。

物业管理业缩减指数、房地产中介服务业缩减指数、其他房地产活动缩减指数为物业管理费价格指数、房地产中介服务价格指数、其他房地产活动价格指数。在物业管理费价格指数、房地产中介服务价格指数和其他房地产活动价格指数建立前，可利用居民消费价格指数中的服务项目价格指数替代。

居民自有住房服务缩减指数为固定资产投资价格指数。

资料取自国家统计局房地产开发企业财务资料、服务业抽样调查的财务资料、劳动工资统计资料、经济普查资料、价格调查资料和国家税务总局税收资料。

十、租赁和商务服务业

（一）现价增加值

租赁和商务服务业现价增加值，根据租赁和商务服务业抽样调查资料和经济普查资料，根据增加值率法，利用总产出乘以增加值率的方法计算。其中，总产出利用抽样调查资料推算，即总产出＝上年总产出×营业收入发展速度。增加值率根据经济普查年度的增加值率来确定。

（二）不变价增加值

租赁和商务服务业不变价增加值采用单缩法计算，缩减指数采用居民消费价格指数中的服务项目价格指数。

尽管服务项目价格指数与租赁和商务服务业的价格变化差别较大，但由于得不到从生产角度衡量的服务性活动的价格指数，只能以此近似代替。为了提高不变价的准确性,还应结合本行业从业人数的变化以及营业税率的变化,通过分析比较来确定它们的缩减指数。

资料取自国家统计局服务业抽样调查资料、经济普查资料和价格统计资料。

十一、科学研究、技术服务和地质勘查业

(一) 现价增加值

科学研究、技术服务和地质勘查业现价增加值分别按市场性活动和非市场性活动采用不同的方法计算。

研究与试验发展、专业技术服务业、地质勘查业三个提供非市场性服务的行业,总产出为提供服务的活动成本支出,等于相应机构或单位的经常性业务支出加固定资产虚拟折旧,现价增加值根据行政事业单位财政决算资料和经济普查资料,采用收入法计算。

科技交流和推广服务业提供的市场性服务,根据科技交流和推广服务业抽样调查资料和经济普查资料,利用总产出乘以增加值率的方法计算增加值。总产出等于它的营业收入,根据抽样调查的营业收入发展速度推算;增加值率根据经济普查年度该行业的增加值率来确定。

(二) 不变价增加值

不变价增加值采用单缩法计算。

1. 研究与试验发展、专业技术服务业、地质勘查业

利用总产出隐含缩减指数作为增加值缩减指数计算不变价增加值。在计算总产出隐含缩减指数时,首先根据它们经常性业务支出的构成,把现价总产出分为劳动力价值支出、固定资产折旧和其他支出三个部分;然后,劳动力价值支出用劳动工时物量指数外推,固定资产折旧用固定资产投资价格指数缩减,其他支出用居民消费价格指数缩减,计算出不变价总产出,进而求出总产出隐含缩减指数;最后用总产出隐含缩减指数直接缩减现价增加值,计算不变价增加值。

2. 科技交流和推广服务业

采用居民消费价格指数中的服务项目价格指数作为缩减指数,直接缩减现价增加值,计算不变价增加值。

资料取自财政部财政决算资料、国家统计局服务业抽样调查资料、劳动工

资统计资料和价格统计资料。

十二、水利、环境和公共设施管理业

（一）现价增加值

水利、环境和公共设施管理业主要为非市场性活动，其总产出为提供服务活动的成本支出，等于经常性业务支出加固定资产虚拟折旧。现价增加值，根据行政事业单位财务决算资料、建设部门城市维护建设资金收支资料、园林绿化和国家级风景名胜区统计资料和经济普查资料，按收入法计算。

（二）不变价增加值

水利、环境和公共设施管理业不变价增加值采用单缩法计算，缩减指数采用总产出隐含缩减指数。总产出隐含缩减指数按以下方法计算：首先，根据它们的经常性业务支出的构成，把现价总产出分为劳动力价值支出、固定资产折旧和其他支出三个部分；然后，劳动力价值支出用劳动工时数做物量指数外推，固定资产折旧用固定资产投资价格指数缩减，其他支出用居民消费价格指数缩减，计算出不变价总产出，进而求出总产出缩减指数；最后，用总产出缩减指数直接缩减现价增加值，计算不变价增加值

资料取自财政部财政决算资料、建设部业务统计资料、国家统计局劳动工资统计资料和价格统计资料。

十三、居民服务和其他服务业

（一）现价增加值

现价增加值采用总产出乘以增加值率的方法计算，即增加值＝总产出×增加值率。

总产出等于提供服务的营业收入，根据基础资料情况，按以下两部分分别计算：

（1）居民服务和其他服务业总产出，根据服务业抽样调查资料计算，即：

总产出＝上年总产出×抽样调查的营业收入现价发展速度

（2）居民家庭服务总产出，根据住户抽样调查资料推算，即：

总产出＝（城镇居民人均家政服务费＋城镇居民人均家教服务费）×城镇居民年平均人口

增加值率根据经济普查年度该行业的增加值率确定。

(二) 不变价增加值

居民服务和其他服务业不变价增加值采用单缩法计算,缩减指数采用居民消费价格指数中的服务项目价格指数。根据现有的居民消费价格指数分组,按照居民服务业和其他服务业的内涵,构造出居民服务价格指数和其他服务价格指数,分别对两个行业进行缩减。

资料取自国家统计局服务业抽样调查资料、住户抽样调查资料、价格统计资料和经济普查资料。

十四、教育

(一) 现价增加值

教育主要属于非市场性活动,其总产出为提供服务活动的业务成本支出,等于经常性业务支出加固定资产虚拟折旧。现价增加值主要根据教育经费支出构成按收入法计算,同时,还利用经济普查资料,补算教育系统常规统计不包括的非学历教育、宗教和党团教育活动的增加值,得到全部教育增加值。在按收入法计算增加值时,应把教育部门财务账上的收支结余看做营业盈余的一部分,计入增加值。

在计算出全部教育总产出和增加值后,需要推算出其中市场性服务的部分,计算方法是,利用城乡住户抽样调查资料中居民家庭的教育支出,推算教育部门向居民销售的教育服务,这部分服务收费既包括市场性的教育收费,也包括按成本或按低于市场价的价格收取的教育费用,市场性收费有市场价格,按成本或按低于市场价格收取的费用,一定程度上也会随着市场价格的变化而变化,因此把这种费用也视同市场产出,并作为推算市场性教育的总产出和增加值的依据。从全部教育服务总产出和增加值中分别扣除市场性总产出和增加值,求出非市场性服务总产出和增加值。

(二) 不变价增加值

教育服务不变价增加值按市场性教育服务和非市场性教育服务分别计算。市场性教育服务不变价增加值利用居民消费价格指数中教育服务消费价格指数缩减市场性教育服务现价增加值计算。非市场性教育服务不变价增加值利用物量指数外推,即根据基年教育服务不变价增加值和学生人数增长指数计算。

基础资料取自教育部教育经费统计资料、国家统计局住户抽样调查资料和价格调查资料。

十五、卫生、社会保障和社会福利业

（一）现价增加值

卫生服务现价增加值主要根据卫生部门的财务资料按收入法计算，并根据经济普查资料，补算卫生部门常规统计不包括的卫生活动，如个体医生从事的卫生活动等。在中国目前的社会主义市场经济条件下，卫生服务除少数公共卫生服务不收费外，大部分卫生服务都收取费用，尽管公立医院等卫生机构执行行政事业单位会计制度，但它们的实际收费基本等同市场价格，因此，按收入法计算增加值时，应把卫生部门的收支结余看做营业盈余的一部分，计入增加值。

社会保障业现价增加值，利用增加值率法计算，即增加值＝总产出×增加值率。社会保障业企业总产出等于营业收入，利用经济普查资料推算。如果社会保障活动由行政管理部门（如人力资源和社会保障部门）完成，在公共管理和社会组织增加值中已经计算了，这里就不应重复计算。增加值率根据经济普查年度的增加值率确定。

社会福利业现价增加值，根据民政部门财务统计资料和经济普查资料，按收入法计算。

（二）不变价增加值

卫生、社会保障和社会福利业不变价增加值分卫生不变价增加值、社会保障和社会福利业不变价增加值两部分分别计算。卫生不变价增加值利用居民消费价格指数中居民卫生医疗保健支出价格指数缩减卫生现价增加值计算。社会保障和社会福利业不变价增加值利用居民消费价格指数中服务项目价格指数缩减社会保障和社会福利业现价增加值计算。

基础资料来自卫生部、人力资源和社会保障部、民政部的财务统计资料，国家统计局抽样调查资料和价格统计调查资料。

十六、文化、体育和娱乐业

（一）现价增加值

文化活动现价增加值根据文化部门财务统计资料和经济普查资料按收入法计算。

体育和娱乐业现价增加值根据体育和娱乐业抽样调查资料，利用总产出乘以增加值率的方法计算。体育既有市场活动，又有非市场活动，体育非市场活动一般由行政管理部门提供，因此，这部分活动的增加值已经包括在公共管理和社会组织中，这里不再重复计算。体育市场性总产出以及娱乐业总产出等于它们的营业收入，根据服务业抽样调查的营业收入发展速度推算，增加值率根据经济普查年度的相应行业增加值率来确定。

（二）不变价增加值

文化、体育和娱乐业不变价增加值采用单缩法计算，其中文化用居民消费价格指数中文化用品及服务价格指数作为缩减指数；娱乐业用居民消费价格指数中居民娱乐用品及服务价格指数作为缩减指数；体育近似地采用居民消费价格指数中文化娱乐用品及服务价格指数作为缩减指数。

资料取自文化部财务统计资料、国家体育总局统计资料、国家统计局服务业抽样调查资料和价格统计资料。

十七、公共管理和社会组织

（一）现价增加值

公共管理和社会组织总产出是各类机构和组织向全社会提供公共服务而花费的总成本，等于经常性业务支出加固定资产虚拟折旧，现价增加值根据行政事业单位财务决算资料和经济普查资料按收入法计算，其中，军队武警活动增加值根据国防经费支出和经济普查资料推算。

（二）不变价增加值

公共管理和社会组织不变价增加值按缩减法计算，缩减指数为总产出隐含价格指数。总产出隐含价格指数按以下方法计算：首先，根据它们的经常性业务支出的构成，把现价总产出分为劳动力价值支出、固定资产折旧和其他支出三个部分；然后，劳动力价值支出用劳动工时数做物量指数外推，固定资产折旧用固定资产投资价格指数缩减,其他支出用居民消费价格指数缩减,计算出不变价总产出,进而求出总产出缩减指数;最后,用总产出缩减指数直接缩减现价增加值,计算不变价增加值。

改进后国民经济各行业现价和不变价增加值核算的基本方法和使用的主要价格指数见表4.5。

表4.5 国民经济各行业现价和不变价增加值核算(改进后)的基本方法和使用的主要价格指数

行业	现价增加值核算方法	不变价增加值核算方法	主要价格指数
农林牧渔业	生产法	1. 农业、林业、牧业、渔业:双缩法 2. 农林牧渔服务业:单缩法	1. 农产品生产价格指数、农业生产资料价格指数 2. 农林牧渔服务价格指数
工业	1. 规模以上:生产法和收入法的简单平均 2. 规模以下:收入法 3. 产业活动单位:相关资料推算 4. 个体:生产法	双缩法	行业中类工业品出厂价格指数,原材料、燃料和动力等购进价格指数
建筑业	收入法	单缩法	房屋和土木工程投资价格指数、建筑安装投资价格指数、建筑装饰价格指数和其他建筑活动价格指数
交通运输、仓储和邮政业	1. 不含交通部系统外部分的交通运输业:收入法 2. 其他:增加值率法	1. 交通运输和邮政业:物量外推法 2. 其他:单缩法	居民消费价格指数中的市区公共交通费价格指数、商品零售价格指数、相关联行业的隐含价格指数
信息传输、计算机服务和软件业	收入法	单缩法	居民消费价格指数中的通信服务价格指数、服务项目价格指数,通信设备、计算机及其他电子设备制造业工业品出厂价格指数

（续表）

行业	现价增加值核算方法	不变价增加值核算方法	主要价格指数
批发和零售业	1. 限额上:收入法 2. 限额下:增加值率法	单缩法	商品零售价格指数、商品零售价格指数中批发业商品零售价格指数
住宿和餐饮业	1. 限额上:收入法 2. 限额下:增加值率法 3. 个体:增加值率法	单缩法	居民消费价格指数中的在外用膳食品价格指数、宾馆住宿价格指数和其他住宿价格指数
金融业	收入法	单缩法	居民消费价格指数和固定资产投资价格指数的加权平均指数
房地产业	1. 房地产开发经营业、物业管理业、房地产中介服务业和其他房地产活动:收入法 2. 居民自有住房:收入法(虚拟折旧)	单缩法	房屋销售价格指数、土地交易价格指数和房屋租赁价格指数的加权平均价格指数,物业管理费价格指数,房地产中介服务价格指数,固定资产投资价格指数
租赁和商务服务业	增加值率法	单缩法	居民消费价格指数中的服务项目价格指数
科学研究、技术服务和地质勘查业	1. 研究与试验发展、专业技术服务业、地质勘查业:收入法 2. 科技交流和推广服务业:增加值率法	单缩法	总产出隐含缩减指数(固定资产投资价格指数、居民消费价格指数中的服务项目价格指数等),居民服务消费价格指数
水利、环境和公共设施管理业	收入法	单缩法	总产出隐含缩减指数(固定资产投资价格指数、居民消费价格指数等)
居民服务和其他服务业	增加值率法	单缩法	居民服务价格指数、其他服务价格指数

（续表）

行业	现价增加值核算方法	不变价增加值核算方法	主要价格指数
教育	收入法	1. 市场性教育服务：单缩法 2. 非市场性教育：物量外推法	居民消费价格指数中的教育服务价格指数
卫生、社会保障和社会福利业	1. 卫生、社会福利业：收入法 2. 社会保障业：增加值率法	单缩法	居民消费价格指数中的居民卫生医疗保健支出价格指数、服务项目价格指数
文化、体育和娱乐业	1. 文化：收入法 2. 体育和娱乐业：增加值率法	单缩法	居民消费价格指数中的文化用品及服务价格指数、居民娱乐用品及服务价格指数
公共管理和社会组织	收入法	单缩法	总产出隐含价格指数（固定资产投资价格指数、居民消费价格指数等）

第七节 实证案例分析

根据各行业改进不变价增加值核算方法的设想，按照新的国民经济行业分类标准，在本章第六节研究制定了各行业新的不变价增加值核算方法，下面通过实证案例分析，对银行、证券、教育、卫生行业不变价增加值进行实际核算研究。

一、银行业

银行业不变价增加值的核算，是国际公认的难题，在1993年SNA中也没有对此做出统一的规定。各国核算人员在计算银行业不变价增加值时，往往根据本国的实际情况采取不同的计算方法。

目前，我国银行业的现价增加值是按收入法计算的，即根据金融机构的财务报表，分别计算劳动者报酬、生产税净额、固定资产折旧和营业盈余，然后四个项目相加得到现价增加值。而对于不变价增加值，采用单缩法计算。如何确定缩减指数,是利用单缩法计算不变价增加值的关键。

（一）经济普查以前银行业的缩减指数

银行业产出的使用者主要可分为两类,一类是住户,一类是企业和政府等生产单位。住户使用的金融服务产出,作为居民最终消费支出处理；生产单位使用的金融服务产出,作为中间投入处理。对于生产单位来说,使用的金融服务主要是贷款服务,而利用贷款所进行的活动则主要是修筑公路、桥梁等工程,修建厂房、办公场所等建筑物,或购置机器设备用于扩大再生产以及作为流动资金用于生产经营。从这个意义上说,金融业的产出可被认为主要与居民的消费活动以及生产单位的投资活动关系较为紧密。考虑到这一点,银行业的缩减指数应是居民消费价格指数和固定资产投资价格指数的加权平均数,其中权重为支出法国内生产总值中居民最终消费支出和固定资产形成总额占两者之和的比重。计算公式为：

银行业缩减指数 = 居民消费价格指数 ×［最终消费支出 ÷（最终消费支出 + 固定资本形成总额）］+ 固定资产投资价格指数 ×［固定资本形成总额 ÷（最终消费支出 + 固定资本形成总额）］

（二）改进后的银行业缩减指数

对于银行业来说,反映其产出价格变动的指标为利率。当利率比较平稳时,用居民消费价格指数和固定资产投资价格指数加权平均的方法作为缩减指数是可行的,但是当利率变动较大时,这种缩减指数往往不能充分反映出银行业产出价格的变动。2006年以来,我国多次上调存贷款的基准利率,而且上调幅度要远高于同期居民消费价格指数和固定资产投资价格指数的变动幅度。在这种情况下,需要对银行业的缩减指数进行调整,要充分考虑到利率变化对价格的影响。具体方法如下：

首先,银行业不变价总产出分为三部分分别进行计算。第一部分为银行业利息收入和利息支出之差,分别用1年期贷款利率和存款利率的利率变动指数缩减银行业利息收入和银行业利息支出,得出相应的不变价数据,然后两者相减得到不变价利息收支差；第二部分为金融机构往来收支差,利用银行间同业拆借利率的利率变动指数直接进行缩减,得到不变价的金融机构往来收支差；第三部分为构成银行业产出的其他项目,利用CPI中的服务项目价格指数直接进行缩减。

然后,将这三部分数据相加得到银行业不变价总产出。银行业现价总产出除以不变价总产出就是银行业的缩减指数。

用公式可以表示如下:

现价银行业总产出=(利息收入-利息支出)+金融机构往来收支差+其他产出

不变价银行业总产出=(利息收入/1年期贷款利率的利率变动指数-利息支出/1年期存款利率的利率变动指数)+金融机构往来收支差/银行间同业拆解利率的利率变动指数+其他产出/CPI中的服务项目价格指数

银行业缩减指数=现价总产出/不变价总产出

(三) 实际测算数据

在2006年的国内生产总值实际核算中,如果用老方法计算,银行业的缩减指数为1.015,不变价增加值增速为43.5%,而根据新方法得到的计算结果,缩减指数为1.038,不变价增加值增速为28.6%。两者的差距是比较大的,显然第二种方法剔除了利率变动所带来的价格因素,反映的增加值增速较符合实际。

二、证券业

2006年以来,中国的证券市场出现了剧烈的波动,在这种背景下证券业的核算数据也出现了大幅变动,2006年证券业现价增加值的增速达到了357.6%,证券业现价增加值的大幅增长,并不完全是证券机构提供的实际服务产出的增长,更多的是因为股票的价格增长了。在这种情况下,仅用居民消费价格指数和固定资产投资价格指数已经不足以反映证券业产出价格的变动,应该尝试用其他的方法构造证券业的缩减指数。

证券业不变价增加值核算方法,可以有以下两种改进:一是改进缩减指数。根据证券业名义产出同股票价格密切相关的情况,可考虑将股票价格变动引入缩减指数的可行性,以消除股票价格变动对于证券业实际产出的影响。研究中,尝试采用了上海证券交易所综合股价指数的变动来构建缩减指数,利用这种方法计算得到的2006年证券业缩减指数为1.413,而采用居民消费价格指数和固定资产投资价格指数确定的缩减指数则为1.015,可见用新的方法确定的缩减指数能更充分地反映证券业产出价格的变动。二是可考虑利用物量外推法计算证券业不变价增加值,可供参考的物量指标有股票成交量。利用股票成交量推算,2006年证券业不变价增加值增速为143.7%,较按用居民消费价格指数和固定资产投资价格指数确定的缩减指数计算的350.8%的增速,有很大程度的降低。

三、教育

第一次经济普查后,常规年度的现价数据口径偏小的问题基本得到解决(根据普查年度的资料来源与常规年度的资料来源的比例关系,使常规年度实现全口径),从而影响不变价增加值质量的主要因素是不变价增加值的测算方法。根据对教育行业的分析,把教育行业分成市场性和非市场性两部分,分别用价格指数缩减和物量外推的方法得到教育增长速度更合理。

根据第一次经济普查的结果,教育增加值的93%来自非营利性单位。即从事教育活动的单位绝大部分是非营利性的,其资金来源的一部分是政府财政拨款,另一部分是自身的经营收入。目前总的趋势是政府拨款的份额在下降,而经营收入的份额则相应增加。根据SNA,判断一个单位市场属性的方法是:经营收入占收入总额的比例高于50%是市场性的,低于50%是非市场性的。作此区分的关键理由是:对市场性和非市场性产出核算的方法是不同的,市场性服务用营业收入计算总产出,非市场性服务用生产成本计算。

尽管在现价增加值计算中,已在经济普查的数据基础上计算出了包括市场性服务和非市场性服务的总体,但并没有将这两部分进行区分,这样在计算不变价时,由于使用单一的价格指数缩减总的现价数据,从而掩盖了市场性服务和非市场性服务的不同的价格变化。当然,如此计算的一部分原因是并没有适合的价格指数来缩减非市场性服务。

显然,若能区分出市场性部分与非市场性部分,并分别计算两者的不变价增加值,就会改善数据质量。

对市场性部分的核算,方法之一是利用城乡居民抽样调查资料中居民家庭的教育支出,推算居民购买的公共教育服务之外的教育服务。对应这部分服务的收费既包括市场性的收费,也包括少量的按成本价格或按低于市场价价格的收费,但总体上是市场性收费。方法之二是建立职业技能培训、文化技能辅导等市场性教育服务抽样调查制度,从而利用调查资料计算出市场性服务的价值。

市场性部分的不变价增加值,可利用居民消费价格指数中教育类价格指数作为缩减指数计算。

采用以上任何一种方法都可以计算出市场性服务的总产出和增加值,从全部教育服务中扣除市场性服务的总产出和增加值,则可得到非市场性服务总产出和增加值。

非市场性部分,由于教育服务消费价格指数不能反映其价格变化,采用物量指标外推法计算。比较理想的物量指标是根据学校水平分类的学生上课小时数,但实际上难以获得数据,故可考虑在每个学生的上课时数大体相当的假设下,采用学生人数作为物量指标,因为各级教育是非均衡化的,且差异较大,因此剔除掉不同级别学校的质量因素后再汇总学生人数更合理。

表4.6是以人均教育经费作为权重,对不同类型学校的学生人数进行加权计算出的非市场教育活动的学生人数增长速度。

表4.6 非市场教育活动学生人数增长速度

年份	普通高等学校	普通高级中学	普通初级中学	职业中学	普通小学	特殊教育学校	幼儿园	合计	增长速度(%)
	在校学生数,百万人								
2002	9.03	16.84	66.04	5.12	121.57	0.37	20.36	239.33	
2003	11.09	19.65	66.18	5.28	116.90	0.36	20.04	239.50	0.1
2004	13.34	22.20	64.75	5.69	112.46	0.37	20.89	239.71	0.1
2005	15.62	24.09	61.72	6.26	108.64	0.36	21.79	238.48	-0.5
2006	17.39	25.15	59.37	6.76	107.12	0.36	22.64	238.79	0.1
	人均教育经费,元								
2002	18 466.9	3 906.6	1 530.0	2 873.9	1 191.1	4 042.5	331.9	32 342.9	
2003	17 247.6	3 913.4	1 727.2	3 271.5	1 346.7	4 590.4	370.6	32 467.4	
2004	16 670.5	4 091.1	2 030.3	3 490.3	1 604.6	5 193.0	418.9	33 498.7	
2005	16 329.1	4 514.6	2 433.7	3 822.3	1 869.9	6 471.9	479.8	35 921.3	
2006	16 901.8	4 906.3	2 819.9	4 140.7	2 146.4	7 419.4	550.1	38 884.6	
	经费权重(合计=1),%								
2002	0.57	0.12	0.05	0.09	0.04	0.12	0.01	1	
2003	0.53	0.12	0.05	0.10	0.04	0.14	0.01	1	
2004	0.50	0.12	0.06	0.1	0.05	0.16	0.01	1	
2005	0.45	0.13	0.07	0.11	0.05	0.18	0.01	1	
2006	0.43	0.13	0.07	0.11	0.06	0.19	0.01	1	

(续表)

年份	普通高等学校	普通高级中学	普通初级中学	职业中学	普通小学	特殊教育学校	幼儿园	合计	增长速度(%)
	加权后的在校学生数,百万人								
2002	5.16	2.03	3.12	0.45	4.48	0.05	0.21	15.50	
2003	5.89	2.37	3.52	0.53	4.85	0.05	0.23	17.44	12.5
2004	6.64	2.71	3.92	0.59	5.39	0.06	0.26	19.57	12.2
2005	7.10	3.03	4.18	0.67	5.66	0.07	0.29	20.99	7.2
2006	7.56	3.17	4.31	0.72	5.91	0.07	0.32	22.06	5.1

学生人数的变动可视为物量的变动,也可视为增加值的变动。如前所述,非市场部分占教育行业的绝大多数,非市场部分的增长速度应该接近于整个教育行业的增长速度。表中显示的2005年、2006年的非市场部分教育增加值增长速度为7.2%和5.1%,与原来的用单一的价格指数缩减方法计算出的全部教育的增加值的不变价增长速度——2005年的10.0%、2006年的5.4%相比较,物量推算法的速度值显然更加可信、更加符合普遍的认识。

四、卫生

卫生与教育在现价口径范围方面类似,可以通过经济普查资料做到全口径。

卫生行业的政府监管是相对全面而严格的,卫生部的常规统计包括了营利性卫生机构。根据第一次经济普查的资料,非营利性卫生机构的增加值占整体的比重约为84%,但其中大部分单位50%以上的收入都来自市场价格的收费,所以按照SNA的标准,这些机构应该是市场性的。形成这种状况是因为在市场化改革的过程中,来自政府和社会对卫生活动的资金转移减少到较低的程度。由此可见市场性的卫生单位占绝对多数,这样用同一指数对卫生行业整体进行缩减是可以接受的。此外,卫生行业很难找到适宜的实物量指标来测算非市场性活动的不变价增长速度。

完善缩减用价格指数是努力的方向。现行的缩减指数是医疗保健和个人用品价格指数,但其中的个人用品价格指数与卫生活动无关,应该剔除,即应该直接使用医疗保健价格指数,以提高缩减指数与其对应活动的相关程度。表4.7显示的是2001年至2007年两个指数的差距。

表 4.7　医疗保健和个人用品价格指数与医疗保健价格指数比较

年份	两指数之差	医疗保健和个人用品价格指数	医疗保健价格指数
2001	−0.3	100.0	100.3
2002	0.3	98.8	98.5
2003	−0.3	100.9	101.2
2004	0.6	99.7	99.1
2005	0.4	99.9	99.5
2006	0.9	101.1	100.2
2007	0	102.1	102.1

可以看出在多数年份,两指数的差距显著存在,对速度的影响是明显的。

第 五 章

中国不变价支出法国内生产总值核算研究

支出法是从最终使用的角度计算国内生产总值的一种方法,它从产品形态上反映核算期内生产活动的最终成果如何用于最终消费、资本形成和净出口三大需求。不变价支出法 GDP 是按某一固定时期价格计算的三大需求的价值总和,其目的是反映扣除价格变动因素后支出法 GDP 及其构成项目的纯物量变动情况。

第一节 不变价支出法国内生产总值核算概况

一、不变价支出法国内生产总值核算的历史演变

中国支出法 GDP 核算工作始于 1989 年,同时进行现价核算和不变价核算,并且将支出法 GDP 的历史数据推算到 1952 年。在这项工作的开始阶段,由于受资料来源的限制和原 MPS 核算体系的影响,支出法 GDP 数据是以 MPS 的国民收入使用额为基础间接推算的。GDP 与 MPS 国民收入的主要区别在于核算的范围不同,国民收入的核算范围是五大物质生产部门的生产活动,GDP 核算范围则包括所有行业的货物和服务的生产活动,由此形成国民收入使用额与支出法 GDP 构成项目的差异,前者仅为物质产品的最终使用,后者则包括全部的货物和服务的最终使用。由于国民收入与国内生产总值核算范围不同,因此,在计算支出法 GDP 数据时,要在国民收入使用额的基础上,加固定资产折旧、

服务消费价值以及服务进出口的差额。

1992年,国务院颁布实施了新国民经济核算体系,即《中国国民经济核算体系(试行方案)》。根据这一核算体系的要求,1993年,国家统计局正式建立了支出法国内生产总值年报制度,取消了国民收入报表制度,并补充、修订了有关国内生产总值的基本概念、指标解释,对国内生产总值的资料来源和计算方法作了明确规定。自此中国正式开展了支出法GDP核算,计算方法由原来的间接推算改为直接利用相关资料计算,同时,对不变价支出法GDP核算做了相应的改进。

2002年,中国在总结十年实施《中国国民经济核算体系(试行方案)》实践经验、深入研究联合国1993年SNA的基础上,制定了《中国国民经济核算体系(2002)》。随着这个体系的贯彻实施,支出法GDP核算工作进一步得到加强和改善,支出法GDP核算的概念、范围、分类和计算方法进一步实现规范化和制度化,不变价支出法GDP核算水平有了明显提高。

2005年,中国进行了第一次全国经济普查,以此为契机,对已有的支出法GDP核算方案做了进一步的改进,拓宽了核算范围,规范和细化了支出分类,不变价支出法GDP核算工作进一步与1993年SNA接轨。

中国不变价支出法GDP核算主要采用价格指数缩减法,即采用与支出项目相对应的价格指数,对支出构成项目进行缩减,对缩减后的各支出项目加总形成不变价GDP。与不变价生产法GDP相同,2000年以前,与不变价工农业总产值的计算方法相适应,不变价支出法GDP每十年更换一次基年,随着不变价工农业总产值固定价格法(即直接基年价格法)的取消,从2005年开始,每五年更换一次基年,逢0和逢5的年度为基年。

二、经济普查前后不变价支出法国内生产总值核算的改进

第一次全国经济普查之后,国家统计局对支出法GDP核算方法进行了全面的修订,主要表现在以下几个方面:

(1)努力使支出法GDP核算与生产法GDP核算协调一致,以消除因对同一问题采取不同的处理方法而使两者产生差异。例如,在支出法GDP核算中,居民自有住房服务虚拟支出的资料来源和计算方法与生产法GDP核算取得了一致;在支出法GDP核算中增加了居民关于金融服务的消费支出,并与生产法

GDP 核算的计算方法保持一致。

（2）进一步规范了支出法 GDP 构成项的核算范围和名称,将最终消费、居民消费和政府消费,分别改为最终消费支出、居民消费支出和政府消费支出,尽量与国际标准取得一致。

（3）改进了某些支出构成项目的资料来源和计算方法。将居民消费支出由原来的按社会消费品零售总额和住户调查资料相结合的方法计算,改为主要按住户调查资料计算;将政府消费支出按财政部门预算内和预算外决算资料计算,改为按财政部门行政事业单位决算资料计算;在固定资本形成总额的核算中,增加了计算机软件类无形资产;调整了存货增加行业分类,充分利用经济普查资料计算。

（4）调整和细化了支出项目。居民消费支出从原有的 8 类调整为 12 类,增加了银行中介服务和保险服务等消费支出,取消了具有计划经济色彩的集体福利消费;净出口由原来的货物和服务出口、货物和服务进口两项,进一步细分为货物出口、服务出口、货物进口和服务进口等。

（5）改变了居民消费核算涉及的城乡居民划分标准。原有居民消费支出中的农村居民与城镇居民划分,依据的是按户籍划分的农业人口与非农业人口,现在改为依据第五次人口普查的口径,按常住居民划分城镇人口与农村人口。

（6）不变价核算尽可能地建立在支出细分类的基础上,并且让支出构成项目与价格指数的口径范围尽可能取得一致。例如,原有的不变价固定资本形成总额只利用单一的固定资产投资价格指数进行缩减,现在改为利用不同的价格指数对现价固定资本形成总额的各个构成项目分别进行缩减。

第二节　经济普查前的不变价支出法国内生产总值核算方法

经济普查前的不变价支出法 GDP 核算方法是先计算五大支出构成项的不变价数值,再将这些构成项加总得到不变价支出法 GDP。这五大支出构成项分别为:居民消费、政府消费、固定资本形成总额、存货增加、货物和服务净出口。在核算不变价支出构成项目时,根据每个项目的具体情况,采用不同的方法分别计算。具体方法如下:

一、居民消费

(一) 现价核算

居民消费是将社会消费品零售总额与城乡住户调查资料相结合进行计算,并且按照城镇居民和农村居民消费的主要类别分别计算。其中,城镇居民消费包括商品性消费、文化生活服务性消费、房租及水电煤气消费、自有住房服务消费、实物收入消费、公费医疗消费、集体福利消费;农村居民消费包括商品性消费、自给性消费、文化生活服务性消费、房租及水电煤气消费、自有住房服务消费。居民消费等于城镇居民消费与农村居民消费之和。

1. 城乡居民商品性消费

指城镇居民和农村居民购买并用于消费的各种货物。利用城乡住户调查资料,分别将城乡居民消费现金支出中的服务性支出剔除,得到城乡居民人均商品性消费支出;然后,分别乘以城乡居民年平均人数得到住户调查口径的城乡居民商品性消费支出;再计算出二者各占的比例,用社会消费品零售额分别放大得到城镇居民和农村居民商品性消费支出。这里没有直接采用住户调查资料计算城乡居民商品性消费支出,是因为相应的调查资料对商品性消费有低估的可能。

2. 农村居民自给性消费

指农村居民自己生产自己消费的产品。利用农村住户调查资料计算,计算公式为:

农村居民自给性消费 = (农村居民人均消费支出 − 农村居民人均现金消费支出) × 农村居民年平均人数

农村居民年平均人数 = (农村居民年初人数 + 农村居民年末人数) ÷ 2

3. 城乡居民文化生活服务性消费

指城镇居民和农村居民在各种文化、生活服务方面的支出。利用城乡住户调查资料中与文化生活服务性消费相关的指标,分别计算出城乡居民人均文化生活服务性消费支出;然后,分别乘以城乡居民年平均人数得到城镇居民和农村居民文化生活服务性消费支出。

4. 城乡居民房租及水电煤气消费

指城镇居民和农村居民租用生活用房的房租支出和水电燃料支出。分别将城乡住户调查资料中的人均房租、水电、燃料和其他居住费用相加;然后,分别乘以城乡居民年平均人数得到城镇居民和农村居民房租及水电煤气消费支出。

5. 城乡居民自有住房服务消费

指城镇居民和农村居民因自己拥有住房而虚拟计算的住房服务消费支出。利用城乡住户调查和建设部资料计算。由于调查指标不同,城镇居民与农村居民的计算方法有所不同,计算公式为:

城镇居民自有住房服务消费 = 城镇居民自有住房虚拟折旧 = [(城镇居民年末自有住房建筑面积 + 城镇居民年初自有住房建筑面积) ÷ 2] × 城镇及工矿区个人建房单位建筑面积工程造价 × 折旧率

农村居民自有住房服务消费 = 农村居民自有住房虚拟折旧 = [(农村居民年末人均居住面积 × 农村居民年末人数 + 农村居民年初人均居住面积 × 农村居民年初人数) ÷ 2] × 农村居民建房单位建筑面积工程造价 × 折旧率

6. 城镇居民实物收入消费

指城镇居民免费得到的各种消费品和服务,如单位发给职工的各种消费品,农民赠送和自己生产的农副产品,从海外购买和带回的各种消费品等。利用城市住户调查资料计算,计算公式为:

城镇居民实物收入消费 = 城市调查户中有实物收入者的户均实物收入 × 有实物收入的户数占调查户数的比重 × 全国城镇居民总户数

7. 城镇居民公费医疗消费

指各类企业、事业和行政单位为其职工(含离退休职工)支付的医疗卫生保健费。利用劳动和社会保障部的统计资料计算。

8. 城镇居民集体福利消费

指城镇居民从国有、集体及其他各种类型单位享受的集体福利设施费和集体福利补贴等。利用劳动和社会保障部的统计资料计算。

(二)不变价核算

不变价居民消费,按照居民消费的不同类别,分别采用相应的价格指数进行缩减后相加求得,并且按城镇居民和农村居民分别计算。不变价城镇居民和农村居民消费分类与现价核算的分类相同。

(1)不变价城镇居民和农村居民商品性消费,利用城市和农村商品零售价格指数,分别对现价城镇居民和农村居民商品性消费进行缩减得出。

(2) 不变价农村居民自给性消费,利用农林牧渔业总产出价格缩减指数对现价自给性消费进行缩减后得出。农林牧渔业总产出价格缩减指数等于农林牧渔业现价总产出与不变价总产出的比值。

(3) 不变价城镇居民和农村居民文化生活服务性消费,利用居民消费价格指数中的城市和农村服务项目价格指数,分别对现价城镇居民和农村居民文化生活服务性消费进行缩减得出。

(4) 不变价城镇居民和农村居民房租及水电燃料消费,按房租和水电燃料支出两部分分别计算。首先,利用居民消费价格指数中的城市和农村房租价格指数,分别对现价城镇居民和农村居民房租支出进行缩减,得到不变价城镇居民和农村居民房租支出;其次,利用居民消费价格指数中的城市和农村水电燃料价格指数,分别对现价城镇居民和农村居民水电燃料支出进行缩减,得到不变价城镇居民和农村居民水电燃料支出;最后,分别将上述两项支出相加,得到不变价城镇居民和农村居民房租及水电燃料消费。

(5) 不变价城镇居民和农村居民自有住房服务消费,均利用固定资产投资价格指数,对现价城镇居民和农村居民自有住房虚拟消费进行缩减后得出。

(6) 不变价城镇居民实物收入消费,利用城市商品零售价格指数,对现价实物收入消费进行缩减后得出。

(7) 不变价城镇居民公费医疗消费,利用居民消费价格指数中的城市医疗保健价格指数,对现价公费医疗消费进行缩减后得出。

(8) 不变价城镇居民集体福利消费,一般属于文化娱乐和生活服务性消费,因此,利用居民消费价格指数中的城市服务项目价格指数,对现价集体福利消费进行缩减得出。

二、政府消费

(一) 现价核算

政府消费包括财政预算内支出中的经常性业务支出、财政预算外支出中的经常性业务支出和政府部门固定资产虚拟折旧三部分。

(1) 财政预算内支出中的经常性业务支出,等于财政预算内有关事业费支出项目扣除转移性和用于基本建设等支出的余额,根据财政预算支出决算明细表资料计算。

（2）财政预算外支出中的经常性业务支出，等于财政预算外有关事业费支出项目扣除转移性和用于基本建设等支出的余额，根据财政预算外资金分项目支出表计算。

（3）政府部门一般不提取固定资产折旧，故利用与政府部门相关的各个行业的固定资产投资额进行计算，计算公式为：

政府部门固定资产折旧 = [（年末固定资产原值 + 年初固定资产原值）÷ 2] × 折旧率

固定资产原值 = 历年累计固定资产投资额 − 退役的固定资产价值

（二）不变价核算

不变价政府消费核算，按照政府消费的价值构成分货物支出、服务支出、劳动报酬和固定资产折旧四个部分分别计算，其中前三个部分是政府部门的经常性业务支出。利用财政预算支出资料中的相关科目先计算出现价，然后利用相应的价格指数计算出不变价，具体方法如下：

（1）货物支出，指政府部门在经常业务活动中消耗的各种货物，如办公用品、材料等。利用商品零售价格指数缩减。

（2）服务支出，指政府部门支付的邮电费、差旅费等服务费用。利用居民消费价格指数中的服务项目价格指数缩减。

（3）劳动报酬，指政府部门支付的工资、补助工资、职工福利等。利用城市居民消费价格指数缩减。

（4）固定资产折旧，指政府部门的虚拟固定资产折旧。利用固定资产投资价格指数缩减。

三、固定资本形成总额

（一）现价核算

固定资本形成总额包括以下几个部分：全社会固定资产投资额，50 万元以下零星固定资产投资，新产品试制增加的固定资产，商品房销售增值形成的固定资产，矿藏勘探费用，土地改良费用；同时，扣除常住单位之间购置旧建筑物、旧设备的价值和土地购置费。

1. 全社会固定资产投资额

是国家统计局固定资产投资统计中最主要的统计指标,指常住单位在一定时期内建造和购置的固定资产及有关费用的价值总额。

2. 50万元以下零星固定资产投资

这部分投资未包括在现行的固定资产投资统计中,根据基年数据结合当年农村固定资产投资额抽样调查数据和投资项目等情况进行推算。

3. 新产品试制增加的固定资产

指用新产品试制费列支的,按设计规定在施工过程中必须进行试验所发生的费用。利用财政预算支出资料进行推算。

4. 商品房销售增值形成的固定资产

指在核算期内商品房销售价值与相应的投资完成额之间的差额。由于在现行的固定资产投资统计中,只包括按造价计算的房地产开发投资额,没有包括商品房交易过程中的新增附加值,因此应加上这部分,计算公式为:

$$商品房销售增值 = 商品房实际销售额 \times 销售增值率$$

5. 矿藏勘探费用

属于生产性无形资产。利用财政预算支出中的地质勘探费按一定的比例进行推算。

6. 土地改良费用

指核算期内在开垦荒地等方面的支出。利用国土资源部的新开垦荒地面积成本资料推算。

7. 扣除项:购置旧建筑物、旧设备的价值和土地购置费

购置旧建筑物、旧设备是指从外单位购入的,已经使用过的各种旧房屋及其他建筑物、各种设备;土地购置费是指通过各种方式取得土地使用权所支付的费用。这些购置费用都包括在现行固定资产投资统计的全社会固定资产投资额中,应从其中扣除掉。但交易过程中发生的所有权转移费应包括在当期的固定资本形成总额中。

(二)不变价核算

由于资料所限,不变价固定资本形成总额无法分构成项目分别计算,根据固定资产投资价格指数对全部现价固定资本形成总额进行缩减计算。

四、存货增加

（一）现价核算

存货增加是核算期年初和年末存货价值的差额。先根据核算期有关的价格指数将年初的存货价值调整到与年末的价值相一致,然后再以年末存货价值减年初存货价值得到存货增加。存货增加按农林牧渔业、工业、建筑业、交通运输、仓储和邮电通信业、批发零售贸易业和餐饮业分别计算。因受到基础资料的限制,只对工业和批发零售贸易业的存货增加做价格调整。

1. 农林牧渔业

农林牧渔业存货增加按国有农业企业存货增加、农户猪羊存货增加、家禽和其他动物饲养存货增加以及农户粮食储备存货增加几部分计算：

（1）国有农业企业存货增加,根据财政部汇总的国有农业企业资产负债表中的年初和年末存货的差额来推算。

（2）农户猪羊存货增加,计算公式为：

农户猪羊存货增加 =（年末存栏数 – 年初存栏数）× 平均价格

其中,猪的平均价格用肥猪的半价代替,羊的平均价格用成年羊的半价代替。

（3）农户家禽和其他动物饲养存货增加,利用本年家禽和其他动物饲养总产值与上年家禽和其他动物饲养总产值之差来推算。

（4）农户粮食储备存货增加,计算公式为：

农户粮食储备存货增加 =（年末库存量 – 上年年末库存量）× 粮食混合平均价格

年末库存量 = 农户人均存粮 × 农村居民年平均人数

2. 工业

工业存货增加分规模以上工业企业和规模以下工业企业两部分计算。其中,规模以上工业企业存货增加利用年末存货和年初存货的差额来计算。计算时,年初存货要利用工业品出厂价格指数进行调整。规模以下工业企业存货增加根据规模以下工业总产值与规模以上工业总产值的比例来推算。

3. 建筑业

建筑业存货增加包括资质等级四级及四级以上建筑业企业存货增加和资

质等级四级以下建筑业企业存货增加。其中,资质等级四级及以上建筑企业存货增加利用年末存货和年初存货的差额来计算。计算时,要扣除年末、年初存货价值中的在建工程价值。资质等级四级以下企业存货增加根据资质等级四级以下企业产值与资质等级四级及以上企业产值比例推算。

4. 交通运输、仓储和邮电通信业

交通运输、仓储和邮电通信业存货增加,利用财政部汇总的国有企业财务决算资料中的年末存货和年初存货的差额来推算。

5. 批发零售贸易业

批发零售贸易业存货增加,按限额以上批发零售贸易业和限额以下批发零售贸易业分别计算。其中,限额以上批发零售贸易业存货增加利用年末存货和年初存货的差额来计算。计算时,年初存货利用商品零售价格指数进行调整。限额以下批发零售贸易业存货增加利用限额以上和限额以下批发零售贸易业商品销售总额的比例推算。

6. 餐饮业

餐饮业存货增加,按限额以上餐饮业和限额以下餐饮业分别计算。其中,限额以上餐饮业的存货增加利用年末存货和年初存货的差额来计算。限额以下餐饮业存货增加利用限额以上和限额以下餐饮业营业收入的比例推算。

(二) 不变价核算

计算不变价存货增加一般采用两种方法,一是采用价格指数缩减法,二是利用基年价格乘以核算期数量增量直接计算。

1. 农林牧渔业

(1) 国有农业企业不变价存货增加,利用工业品出厂价格指数中的生活资料价格指数缩减现价国有农业企业存货增加得到。

(2) 农户猪羊、粮食储备的不变价存货增加,利用基年的单价乘以核算期存货增加的数量计算。计算公式分别为:

农户猪羊不变价存货增加 =(年末存栏数 - 年初存栏数)× 基年平均价格

农户粮食储备不变价存货增加 =(年末库存量 - 上年年末库存量)× 基年粮食混合平均价格

(3) 农户家禽和其他动物饲养不变价存货增加,利用本年家禽和其他动物饲养不变价总产值与上年家禽和其他动物饲养不变价总产值之差来推算。

2. 工业

首先,按照行业属性将40个大类的规模以上工业企业归并为农副产品、生活资料和生产资料三类,分别计算出这三类规模以上工业企业存货增加占全部规模以上工业企业存货增加的比重;其次,根据上述比重将全部工业企业的存货增加划分为农副产品、生活资料和生产资料三种类型;最后,分别利用农产品生产价格指数、工业品出厂价格指数中的生活资料价格指数和生产资料价格指数,缩减上述三类工业企业的现价存货增加,得到每种类型的不变价存货增加。不变价工业企业存货增加等于三种类型不变价存货增加之和。

3. 建筑业

不变价建筑业存货增加,利用工业品出厂价格指数中的生产资料价格指数缩减现价建筑业存货增加得到。

4. 交通运输、仓储和邮电通信业

不变价交通运输、仓储和邮电通信业存货增加,利用工业品出厂价格指数中的生产资料价格指数缩减现价交通运输、仓储和邮电通信业存货增加得到。

5. 批发零售贸易业

不变价批发零售贸易业存货增加,利用工业品出厂价格指数缩减现价批发零售贸易业存货增加得到。

6. 餐饮业

不变价餐饮业存货增加,利用工业品出厂价格指数中的生活资料价格指数缩减现价餐饮业存货增加得到。

五、货物和服务净出口

(一) 现价核算

货物和服务净出口等于货物和服务出口减去货物和服务进口的差额。货物和服务的出口额和进口额可以直接从国家外汇管理局编制的《国际收支平衡表》中取得。其中,货物和服务的出口额取自相关项目的贷方数据;货物和服务的进口额取自相关项目的借方数据。并且,需要将《国际收支平衡表》中按美元计算的数据用当年平均汇率折算成按人民币计算的数据,计算公式为:

按人民币计算的出口或进口 = 按美元计算的出口或进口 × 人民币兑美元的年平均汇率

(二) 不变价核算

不变价净出口等于按不变价计算的货物和服务出口额减去按不变价计算的货物和服务进口额。不变价出口额和进口额通过价格指数缩减法计算，即不变价货物和服务出口额等于现价出口额除以相应的出口价格指数，不变价货物和服务进口额等于现价进口额除以相应的进口价格指数。

货物出口价格指数主要利用海关总署编制的每个季度出口商品价格指数的简单算术平均数来确定，货物进口价格指数主要利用海关总署编制的每个季度进口商品价格指数的简单算术平均数来确定。

服务出口和进口价格指数反映从年初到年末出口和进口服务比去年同期的价格变动幅度。由于目前没有相应的价格指数，在实践中，一般参考货物出口和进口价格指数来确定。

经济普查前不变价支出法 GDP 核算的基本方法和采用的价格指数见表 5.1。

表 5.1　经济普查前不变价支出法 GDP 核算的基本方法和采用的价格指数

构成项目	基本方法	价格指数
居民消费		
商品性消费	价格指数缩减法	城市和农村商品零售价格指数
自给性消费	价格指数缩减法	农林牧渔业总产出价格缩减指数
文化生活服务性消费	价格指数缩减法	CPI 中的城市和农村服务项目价格指数
房租及水电煤气消费	价格指数缩减法	CPI 中的城市和农村房租价格指数、水电燃料价格指数
自有住房服务消费	价格指数缩减法	固定资产投资价格指数
实物收入消费	价格指数缩减法	城市商品零售价格指数
公费医疗消费	价格指数缩减法	CPI 中的城市医疗保健价格指数
集体福利消费	价格指数缩减法	CPI 中的城市服务项目价格指数
政府消费	价格指数缩减法	CPI、商品零售价格指数、CPI 中的服务项目价格指数、固定资产投资价格指数
固定资本形成总额	价格指数缩减法	固定资产投资价格指数
存货增加	价格指数缩减法和直接基年价值法	农产品生产价格指数、工业品出厂价格指数中的生活资料价格指数和生产资料价格指数、商品零售价格指数
货物和服务净出口		
出口	价格指数缩减法	调整后的海关出口商品价格指数
进口	价格指数缩减法	调整后的海关进口商品价格指数

第三节 经济普查后的不变价支出法国内生产总值核算方法

经济普查后的不变价支出法 GDP 核算方法是先计算五大支出构成项目的不变价数值,再将这些构成项目加总得到不变价支出法 GDP。经济普查后,对各支出构成项目的核算范围、资料来源和计算方法等进行了改进。这五大支出构成项分别为:居民消费支出、政府消费支出、固定资本形成总额、存货增加、货物和服务净出口。在核算不变价支出构成项目时,是根据每个项目的具体情况,采用不同的方法分别计算。具体方法如下:

一、居民消费支出

(一)现价核算

居民消费支出主要利用城乡住户调查资料来计算,并且按照城镇居民和农村居民消费支出的主要类别分别计算。其中,城镇居民和农村居民消费支出包括以下 12 类:食品类,衣着类,居住类,家庭设备、用品及服务类,医疗保健类,交通和通信类,文教娱乐用品及服务类,银行中介服务,保险服务,自有住房服务,实物消费,其他商品和服务类。居民消费支出等于城镇居民消费支出与农村居民消费支出之和。

1. 食品类

食品类消费支出指城镇居民和农村居民对于各种食品及相关服务的消费支出。利用城乡住户调查资料中的人均食品消费支出,分别乘以城乡居民年平均人数得到城镇居民和农村居民食品类消费支出。

2. 衣着类

衣着类消费支出指城镇居民和农村居民购买的各种穿着用品、加工衣着品的各种材料及衣着加工服务费消费支出。利用城乡住户调查资料中的人均衣着消费支出,分别乘以城乡居民年平均人数得到城镇居民和农村居民衣着类消费支出。

3. 居住类

居住类消费支出指城镇居民和农村居民在住房、水、电、燃料等方面的支出,其中住房支出包括租赁房房租、住房装潢支出和其他消费支出。利用城乡

住户调查资料计算。由于调查指标不同,城镇居民与农村居民的计算方法有所不同。计算公式为:

城镇居民居住类消费支出 = 城镇居民人均居住消费支出 × 城镇居民年平均人数

农村居民居住类消费支出 = (农村居民人均居住消费支出 − 农村居民人均建筑生活用房材料支出 − 农村居民人均建筑生活用房雇工工资 − 农村居民人均购买生活用房支出 − 农村居民人均维修生活用房材料支出 − 农村居民人均维修生活用房雇工支出) × 农村居民年平均人数

4. 家庭设备、用品及服务类

家庭设备、用品及服务类消费支出指城镇居民和农村居民购买的耐用消费品、室内装饰品、床上用品、家庭日用杂品、家具材料、家政服务等消费支出。利用城乡住户调查资料中的人均家庭设备、用品及服务消费支出,分别乘以城乡居民年平均人数得到城镇居民和农村居民家庭设备、用品及服务类消费支出。

5. 医疗保健类

医疗保健类消费支出指城镇居民和农村居民用于医疗保健的药品、用品及服务的全部消费支出。

(1) 对于城镇居民,既包括在药品和诊治方面自己花费的支出,又包括由财政部门和社保基金为居民支付的药费及诊治费。城镇居民自己用于医疗保健的费用支出,利用城市住户抽样调查计算,计算公式为:

城镇居民医疗保健类支出 = 城镇居民人均医疗保健支出 × 城镇居民年平均人数

财政部门和社保基金支付的公共医疗费(包括离退休职工),利用财政部当期发生的对个人和家庭的公费医疗支出和社保基金支付的医疗保险费用支出等资料计算。

(2) 对于农村居民,只包括在药品和诊治方面自己化费的支出。利用农村住户抽样调查计算,计算公式为:

农村居民医疗保健类消费支出 = 农村居民人均医疗保健消费支出 × 农村居民年平均人数

6. 交通和通信类

交通和通信类消费支出指城镇居民和农村居民为了生活目的用于购买交

通和通信用品、交通和通信服务的消费支出。利用城乡住户调查资料中的人均交通和通信消费支出,分别乘以城乡居民年平均人数得到城镇居民和农村居民交通和通信类消费支出。

7. 文教娱乐用品及服务类

文教娱乐用品及服务类消费支出指城镇居民和农村居民用于文化教育、娱乐用品和教育服务、文化体育娱乐服务的消费支出。利用城乡住户调查资料中的人均文教娱乐用品及服务消费支出,分别乘以城乡居民年平均人数得到城镇居民和农村居民文教娱乐用品及服务类消费支出。

8. 银行中介服务

银行中介服务包括城镇居民和农村居民消费的间接计算的银行中介服务和直接付费的银行服务。利用生产法 GDP 和中国人民银行的相关资料计算,且城镇居民与农村居民的计算方法有所不同。

(1) 银行中介服务

城镇居民和农村居民消费的间接计算的银行中介服务支出指城镇居民和农村居民消费的没有直接付费的银行中介服务虚拟支出,计算公式为:

城镇居民消费的间接计算的银行中介服务支出 = 间接计算的银行中介服务产出 × (城镇居民储蓄存款年平均余额 + 住房公积金存款年平均余额 + 城镇居民消费贷款年平均余额) ÷ (金融机构存款年平均余额 + 金融机构贷款年平均余额)

农村居民消费的间接计算的银行中介服务支出 = 间接计算的银行中介服务产出 × (农村居民储蓄存款年平均余额 + 农村居民消费贷款年平均余额) ÷ (金融机构存款年平均余额 + 金融机构贷款年平均余额)

(2) 直接付费的银行服务

城镇居民和农村居民直接付费的银行服务支出指金融机构向城镇居民和农村居民提供服务时,直接收取的服务费用。计算步骤为:先计算居民直接付费的银行服务支出,然后再计算城镇居民的银行服务支出。计算公式为:

城镇居民直接付费的银行服务支出 = 居民直接付费的银行服务支出 × (城镇居民年末存贷款余额 ÷ 居民年末存贷款余额)

居民直接付费的银行服务支出 = 银行直接收费的服务产出 × 居民年末存贷款余额占银行年末存贷款余额的比重

银行直接收费的服务产出＝直接收费的银行服务收入＝手续费及佣金收入＋其他业务收入

农村居民直接付费的银行服务支出＝居民直接付费的银行服务支出－城镇居民直接付费的银行服务支出

9. 保险服务

保险服务消费支出指城镇居民和农村居民因参与生活保险活动消费的保险机构提供的保险服务的支出。由于缺乏资料,城镇居民和农村居民保险服务消费支出按一定的比例分摊全部居民保险服务消费支出。全部居民保险服务消费支出利用生产法 GDP、保监会和交通部的相关资料计算。计算公式为：

全部居民保险服务消费支出＝保险业总产出×［寿险赔款及给付＋家财险赔款及给付＋机动车辆险赔款及给付×(私人小型和微型载客汽车拥有量÷民用汽车拥有总量)］÷赔款及给付合计

10. 自有住房服务

自有住房服务虚拟消费支出指城镇居民和农村居民因自己拥有住房而虚拟计算的住房服务消费支出。其价值为城乡居民自有住房的虚拟租金,在不能获得虚拟租金的情况下,可以按住房成本计算。计算时,主要利用城乡住户调查资料。由于调查指标不同,城镇居民与农村居民自有住房服务的计算方法有所不同。计算公式为：

(1) 城镇居民

城镇居民自有住房服务虚拟消费支出＝城镇居民自有住房修理维护费＋城镇居民自有住房管理费＋城镇居民自有住房虚拟折旧

城镇居民自有住房修理维护费＝［(城镇居民人均维修用建筑材料＋城镇居民人均维修服务费)×城镇居民年平均人数］×城镇居民自有住房率

城镇居民自有住房管理费＝(城镇居民人均物业管理费×城镇居民年平均人数)×城镇居民自有住房率

城镇居民自有住房虚拟折旧＝［(城镇居民人均住房建筑面积×城镇住宅单位面积造价)×城镇居民年平均人数］×城镇居民自有住房率×折旧率

(2) 农村居民

农村居民自有住房服务虚拟消费支出＝农村居民自有住房修理维护费＋农村居民自有住房虚拟折旧

农村居民自有住房修理维护费 = 农村居民人均维修用生活用房材料 × 农村居民年平均人数

农村居民自有住房虚拟折旧 = 农村居民自有住房价值 × 折旧率 =（农村居民人均住房面积 × 农村居民年平均人数）× 农村居民住房单位面积价值 × 折旧率

11. 实物消费

实物消费支出指城镇居民从工作单位、政府部门、民间团体、慈善机构等处免费或低价得到的各种货物及服务支出，其中低价得到的货物及服务按扣除付费后的差价计算。利用城市住户调查资料中的城镇居民人均非现金收入总计数，乘以城镇居民年平均人数得到城镇居民实物消费支出。

12. 其他商品和服务类

其他商品和服务类消费支出指城镇居民和农村居民的上述各项支出以外的用于购买商品和服务的支出。利用城市住户调查资料中的人均杂项商品和服务支出和农村住户调查资料中的人均其他商品和服务消费支出，分别乘以城乡居民年平均人数得到城镇居民和农村居民其他商品和服务类消费支出。

（二）不变价核算

不变价居民消费支出仍分为城镇居民和农村居民消费支出，并且按消费支出的不同类别，分别利用相应的价格指数采用缩减法计算。不变价城镇居民和农村居民消费支出分类与现价核算相同。

1. 食品类

不变价城镇居民和农村居民食品类消费支出的计算方法是：首先，分别以城乡住户调查中的相关资料为权重，对居民消费价格指数中的城市和农村食品类和烟酒类价格指数加权平均后，得到城市和农村综合食品类价格指数，计算公式为：

城市和农村综合食品类价格指数 = 城市和农村烟酒类价格指数 ×（城镇居民和农村居民人均烟、酒类消费支出 ÷ 城镇居民和农村居民人均食品消费支出）+ 城市和农村食品类价格指数 ×[（城镇居民和农村居民人均食品消费支出 − 城镇居民和农村居民人均烟、酒类消费支出）÷ 城镇居民和农村居民人均食品消费支出]

然后，分别利用城市和农村综合食品类价格指数对现价城镇居民和农村居民食品类消费支出采用缩减法计算得出。

2. 衣着类、家庭设备用品及服务类、医疗保健类、交通和通信类、教育文化娱乐服务类、居住类

这些类不变价居民消费支出的计算方法基本一致,即直接利用居民消费价格指数中的相应分类价格指数,缩减各类别的现价数据得出不变价数据,并且按照城镇居民和农村居民分别计算。城镇居民和农村居民衣着类、家庭设备用品及服务类、医疗保健类、交通和通信类、教育文化娱乐服务类、居住类消费支出,所利用的价格指数分别为居民消费价格指数中的城市和农村衣着类、家庭设备用品及服务类、医疗保健类、交通和通信类、娱乐教育文化类、居住类价格指数。

3. 银行中介服务

不变价城镇居民和农村居民银行中介服务消费支出,均利用居民消费价格指数和固定资产投资价格指数的加权平均数,缩减现价城镇居民和农村居民银行中介服务消费支出得到,权数为最终消费支出和固定资本形成总额占两者之和的比重。

4. 保险服务

不变价城镇居民和农村居民保险服务消费支出,均利用居民消费价格指数和固定资产投资价格指数的加权平均数,缩减现价城镇居民和农村居民保险服务消费支出得到,权数为最终消费支出和固定资本形成总额占两者之和的比重。

5. 自有住房服务

不变价城镇居民和农村居民自有住房服务虚拟消费支出,均利用固定资产投资价格指数缩减现价城镇居民和农村居民自有住房服务虚拟消费支出得到。

6. 实物消费

不变价城镇居民实物消费支出,利用城市居民消费价格指数缩减现价城镇居民实物消费支出得到。

7. 其他商品和服务

不变价城镇居民和农村居民其他商品和服务消费支出,分别利用居民消费价格指数中的城市和农村个人用品及服务价格指数,缩减现价城镇居民和农村居民其他商品和服务消费支出得到。

二、政府消费支出

（一）现价核算

经济普查后的政府消费支出以国家财政的经常性业务支出为基础进行计算，资料来源于财政部行政事业单位决算资料。计算公式为：

政府消费支出 = 经常性业务支出 − 政府部门市场性收入 + 固定资产折旧

经常性业务支出 = 人员支出 + 公用支出 + 对个人和家庭补助支出 − 助学金 − 抚恤和生活补助 − 就业补助费 − 专用设备购置费 − 交通工具购置费 − 图书资料购置费 − 医疗费

固定资产折旧 = 固定资产原值 × 折旧率

政府部门的市场性收入 = 事业收入中经营性收入 + 其他收入中非财政拨款部分

其他收入中非财政拨款部分 = 其他收入 − （从其他部门取得的财政拨款 + 非本级财政拨款）

（二）不变价核算

经济普查后的不变价政府消费支出分为两部分，一是固定资产折旧，二是政府消费支出扣除固定资产折旧后的差额，分别利用相应的价格指数，采用缩减法计算。计算公式为：

不变价政府消费支出 = （现价政府消费支出 − 现价固定资产折旧）÷ 居民消费价格指数 + 现价固定资产折旧 ÷ 固定资产投资价格指数

三、固定资本形成总额

（一）现价核算

固定资本形成总额包括：全社会固定资产投资额，50万元以下零星固定资产投资额，新产品试制增加的固定资产价值，商品房销售增值，以及无形固定资产价值。不包括：常住单位之间购置旧建筑物、旧设备的价值，土地征用、购置及迁移补偿费等。计算公式为：

固定资本形成总额 = （全社会固定资产投资额 − 购置旧建筑物的价值 − 购置旧设备的价值 − 土地征用、购置及迁移补偿费）+ 50万元以下零星固定资产投资额 + 新产品试制增加的固定资产价值 + 商品房销售增值 + 无形固定资产

价值

1. 全社会固定资产投资

全社会固定资产投资指在一定时间内全社会建造和购置固定资产的工作量价值以及与此相关的费用，包括计划总投资50万元及50万元以上的城镇建设项目投资、房地产开发投资和农村固定资产投资。

2. 购置旧建筑物、旧设备的价值和土地征用、购置及迁移补偿费

这些费用原则上都包括在现行统计的全社会固定资产投资额中，但不构成固定资本形成总额，故在计算时，应从固定资产投资额中扣除。

常住单位之间买卖旧建筑物、旧设备，表现为一个单位资产增加，另一个单位资产减少，总体上不引起社会总资产的变化，应从全社会固定资产投资额中扣除。

土地不是生产资产，土地本身不构成固定资本形成总额，因此，土地征用、购置及迁移补偿费也应从全社会固定资产投资额中扣除。土地征用、购置及迁移补偿费根据固定资产投资统计中的土地购置费以及城镇土地使用税等数据进行推算。

3. 50万元以下零星固定资产投资

这部分投资根据上年的数据结合当期全社会固定资产投资的实际情况进行推算。

4. 新产品试制增加的固定资产

新产品试制增加的固定资产利用新产品试制费计算。根据财政收支决算资料先推算出新产品试制费，然后在此基础上按一定比例计算出新产品试制增加的固定资产。

5. 商品房销售增值

商品房销售增值，是指在核算期内商品房销售价值与相应的商品房投资完成额（即出售前的工程造价）之间的差额，计算公式为：

$$商品房销售增值 = 商品房销售额 \times 商品房销售增值率$$

其中，商品房销售增值率根据经济普查年度商品房销售增值占经济普查年度商品房销售额的比重，结合当期商品房销售情况确定。

6. 无形固定资产

无形固定资产包括矿藏勘探费、计算机软件价值以及娱乐和文学艺术品原

件的价值。在实际计算中,由于缺乏基础资料,无形固定资产增加的价值只包括矿藏勘探和购买计算机软件的价值。其中,矿藏勘探形成的固定资产利用财政收支决算资料中的地质勘探费计算;购买计算机软件的价值利用信息产业部的软件产品销售情况资料计算,计算公式为:

$$计算机软件价值 = 上年同期计算机软件价值 \times (1+计算机软件销售额增长率)$$

(二)不变价核算

不变价固定资本形成总额采用价格指数缩减法计算,即利用各类价格指数对现价固定资本形成总额的各个构成项和扣减项分别进行缩减。其中,全社会固定资产投资、50万元以下零星固定资产投资、新产品试制增加的固定资产利用固定资产投资价格指数缩减,购置旧建筑物的价值利用建筑安装工程价格指数缩减,购置旧设备的价值利用设备工器具购置价格指数缩减,土地征用、购置及迁移补偿费利用土地交易价格指数缩减,商品房销售增值利用商品房销售价格指数缩减,矿藏勘探费利用居民消费价格指数缩减,计算机软件价值利用居民消费价格指数中的服务项目价格指数缩减。计算公式为:

不变价固定资本形成总额 =(全社会固定资产投资额 + 50万元以下零星固定资产投资额 + 新产品试制增加的固定资产)÷ 固定资产投资价格指数 − 购置旧建筑物的价值 ÷ 建筑安装工程价格指数 − 购置旧设备的价值 ÷ 设备工器具购置价格指数 − 土地征用、购置及迁移补偿费 ÷ 土地交易价格指数 + 商品房销售增值 ÷ 商品房销售价格指数 + 矿藏勘探费 ÷ 居民消费价格指数 + 计算机软件价值 ÷ 服务项目价格指数

四、存货增加

(一)现价核算

存货增加主要根据会计资料中的期末、期初价值计算,但由于会计核算中的存货价值包含了核算期内价格变动引起的存货持有收益或损失,因此,在计算存货增加时需要加以剔除。剔除方法为:利用核算期有关价格指数,将会计核算的期初存货价值调整为按核算期期末价格计算的存货价值,期末存货价值减调整后的期初存货价值得到存货增加。在经济普查后,现价存货增加分农林牧渔业,工业,建筑业,交通运输、仓储和邮政业,批发和零售业,住宿和餐饮业6

个行业分别计算。各行业的具体计算方法为：

1. 农林牧渔业

农林牧渔业存货增加分农林牧渔业企业存货增加和农户存货增加两部分计算。

（1）农林牧渔业企业存货增加。农林牧渔业企业年末、年初存货资料来源于财政部国有农业企业财务会计决算资料；调整年初存货价值采用的价格指数为农产品生产价格指数。

（2）农户存货增加。包括农户饲养猪、羊、家禽形成的存货增加以及粮食储备形成的存货增加。计算公式分别为：

农产猪、羊、家禽存货增加 =（年末存栏数 – 年初存栏数）× 平均价格

其中，猪的平均价格用活猪的半价代替，羊的平均价格用活羊的半价代替，家禽的平均价格用家禽的半价代替。

农产粮食储备存货增加 =（年末粮食库存 – 年初粮食库存）× 粮食混合平均价格

农户年末粮食库存 = 年末农户人均存粮 × 年末农村居民人数

农户年初粮食库存 = 上年末农户人均存粮 × 上年末农村居民人数

2. 工业

工业存货增加分别按规模以上工业和规模以下工业两部分计算。规模以上工业存货增加，利用年末存货和年初存货的差额来计算，年初存货要利用工业品出厂价格指数进行调整。全部工业存货增加，利用经济普查年规模以上工业存货增加占全部工业存货增加的比重推算，计算公式为：

工业存货增加 = 规模以上工业存货增加 ÷（经济普查年规模以上工业存货增加 ÷ 经济普查年全部工业存货增加）

3. 建筑业

建筑业存货增加包括具有建筑业资质的总承包、专业承包和劳务分包建筑业企业存货增加和资质等级以外建筑业企业存货增加。总承包和专业承包建筑业企业的存货增加，利用年末存货和年初存货的差额来计算，年初存货价值用工业品出厂价格指数中生产资料价格指数进行调整。全部建筑业存货增加，利用经济普查年总承包和专业承包建筑业企业存货增加占建筑业存货增加的比重推算（方法同工业）。

4. 交通运输业、仓储业和邮电通信业

交通运输业、仓储业和邮电通信业存货增加利用财政部（或国资委）相应国有企业财务决算资料中的年末、年初存货数据计算。在调整年初存货价值时，交通运输业年初存货价值用工业品出厂价格指数中生产资料价格指数进行调整；仓储业年初存货价值用商品零售价格指数进行调整；邮电通信业年初存货价值用工业品出厂价格指数进行调整。

5. 批发和零售业

批发和零售业企业存货增加由限额以上批发和零售业、限额以下批发和零售业两部分构成。限额以上批发和零售业存货增加，利用年末存货和年初存货的差额来计算，年初存货价值利用商品零售价格指数进行调整。全部批发和零售业存货增加，利用限额以上批发和零售业商品销售总额占批发和零售业商品销售总额的比重推算，计算公式为：

批发和零售业存货增加 = 限额以上批发和零售业企业存货增加 ÷（限额以上批发和零售业商品销售总额 ÷ 批发和零售业商品销售总额）

6. 住宿和餐饮业

住宿和餐饮业存货增加由限额以上住宿和餐饮业、限额以下住宿和餐饮业两部分构成。限额以上住宿和餐饮业存货增加，利用年末存货和年初存货的差额来计算，年初存货价值利用商品零售价格指数进行调整。全部住宿和餐饮业存货增加，利用经济普查年限额以上住宿和餐饮业存货增加占住宿和餐饮业存货增加的比重推算（方法同工业）。

（二）不变价核算

计算不变价存货增加一般采用两种方法，一是价格指数缩减法，二是利用基年价格乘以核算期数量增量直接计算。

1. 农林牧渔业

（1）国有农业企业不变价存货增加，利用农产品生产价格指数缩减国有农业企业现价存货增加得到。

（2）农户的猪、羊、家禽和粮食的不变价存货增加采用直接计算法，利用基年的单价乘以核算期存货增加的数量计算。计算公式分别为：

农户猪、羊、家禽不变价存货增加 =（年末存栏数 − 年初存栏数）× 基年平均价格

农户粮食储备不变价存货增加 =（年末库存量 – 上年年末库存量）× 基年粮食混合平均价格

2. 工业

不变价工业存货增加，利用工业品出厂价格指数缩减现价工业存货增加得到。

3. 建筑业

不变价建筑业存货增加，利用工业品出厂价格指数中的生产资料价格指数缩减现价建筑业存货增加得到。

4. 交通运输业、仓储业和邮电通信业

不变价交通运输业存货增加，利用工业品出厂价格指数中的生产资料价格指数缩减现价交通运输业存货增加得到；不变价仓储业存货增加，利用商品零售价格指数缩减现价仓储业存货增加得到；不变价邮电通信业存货增加，利用工业品出厂价格指数缩减现价邮电通信业存货增加得到。

5. 批发和零售业

不变价批发和零售业存货增加，利用商品零售价格指数缩减现价批发和零售业存货增加得到。

6. 住宿和餐饮业

不变价住宿和餐饮业存货增加，利用商品零售价格指数缩减现价住宿和餐饮业存货增加得到。

五、货物和服务净出口

（一）现价核算

货物和服务净出口等于货物和服务出口减去货物和服务进口的差额。货物进出口，可分为一般贸易进出口、加工贸易进出口、其他贸易进出口；服务进出口，可分为运输服务、旅游服务、通信服务、保险服务、计算机和信息服务及其他服务进出口。货物出口和进口价值都按离岸价格计算，服务出口和进口价值按交易发生时的市场价格计算。

计算中，货物和服务出口总额和进口总额直接取自国际收支平衡表。货物进出口中的一般贸易进出口、加工贸易进出口、其他贸易进出口数据取自海关统计的进出口贸易总额，但由于海关统计的进口数据是按到岸价格计算，因此需利用调整系数将其调整为按离岸价格计算的数据。服务进出口中的运输服务、旅游服务、通信服务、保险服务、计算机和信息服务及其他服务进出口直接取自国际收支平衡表。此外，还需将按美元计算的数据用当年平均汇率折算成按人民币计算的数据。

（二）不变价核算

不变价货物和服务的净出口等于按不变价计算的货物和服务出口减去按不变价计算的货物和服务进口后的差额。不变价出口和进口分别利用相应的价格指数按缩减法计算。

在计算不变价货物出口和进口时，货物出口价格指数和货物进口价格指数主要采用海关总署编制的出口商品价格指数和进口商品价格指数，其中，进口商品价格指数还要根据主要进口国（或地区）的消费价格指数做适当调整。

由于目前中国还没有编制服务进出口价格指数，因此，在计算不变价服务出口和进口时，服务出口价格指数参照中国居民消费价格指数中的服务项目价格指数确定，服务进口价格指数参考美国、日本、欧盟的服务出口价格指数确定。

经济普查后不变价支出法 GDP 核算的基本方法和采用的价格指数见表 5.2。

表 5.2　经济普查后不变价支出法 GDP 核算的基本方法和采用的价格指数

构成项目	基本方法	价格指数
居民消费支出		
食品类	价格指数缩减法	CPI 中的城市和农村烟酒类价格指数和食品类价格指数的加权平均数
衣着类	价格指数缩减法	CPI 中的城市和农村衣着类价格指数
居住类	价格指数缩减法	CPI 中的城市和农村居住类价格指数
家庭设备、用品及服务类	价格指数缩减法	CPI 中的城市和农村家庭设备用品及服务类价格指数
医疗保健类	价格指数缩减法	CPI 中的城市和农村医疗保健类价格指数
交通和通信类	价格指数缩减法	CPI 中的城市和农村交通和通信类价格指数
文教娱乐用品及服务类	价格指数缩减法	CPI 中的城市和农村娱乐教育文化类价格指数

(续表)

构成项目	基本方法	价格指数
金融中介服务	价格指数缩减法	CPI和固定资产投资价格指数的加权平均数
保险服务	价格指数缩减法	CPI和固定资产投资价格指数的加权平均数
自有住房服务	价格指数缩减法	固定资产投资价格指数
其他商品和服务类	价格指数缩减法	CPI中的城市/农村个人用品及服务费价格指数
实物消费	价格指数缩减法	城市CPI
政府消费支出		
经常性业务支出	价格指数缩减法	CPI
固定资产折旧	价格指数缩减法	固定资产投资价格指数
固定资本形成总额	价格指数缩减法	固定资产投资价格指数、建筑安装工程价格指数、设备工器具购置价格指数、土地交易价格指数、商品房销售价格指数、CPI、CPI中的服务项目价格指数
存货增加	价格指数缩减法和直接基本价值法	农产品生产价格指数、工业品出厂价格指数、工业品出厂价格指数中的生产资料价格指数、商品零售价格指数
货物和服务净出口		
出口	价格指数缩减法	调整后的海关出口商品价格指数
进口	价格指数缩减法	调整后的海关进口商品价格指数

第四节 不变价支出法国内生产总值核算存在的问题分析

不变价支出法GDP主要是在现价支出法GDP的基础上通过价格缩减求得的,因此,不变价支出法GDP核算准确与否与现价支出法GDP核算和价格指数均有着密切的联系。下面就中国目前的不变价支出法GDP核算中,这两个方面存在的主要问题作进一步的分析。

一、不变价支出法GDP核算存在的问题概述

(一)现价支出法GDP核算的基础资料问题

(1)基础资料存在缺口,造成支出法GDP核算范围不全。支出法GDP核

算需要大量的基础资料,但在现实工作中缺少稳定可靠的基础资料。例如,计算居民消费支出时,自有住房虚拟消费、金融服务消费、保险服务消费所需要的基础资料都不完善,只能用相关指标推算;计算政府消费支出所需的行政事业单位决算资料的统计口径经常变化;在固定资本形成核算中,50万元以下项目的固定资产投资完成额,商品房销售增值,购置旧建筑物、旧设备的价值和与土地有关的费用等资料依据不充分;计算存货增加的基础资料也很缺乏。

(2)基础资料分类过粗,使得支出法GDP项目分类与国际标准存在明显差距。目前,居民消费支出分类只区分为12类,与国际标准分类差距较大。政府消费支出只有一种分类,没有按联合国1993年SNA的标准做更细的分类。主要是因为中国现行的财政支出科目不是按功能分类,同一种功能的支出分散在不同类科目中,难以将财政行政事业费支出数据调整为支出法GDP核算所需资料,不利于政府消费支出的计算。固定资本形成分类受中国固定资产投资统计方式的影响,没有按国际标准的资产类型进行分类。

(二)不变价支出法GDP核算的价格指数问题

不变价支出法GDP核算中的主要问题是价格指数缺口较大,特别是与支出项目分类相配套的价格指数非常缺乏,需要应用替代价格指数。另外,现有的价格指数在范围口径上与各支出构成项目不完全匹配。例如,如何选择计算政府消费支出的价格指数,就是目前一个十分棘手的问题。因此,在不变价支出法GDP核算基础资料不全、价格指数不配套的情况下,需要在选择价格指数和改进核算方法上多做一些研究工作,同时,要逐步建立与支出法GDP核算相配套的价格指数体系。

二、不变价支出法GDP各构成项目核算存在的问题分析

(一)现价支出法GDP核算问题

1. 居民消费支出

现价居民消费支出核算的主要问题是基础资料不全,调查结果存在偏差,核算分类较粗,计算方法需要改进等。主要表现为以下几个方面:

(1)现有的基础资料不能完全满足城乡居民消费支出核算的需要,某些支出项目只能靠推算资料补上。例如,在核算城镇居民和农村居民对银行和保险服务的消费时,无论是城乡住户调查资料还是人民银行、保监会的资料均难以

找到分城乡的数据,因此只能通过一些间接的方法或利用一定的比例来推算。

(2) 与国际上的先进国家相比,我国的居民消费支出分类较粗。很多发达国家居民消费支出的分类已经超过100多类,而我国目前仅能分为12类,难以满足经济分析和国际比较的需要。

(3) 由于没有可用的市场房租数据,居民自有住房服务虚拟消费支出的计算结果存在低估成分,因而其计算方法需要进一步改进。由于我国现行的住户调查资料中缺乏全面、可靠的市场房租数据,因而目前在计算居民自有住房服务虚拟消费时,只能从居民自有住房成本角度计算,居民自有住房成本由自有住房虚拟折旧、自有住房修理维护费和自有住房管理费构成,与市场房租相比,缺少营业盈余和生产税,存在低估成分。

(4) 住户调查资料存在样本数据偏低的系统性误差,从而影响居民消费支出核算数据的质量。经济普查前,居民消费支出核算的基础资料一直以社会消费品零售总额为主结合住户调查资料,即:根据社会消费品零售总额计算居民商品性消费支出(这部分支出占全部居民消费的60%以上),并根据住户调查资料计算居民服务性消费支出。经济普查后,改为主要利用住户调查资料来计算居民消费支出。两种资料来源相比,社会消费品零售总额的调查结果相对充分,但数据偏大、分类较粗,且需要扣除的对社会集团的销售额资料难以取得;住户调查资料分类较为详细,但调查结果数据偏低。因此,为了提高居民消费支出核算数据质量,还应进一步研究计算居民消费支出的资料来源。

2. 政府消费支出

目前,现价政府消费支出是利用财政部门的行政事业单位决算资料来计算。但是,这套资料的统计调查对象是全部有预算拨款的行政、事业单位和企业,并非全部口径的政府部门,缺少部分民间非营利组织以及国防费中的经常性支出等资料。因此,需要对上述资料进行必要的补充。此外,与国际标准相比,我国的政府消费支出还存在如下问题:一是包括了为住户服务的非营利机构的消费支出;二是目前还无法完全将政府消费支出中用于居民个人的支出从用于公共服务的支出中区分出来。

3. 固定资本形成总额

受投资统计方式的影响,一方面,我国现行固定资产投资统计仍有较大缺口,50万元以下固定资产投资、土地等非生产非金融资产的所有权转移费、计算机软件价值等均没有统计;另一方面,固定资产投资统计没有按照国际标准的资产类别,而是按照建筑工程、安装工程、设备工器具购置和其他费用进行分类,同时也缺乏全口径的土地购置费资料。固定资本形成总额核算所依据的投资统计范围不全,又难以将固定资产投资统计中不能形成固定资产的投资全部剔除,从而影响固定资本形成总额核算的数据质量。

4. 存货增加

现价存货增加核算所依据的基础资料存在缺口较大、数据质量不高等问题。一是目前在计算存货增加时,仅分为农林牧渔业、工业、建筑业、交通运输仓储和邮政业、批发和零售业、住宿和餐饮业6个行业,而且工业、建筑业、批发和零售业、住宿和餐饮业仅有规模以上(资质等级以上、限额以上)企业有存货数据,交通运输仓储和邮政业仅有国有企业有存货数据。二是存货数据质量不高,统计范围经常变动,导致各年存货增加的变化很大,难以有效反映实际情况。因此,应学习国外经验,采用商品流量法来计算存货增加。

(二) 不变价支出法 GDP 核算问题

1. 居民消费支出

在我国现行的不变价居民消费支出核算中,一部分构成项没有与之相对应的价格指数,而另一部分构成项与价格指数分类不完全匹配,从而给不变价居民消费支出核算带来较大的难度和误差。主要表现在以下几个方面:

(1) 计算不变价自有住房服务虚拟消费支出的价格指数与现价核算不匹配。按照1993年SNA的要求,计算不变价居民自有住房服务虚拟消费支出应采用市场房租价格指数进行缩减。但是,目前我国的现价居民自有住房服务虚拟消费支出并不是利用市场房租计算的,因此,用固定资产投资价格指数对现价数据进行缩减,计算结果不能令人满意。

(2) 缺乏金融服务价格指数。城乡居民消费的金融服务包括间接计算的银行中介服务、直接付费的银行服务和保险服务等几部分。按照国际上通行的方法,不同的服务项目应采用不同的价格指数。但是,在我国现行的价格调查体系中还没有建立起金融服务价格指数,并且缺乏与金融服务价格相关的资料。因此,在我国现行的核算方法中,用居民消费价格指数和固定资产投资价格指数的加权平均数来代替。由此产生的问题,一是用居民消费价格指数和固定资产投资价格指数的加权平均数来代替金融服务价格指数,必然会带来一定的误差;二是各金融服务消费支出项目采用同样的价格指数缩减,计算结果不能完全反映各分类项目的不变价数据的特性,也不符合按分类项目进行缩减的原则;三是城乡居民采用同样的价格指数缩减,无法准确反映按城乡分类的居民实际金融服务消费情况。因此,需要参照国际上通行的方法,对我国现有的价格调查制度和不变价核算方法加以改进。

(3) 住户调查中的食品类消费支出与价格调查中的食品类价格指数不匹配。在住户调查的居民消费支出中烟酒类包括在食品类中,而在价格调查中烟酒类则不包括在食品类中,为使价格指数和居民消费支出项目分类相一致,在不变价支出法 GDP 核算时,需要构造一个综合食品类价格指数。这种做法既给不变价居民消费支出核算带来不便,又容易造成计算误差。因此,统一住户调查和价格调查的分类,对于不变价支出法 GDP 核算是十分必要的。

2. 政府消费支出

经济普查前的不变价政府消费支出计算方法,实质上是利用居民消费价格指数、商品零售价格指数、居民消费服务项目价格指数和固定资产投资价格指数,分别对现价政府消费中的工资性支出、货物性支出、服务性支出和固定资产折旧进行缩减,得到不变价政府消费。经济普查后的不变价政府消费支出分为两部分,固定资产折旧和政府消费支出扣除固定资产折旧后的差额,分别利用固定资产投资价格指数和居民消费价格指数,采用缩减法计算。这两种方法均存在价格指数与政府消费支出项目不相匹配的问题:一是将居民消费价格指数作为政府工资性支出的价格指数是不合适的,它不能真正反映政府部门名义工资价格水平的变动情况,实际上,政府名义工资价格水平的变动可能在一定时期内大大高于居民消费价格指数;二是用零售价格指数和居民消费服务项目价格指数来缩减政府的货物性支出和服务性支出也是不确切的,因为政府购买的货物和服务主要是通过政府采购途径获得,政府采购的货物和服务的价格往往与一般的市场价格是有差别的,且波动较大;三是利用固定资产投资价格指数也存在同样的问题,固定资产投资价格指数是以全社会不同种类的投资品做权重计算出来的,反映的是全社会各行业的平均水平,而政府部门的固定资产折旧仅是政府部门本身的,与社会平均水平有差异;四是利用居民消费价格指数缩减固定资产折旧以外的政府消费支出,更是缺乏基础资料时不得已的选择,存在较大的误差。由于没有与政府消费支出项目相匹配的价格指数,这样总体上就会低估或高估政府消费缩减指数,从而影响不变价政府消费支出核算的精确性。

3. 固定资本形成总额

不变价固定资本形成总额核算,同样缺乏与现价核算相匹配的价格指数。我国现行的不变价固定资本形成总额的核算方法是按资料来源分别进行价格缩减,即:全社会固定资产投资,50万元以下零星固定资产投资,新产品试制增加的固定资产,商品房销售增值,无形固定资产增加,未经过正式立项的土地改良支出,以及扣减项购置旧建筑物、旧设备的价值和土地征用、购置及迁移补偿费等。其中,新产品试制增加的固定资产,商品房销售增值,无形固定资产增加中的矿藏勘探费,以及购置旧建筑物、旧设备的价值等项目,都没有相对应的、较为适合的价格指数,只能选择一些替代性的价格指数。这种价格缩减方法会给计算结果带来误差。

4. 存货增加

不变价存货增加核算的问题是,难以找到与分行业的现价存货增加相匹配的价格指数。现行的不变价存货增加的计算方法,主要是利用农产品生产价格指数、工业品出厂价格指数、工业品出厂价格指数中的生产资料价格指数、商品零售价格指数,分别对各行业的现价存货增加进行缩减,得到不变价存货增加。但是,除农户存货增加和工业存货增加使用了相关的价格指数外,其他行业的存货增加都选择了替代性的价格指数,这些替代性价格指数与分行业的存货增加是不完全匹配的,不能够准确反映存货的价格变动,利用这样的价格指数计算出的结果,与实际情况会存在误差。

5. 不变价货物和服务净出口

不变价货物和服务净出口核算存在以下几个方面的问题:一是缺少服务进出口价格指数。目前,我国还没有编制服务进出口价格指数,难以准确地反映服务贸易的价格变动。二是不变价净出口核算只区分了货物和服务,没有进行更为详细的分类。三是在计算不变价出口和进口时,没有考虑汇率的影响。

第五节 改进不变价支出法国内生产总值核算的设想

为了从根本上解决不变价支出法 GDP 核算中存在的问题,从长期来看,必须在完善现价支出法GDP核算的基础上,建立与支出法GDP核算相配套的价格统计体系,健全相应的价格统计调查制度,为此需要经过一个长期的过程。从近期着手,就要在借鉴国际经验的基础上,充分考虑我国现实情况,从选择价格指数和改进核算方法上下工夫,以期弥补基础资料的不足,不断提高不变价支出法GDP核算的数据质量。

一、不变价支出法GDP各构成项目核算方法的改进思路

（一）居民消费支出

（1）按照联合国SNA推荐的方法,间接计算的金融中介服务(FISIM)产出核算应采用参考利率法。为了与最新修订的联合国SNA接轨,应根据新的FISIM产出的计算方法,改进对居民消费支出分摊的FISIM的计算方法,并要与生产法GDP核算的FISIM的分摊方法和结果相衔接。

（2）由于住户调查资料存在数据偏低的系统性误差,因此,应利用一些大宗商品(如汽车、移动电话和能源产品)的生产和销售资料,对居民消费支出的部分构成项目进行必要的调整。

（3）为了与生产法GDP核算保持一致,自有住房存量价值应按单位面积造价计算改为按市场价格计算。

（二）政府消费支出

（1）补充未包括在财政部"行政事业单位决算资料"中的部分行政事业单位、民间非营利组织的数据。

（2）在政府消费支出中加上国防经费中除投资以外的支出,减去财政部行政事业单位决算中的国防经常性支出。

（3）根据财政部最新修订的"政府收支分类科目"中的"支出经济分类科目"制定政府消费支出的核算方法。

（4）研究改进不变价政府消费支出的计算方法,利用工资率指数等代替居民消费价格指数作为缩减指数,或以职工人数作为物量指标采用物量外推法计算。

（三）固定资本形成总额

1. 调整和细化分类

根据国际标准和现有的资料来源,将固定资本形成总额按资产类别分为7

个子项目,即:住宅、非住宅建筑物、机器和设备、土地改良支出、矿藏勘探费、计算机软件、其他。

2. 取消新产品试制费项目

由于目前财政收支决算资料已不再分列新产品试制费,并且这一数据在固定资本形成总额中比重很小,因此取消新产品试制费核算项目。

3. 增加国防费的投资额

在固定资本形成总额中加上国防费中用于武器装备和兵营建设的投资额,同时减去固定资产投资额中重复计算的数据。

4. 改进资料来源

(1) 土地征用、购置及迁移补偿费:将原来采用投资统计年报中土地购置费数据改为采用国土资源部资料。国土资源部已从2002年起对外公布了年度"土地出让成交价款"和"土地划拨收入"等土地征用、购置及迁移补偿费的统计数据。

(2) 地质勘探费:将原来采用财政部的资料改为采用国土资源部的资料。国土资源部资料中的全国地质勘探经费数据,包括了中央财政、地方财政地质勘查拨款,企事业单位、港澳台商、外商投入的地质勘查工作的资金以及其他资金;而财政部的财政收支决算资料只包括预算内行政事业单位的地质勘探费支出,统计口径和范围不全,存在较大缺口。

(3) 土地改良支出:以往由于缺乏资料,土地改良支出含在投资项目中,未对此项内容进行单独核算。应根据国土资源部的资料,取得由国家、省、市、县级国土资源行政主管部门审查安排的各种土地整理复垦开发项目投资额,由此得到年度土地改良支出的核算数据,使之从固定资产投资总额中单列出来。

(四) 存货增加

(1) 增加服务业行业的分类。新增加房地产业,铁路运输业,信息传输、计算机和软件服务业,租赁和商务服务业,科学研究、技术服务和地质勘查业,水利、环境和公共设施管理业,居民服务和其他服务业,教育,卫生、社会保障和社会福利业,文化、体育和娱乐业等存货增加核算内容。

(2) 简化部分行业存货增加核算方法。由于第二次经济普查对全部第二、三产业的年初存货和年末存货都进行了普查,因此可以利用经济普查资料推算非经济普查年度的规模以下(资质等级以下、限额以下)工业、建筑业、批发和零售业、住宿和餐饮业以及其他服务业中非国有企业的存货增加数据。

(3) 为新增行业的不变价存货增加核算选择较为适当的价格指数。

(五) 货物与服务净出口

在计算不变价的货物与服务净出口时,细化出口和进口的分类,并剔除美元汇率对价格的影响。

二、改进后的不变价支出法国内生产总值核算方法

(一) 居民消费支出

1. 现价核算

居民消费支出按照城镇居民和农村居民消费支出的主要类别分别计算,居民消费支出等于城镇居民消费支出与农村居民消费支出之和。主要利用城乡住户调查资料来计算,并利用一些大宗商品的生产和销售资料对其进行必要的调整。

(1) 食品类。利用城乡住户调查资料中的人均食品消费支出,分别乘以城乡居民年平均人数得到城镇居民和农村居民食品类消费支出。

(2) 衣着类。利用城乡住户调查资料中的人均衣着消费支出,分别乘以城乡居民年平均人数得到城镇居民和农村居民衣着类消费支出。

(3) 居住类。利用城乡住户调查资料中的人均居住消费支出,分别乘以城乡居民年平均人数得到城镇居民和农村居民居住类消费支出。

(4) 家庭设备、用品及服务类。用城乡住户调查资料中的人均家庭设备、用品及服务消费支出,分别乘以城乡居民年平均人数得到城镇居民和农村居民家庭设备、用品及服务类消费支出。

(5) 医疗保健类。对于城镇居民,既包括在药品和诊治方面自己花费的支出,又包括由财政部门和社保基金为居民支付的药费及诊治费。城镇居民自己用于医疗保健的费用支出,利用城市住户抽样调查资料计算,计算公式为:

城镇居民医疗保健类支出 = 城镇居民人均医疗保健支出 × 城镇居民年平均人数

财政部门和社保基金支付的公共医疗费(包括离退休职工),利用财政部当期发生的对个人和家庭的公费医疗支出和社保基金支付的医疗保险费用支出等资料计算。

对于农村居民,只包括在药品和诊治方面自己花费的支出。利用农村住户抽样调查计算,计算公式为:

农村居民医疗保健类消费支出 = 农村居民人均医疗保健消费支出 × 农村居民年平均人数

(6) 交通和通信类。利用城乡住户调查资料中的人均交通和通信消费支出,分别乘以城乡居民年平均人数得到城镇居民和农村居民交通和通信类消费支出,并且利用一些大宗商品(如轿车、移动电话)的生产和销售资料对其进行必要的调整。

(7) 文教、娱乐用品及服务类。利用城乡住户调查资料中的人均文教、娱乐用品及服务消费支出,分别乘以城乡居民年平均人数得到城镇居民和农村居民文教、娱乐用品及服务类消费支出。

(8) 银行中介服务。包括城镇居民和农村居民消费的间接计算的银行中介服务和直接付费的银行服务。利用 GDP 生产核算和中国人民银行的相关资料计算,且城镇居民与农村居民的计算方法有所不同。计算公式为:

城镇居民消费的间接计算的银行中介服务支出 = (贷款平均利率 − 参考利率) × (住房公积金贷款年平均余额 + 城镇居民消费贷款年平均余额) + (参考利率 − 存款平均利率) × 城镇居民储蓄存款年平均余额

农村居民消费的间接计算的银行中介服务支出 = (贷款平均利率 − 参考利率) × 农村居民消费贷款年平均余额 + (参考利率 − 存款平均利率) × 农村居民储蓄存款年平均余额

城镇居民直接付费的银行服务支出 = 居民直接付费的银行服务支出 × 城镇居民储蓄存款占储蓄存款的比重

居民直接付费的银行服务支出 = 银行直接收费的服务产出 × 居民存贷款余额占银行存贷款余额的比重

银行直接收费的服务产出 = 直接收费的银行服务收入 = 手续费及佣金收入 + 其他业务收入

农村居民直接付费的银行服务支出 = 居民直接付费的银行服务支出 − 城镇居民直接付费的银行服务支出

(9) 保险服务。城镇居民和农村居民保险服务消费支出按一定的比例分摊全部居民保险服务消费支出。全部居民保险服务消费支出利用 GDP 生产核

算、保监会和交通部的相关资料计算。计算公式为:

全部居民保险服务消费支出 = 保险业总产出 × [寿险赔款及给付 + 家财险赔款及给付 + 机动车辆险赔款及给付 × (私人小型和微型载客汽车拥有量 ÷ 民用汽车拥有总量)] ÷ 赔款及给付合计

(10) 自有住房服务。主要利用城乡住户调查资料计算。由于调查指标和城乡居民住房的自有率不同,城镇居民与农村居民的计算方法有所不同。计算公式为:

城镇居民自有住房服务虚拟消费支出 = [(城镇居民人均住房建筑面积 × 城镇住宅单位面积市场价) × 城镇居民年平均人数] × 城镇居民自有住房率 × 折旧率

农村居民自有住房服务虚拟消费支出 = (农村居民人均住房面积 × 农村居民年平均人数) × 农村居民住房单位面积价值 × 折旧率

(11) 实物收入消费。利用城市住户调查资料中的城镇居民人均非现金收入总计数,乘以城镇居民年平均人数得到城镇居民实物收入消费支出。

(12) 其他商品和服务类。利用城市住户调查资料中的人均杂项商品和服务支出和农村住户调查资料中的人均其他商品和服务消费支出,分别乘以城乡居民年平均人数得到城镇居民和农村居民其他商品和服务类消费支出。

2. 不变价核算

不变价居民消费支出按城镇居民和农村居民分别计算,并且按消费支出的不同类别,分别利用相应的价格指数采用缩减法计算。不变价城镇居民和农村居民消费支出与现价核算的分类相同。

(1) 食品类

不变价城镇居民和农村居民食品类消费支出的计算方法是:首先,分别以城乡住户调查中的相关资料为权重,对居民消费价格指数中的城市和农村食品类和烟酒类价格指数加权平均后,得到城市和农村综合食品类价格指数,计算公式为:

城市和农村综合食品类价格指数 = 城市和农村烟酒类价格指数 × (城镇居民和农村居民人均烟、酒类消费支出 ÷ 城镇居民和农村居民人均食品消费支出) + 城市和农村食品类价格指数 × [(城镇居民和农村居民人均食品消费支出 − 城镇居民和农村居民人均烟、酒类消费支出) ÷ 城镇居民和农村居民人均

食品消费支出]

然后,分别利用城市和农村综合食品类指数对现价城镇居民和农村居民食品类消费支出采用缩减法计算。

(2) 衣着类、家庭设备用品及服务类、医疗保健类、交通和通信类、教育文化娱乐服务类、居住类

这类不变价居民消费支出的计算方法基本一致,即直接利用居民消费价格指数中的相应分类价格指数,缩减各类别的现价数据得出不变价数据,并且按照城镇居民和农村居民分别计算。城镇居民和农村居民衣着类、家庭设备用品及服务类、医疗保健类、交通和通信类、教育文化娱乐服务类、居住类消费支出,所利用的价格指数分别为居民消费价格指数中的城市和农村衣着类、家庭设备用品及服务类、医疗保健类、交通和通信类、娱乐教育文化类、居住类价格指数。

(3) 银行中介服务和保险服务

不变价城镇居民和农村居民银行中介服务消费支出和保险服务消费支出,均利用居民消费价格指数和固定资产投资价格指数的加权平均数,缩减现价城镇居民和农村居民银行中介服务消费支出和保险服务消费支出得到,权数为最终消费支出和固定资本形成总额占两者之和的比重。

(4) 自有住房服务

不变价城镇居民和农村居民自有住房服务虚拟消费支出,分别利用固定资产投资价格指数采用缩减法计算得到。

(5) 实物收入消费

不变价城镇居民实物收入消费支出,利用城市居民消费价格指数缩减现价城镇居民实物收入消费支出得到。

(6) 其他商品和服务

不变价城镇居民和农村居民其他商品和服务消费支出,分别利用居民消费价格指数中的城市和农村个人用品及服务价格指数,缩减现价城镇居民和农村居民其他商品和服务消费支出得到。

(二) 政府消费支出

1. 现价核算

现价政府消费支出主要利用财政部门的行政事业单位决算等资料来计算。计算公式为:

政府消费支出＝经常性业务支出－政府部门市场性收入＋固定资产折旧

经常性业务支出＝(工资福利支出＋商品和服务支出＋对个人和家庭的补助－抚恤费－生活补助－救济费－助学金－公费医疗－生产补贴－其他)×行政、事业、民间非营利组织的资产总额占全国预算单位资产总额的比重＋国防费经常性支出

政府部门的市场性收入＝全国预算单位经营收入

固定资产折旧＝行政单位固定资产折旧＋事业单位固定资产折旧＋民间非营利组织固定资产折旧

行政单位固定资产折旧＝[(行政单位年初固定资产原值＋行政单位年末固定资产原值)÷2]×折旧率

事业单位固定资产折旧＝事业单位年末固定资产累计折旧－事业单位年初固定资产累计折旧

民间非营利组织固定资产折旧＝民间非营利组织年末固定资产累计折旧－民间非营利组织年初固定资产累计折旧

国防费经常性支出＝国防费中的人员生活费＋其他消费性支出

2. 不变价核算

不变价政府消费支出按经常性业务支出、政府部门市场性收入、固定资产折旧三部分分别计算。利用工资率指数等代替居民消费价格指数,对经常性业务支出和政府部门市场性收入部分进行缩减,或以职工人数作为物量指标采用物量外推法计算;固定资产折旧利用固定资产投资价格指数进行缩减。

(三)固定资本形成总额

1. 现价核算

固定资本形成总额核算改为按资产类别分类,包括:住宅、非住宅建筑物、机器和设备、土地改良支出、矿藏勘探费、计算机软件、其他7个部分。利用固定资产投资统计以及国土资源部、工业和信息化部资料计算。

(1)住宅:指用于专供居住的房屋,如别墅、公寓、职工宿舍等。计算公式为:

住宅＝住宅投资额＋住宅销售增值－土地购置费

住宅投资额:指用于专供居住的房屋,如别墅、公寓、职工宿舍等投资额。

住宅销售增值:指在核算期内竣工住宅实际销售的价值与住宅建造成本价

值之间的差额,住宅建造成本包括竣工住宅价值、住宅土地开发投资额和土地购置费,计算公式为:

住宅销售增值 = 竣工住宅实际销售额 − 竣工住宅价值 − 住宅土地开发投资额 − 土地购置费

竣工住宅实际销售额 = (住宅实际销售额 ÷ 住宅销售面积) × 住宅竣工面积

土地购置费:指用于住宅的土地征用、购置及迁移补偿费,这一费用包括在固定资产投资完成额中,但不形成固定资本形成总额,故在计算固定资本形成总额时,应从固定资产投资完成额中扣除。

(2) 非住宅建筑物:指不属于住宅的建筑物,如办公楼、商业营业用房、企业厂房库房、公共基础设施等,计算公式为:

非住宅建筑物 = 全社会固定资产投资额中的建筑安装工程 − 住宅投资额 − 购置旧建筑物的价值 − 土地购置费 + 非住宅房屋销售增值

购置旧建筑物的价值:这一费用同购置旧设备的价值,都不增加固定资本形成总额,应从固定资产投资总额扣除。

非住宅房屋销售增值 = 商品房销售增值 − 住宅销售增值

商品房销售增值是指在核算期内商品房销售价值与商品房建造成本价值之间的差额,商品房建造成本包括竣工房屋价值、土地开发投资额和土地购置费。计算公式为:

商品房销售增值 = (商品房实际销售额 ÷ 商品房实际销售面积) × 竣工房屋面积 − 竣工房屋价值 − 土地开发投资额 − 土地购置费

(3) 机器和设备:指用于购置或自制、达到固定资产标准的设备、工具、机器的投资额,计算公式为:

机器和设备 = 全社会固定资产投资额中的设备工具器具购置投资额 + 50 万元以下零星固定资产投资 − 购置旧设备的价值

50 万元以下零星固定资产投资:由于这部分投资未包括在固定资产投资总额统计中,且大部分用于购置机器设备,因此计入机器和设备投资额中,按全部固定资产投资额的一定比例推算。

购置旧设备的价值:这一费用包括在固定资产投资总额统计中,但因常住单位之间买卖旧设备不增加固定资本形成总额,应从全社会固定资产投资总额中扣除。

(4) 土地改良支出:指为增加土地数量、改善土地质量或提高土地生产率,以达到符合农业用地和各种建设用地的要求。由国家、省、市、县级国土资源行政主管部门审查安排的各种土地整理复垦开发项目的投资额,被当做固定资本形成总额来处理。根据国土资源部年度土地改良支出数据计算。

(5) 矿藏勘探费:指全社会各部门、单位勘探地下矿产资源投入的资金,属于无形固定资产。根据国土资源部相关资料计算。

(6) 计算机软件:指企业从事开发、研制、销售软件产品所获得的收入,也属于无形固定资产。资料来源于工业和信息化部计算机软件销售数据。

(7) 其他:指除上述固定资本形成总额以外的内容,如大牲畜养殖培育支出、林木果园投资、城市绿化等及其他支出。计算公式为:

其他 = 全社会固定资产投资额中的其他费用 − 土地改良支出 − 固定资产投资额中地质勘探业的投资额 − 不形成固定资本的费用

2. 不变价核算

不变价固定资本形成总额按缩减法计算,利用各类价格指数对现价不同的固定资本形成总额构成项目分别进行缩减。

(1) 住宅,利用固定资产投资价格指数中建筑安装工程价格指数缩减,其中,住宅销售增值利用房屋销售价格指数缩减。

(2) 非住宅建筑物,利用固定资产投资价格指数中建筑安装工程价格指数缩减,其中,非住宅建筑物销售增值利用房屋销售价格指数缩减。

(3) 机器和设备,利用固定资产投资价格指数中设备工器具购置价格指数缩减。

(4) 土地改良支出,利用固定资产投资价格指数缩减。

(5) 矿藏勘探费,利用固定资产投资价格指数中的其他费用价格指数缩减。

(6) 计算机软件,利用居民消费价格指数中的服务项目价格指数缩减。

(7) 其他,利用固定资产投资价格指数中的其他费用价格指数缩减。

(四) 存货增加

1. 现价核算

现价存货增加分农林牧渔业,工业,建筑业,交通运输、仓储和邮政业,批发

和零售业,住宿和餐饮业,房地产业,其他服务业8个行业分别计算。各行业的具体计算方法为:

(1) 农林牧渔业

农林牧渔业存货增加分农林牧渔业企业存货增加和农户存货增加两部分计算。

农林牧渔业企业存货增加。农林牧渔业企业年末年初存货资料来源于财政部国有企业财务决算资料;调整年初存货价值采用的价格指数为农产品生产价格指数。

农户存货增加。包括农户饲养猪、羊、家禽形成的存货增加以及粮食储备形成的存货增加。计算公式分别为:

猪、羊、家禽存货增加 = (年末存栏数 − 年初存栏数) × 平均价格

粮食储备存货增加 = (年末粮食库存 − 年初粮食库存) × 粮食混合平均价格

(2) 工业

工业存货增加由规模以上工业企业和规模以下工业企业两部分构成。由于缺乏与当年年末同口径的年初存货数据,需要利用规模以上企业户数变动对上年年末存货进行修正,并且利用工业品出厂价格指数对上年年末的存货价值进行调整。计算公式为:

规模以上企业本年存货增加 = 本年年末存货 − 本年年初存货

本年年初存货 = [(本年由规模以下企业转成规模以上企业净增数 × 上年规模以上企业平均年末存货) + 上年规模以上企业年末存货] × 价格指数

本年由规模以下企业转成规模以上企业净增数 = 本年规模以上企业总数 − 上年规模以上企业总数 − 本年新投产规模以上企业数

上年规模以上企业平均年末存货 = 上年规模以上企业年末存货 ÷ 上年企业数

规模以下工业存货增加利用经济普查数据推算,并利用工业品出厂价格指数对年初存货价值进行调整。

(3) 建筑业

建筑业存货增加包括具有建筑业资质的总承包、专业承包和劳务分包建筑业企业存货增加和资质等级以外建筑业企业存货增加。总承包和专业承包建

筑业企业的存货增加,利用年末存货和年初存货的差额来计算,年初存货价值用工业生产资料出厂价格指数进行调整。全部建筑业存货增加,利用经济普查年总承包和专业承包建筑业企业存货增加占建筑业存货增加的比重推算。需要注意的是,对于未完工的住宅、非住宅建筑物、基础公共设施等固定资产建筑工程要予以扣除(因已计入固定资本形成总额,不应重复计算)。

(4) 交通运输、仓储和邮政业

交通运输、仓储和邮政业存货增加主要利用财政部或国资委国有企业财务决算资料计算。利用生产资料工业品出厂价格指数对交通运输业年初存货价值进行调整;利用商品零售价格指数对仓储业年初存货价值进行调整;利用工业品出厂价格指数对邮政业年初存货价值进行调整。

(5) 批发和零售业

批发和零售业企业存货增加由限额以上批发和零售业企业、限额以下批发和零售业企业两部分构成。限额以上批发和零售业企业存货增加利用年末存货和年初存货计算,并利用商品零售价格指数对年初存货价值进行调整。限额以下批发和零售业企业存货增加利用经济普查资料推算。

(6) 住宿和餐饮业

住宿和餐饮业企业存货增加由限额以上住宿和餐饮业企业、限额以下住宿和餐饮业企业两部分构成。限额以上住宿和餐饮业企业存货增加利用年末存货和年初存货计算,并利用商品零售价格指数对年初存货价值进行调整。限额以下住宿和餐饮业企业存货增加利用经济普查资料推算。

(7) 房地产业

在房地产业企业的会计资料中,存货包括未出售的房屋、土地储备、建筑材料等。目前,我国在计算支出法GDP中的存货增加时,需要扣除未出售的房屋(因已计入固定资本形成总额,不应重复计算),还要扣除土地储备(因不属于生产资产)。利用房地产开发企业存货资料计算,并利用建材类价格指数对房地产业年初存货进行调整。

(8) 其他服务业

其他服务业主要是指信息传输、计算机和软件服务业,租赁和商务服务业,科学研究、技术服务和地质勘查业,水利、环境和公共设施管理业,居民服务和其他服务业,教育,卫生、社会保障和社会福利业,文化、体育和娱乐业。这些服务业企业的存货增加利用财政部、国资委和经济普查相关资料推算。利用通信服务价格指数对信息传输、计算机和软件服务业年初存货价值进行调整;利用商品零售价格指数对租赁和商务服务业,科学研究、技术服务和地质勘查业,水利、环境和公共设施管理业,居民服务和其他服务业年初存货价值进行调整;利用娱乐教育文化用品及服务价格指数对教育、文化、体育和娱乐业年初存货价值进行调整;利用居民医疗保健及个人用品价格指数对卫生、社会保障和社会福利业年初存货价值进行调整。

2. 不变价核算

计算不变价存货增加采用两种方法,一是价格指数缩减法,二是利用基年价格乘以核算期数量增量直接计算。

农林牧渔业中的猪、羊、家禽和粮食的不变价存货增加,采用第二种方法,即利用基年的价格乘以核算期存货增加的数量计算。

其余部分不变价存货增加都采用第一种方法计算。计算公式分别为:

农林牧渔业企业存货增加 = 现价农林牧渔业企业存货增加÷农产品生产价格指数

工业存货增加 = 现价工业存货增加÷工业品出厂价格指数

建筑业存货增加 = 现价建筑业存货增加÷工业品出厂价格指数

交通运输业、仓储业存货增加 = 现价交通运输业、仓储业存货增加÷工业品出厂价格指数中的生产资料价格指数

邮政业存货增加 = 现价邮政业存货增加÷工业品出厂价格指数

批发和零售业存货增加 = 现价批发和零售业存货增加÷商品零售价格指数

住宿和餐饮业存货增加 = 现价住宿和餐饮业存货增加÷商品零售价格指数

房地产业存货增加 = 现价房地产业存货增加÷固定资产投资价格指数

信息传输、计算机和软件服务业存货增加 = 现价信息传输、计算机和软件服务业存货增加÷交通、通信用品价格指数

租赁和商务服务业,科学研究、技术服务和地质勘查业,水利、环境和公共设施管理业,居民服务和其他服务业存货增加 = 这些行业的现价存货增加÷商品零售价格指数

教育、文化、体育和娱乐业存货增加＝现价教育、文化、体育和娱乐业存货增加÷娱乐教育文化用品及服务价格指数

卫生、社会保障和社会福利业存货增加＝现价卫生、社会保障和社会福利业存货增加÷居民医疗保健及个人用品价格指数

(五) 货物和服务净出口

1. 现价核算

货物和服务净出口等于货物和服务出口减去货物和服务进口的差额。货物进出口，可分为一般贸易进出口，加工贸易进出口，其他贸易进出口；服务进出口，可分为运输服务、旅游服务、通信服务、保险服务、计算机和信息服务及其他服务进出口。货物出口和进口价值都按离岸价格计算，服务出口和进口价值按交易发生时的市场价格计算。

计算中，货物和服务出口总额和进口总额直接取自国际收支平衡表。货物进出口中的一般贸易进出口，加工贸易进出口，其他贸易进出口数据取自海关统计的进出口贸易总额，但由于海关统计的进口数据是按到岸价格计算，因此需利用调整系数将其调整为按离岸价格计算的数据。服务进出口中的运输服务、旅游服务、通信服务、保险服务、计算机和信息服务及其他服务进出口直接取自国际收支平衡表。此外，还需将按美元计算的数据用当年平均汇率折算成按人民币计算的数据。

2. 不变价核算

不变价货物和服务的净出口等于按不变价计算的货物和服务出口减去按不变价计算的货物和服务进口后的差额。不变价出口和进口分别利用相应的价格指数按缩减法计算。在计算不变价的货物和服务净出口时应剔除美元汇率变动的影响，即应采用基年的汇率将美元兑换为人民币。计算公式为：

不变价货物和服务的净出口＝不变价货物出口＋不变价服务出口－不变价货物进口－不变价服务进口

不变价货物出口＝现价货物出口(美元)÷货物出口价格指数×基年人民币兑美元的年平均汇率

不变价货物进口＝现价货物进口(美元)÷货物进口价格指数×基年人民币兑美元的年平均汇率

不变价服务出口＝现价服务出口(美元)÷服务出口价格指数×基年人民

币兑美元的年平均汇率

不变价服务进口＝现价服务进口（美元）÷服务进口价格指数×基年人民币兑美元的年平均汇率

货物出口价格指数和货物进口价格指数主要采用海关总署编制的出口商品价格指数和进口商品价格指数，其中，进口商品价格指数还要根据主要进口国（或地区）的居民消费价格指数做适当调整。

由于我国没有编制进出口服务价格指数，在计算不变价服务出口时，不变价服务出口价格指数参照我国居民消费价格指数中的服务项目价格指数确定；进口服务价格指数参考美国、日本、韩国、中国香港特别行政区、欧盟的服务出口价格指数确定。

第六节 实证案例分析

针对不变价支出法 GDP 核算中存在的主要问题，本节根据研究过程中遇到的一些实际情况开展案例分析，以期改进核算方法、提高数据质量。[①]

一、现价居民消费支出核算所需的基础资料研究

从国际上通行的做法来看，不同国家的居民消费支出核算采用的资料来源和计算方法不同，一些国家利用住户调查资料，另一些国家利用企业调查资料，还有的国家采用住户调查资料与企业调查资料相结合的方式。因此，采用何种资料计算居民消费是根据具体情况确定的。目前，我国的居民消费支出主要利用住户调查资料计算，但是，长期以来，应采用住户调查资料还是企业调查资料的争论从未停止过。为了说明这一问题，现对两套资料从指标概念到数据序列进行对比分析。

（一）指标的内涵和区别

在住户调查资料中，用于计算居民消费支出的核心指标是人均消费支出。它是指每一个城乡居民平均用于日常生活的全部支出，包括食品，衣着，居住，家庭设备、用品及服务，医疗保健，交通与通信，文化教育娱乐用品及服务，其他

---

① 本节中的数据均为试验性数据，并非核算的实际结果。

商品和服务等八大类消费支出。其中,城镇居民人均消费支出来源于城市住户调查资料,农村居民人均消费支出来源于农村住户调查资料。

在企业调查资料中,用于计算居民消费支出的核心指标是社会消费品零售总额。社会消费品零售总额是指企业(单位、个体户)通过交易直接售给个人(包括城乡居民和非常住人员)、社会团体非生产和非经营用的实物商品金额,以及提供餐饮服务所取得的收入金额。其中,售予城乡居民的部分即为居民消费品零售额。

从上述概念可以看出:城乡居民人均消费支出既包括商品性消费,也包括服务性消费;而社会消费品零售总额仅包括以货币形式购买的商品性消费支出,不包括服务性消费以及以其他形式获得的货物的消费,但包括了售予社会集团和在我国境内的非常住居民的消费品,因此,在计算居民消费支出时,需要进行调整。

(二) 数据序列分析

为了更好地对两套基础资料进行对比分析,将1980—2004年城镇居民和农村居民人均消费支出,以及城镇和农村人均消费品零售额列示如表5.3所示:

表5.3 城乡居民人均消费支出与人均消费品零售额比较

(单位:元)

年份	城镇居民 人均消费支出	城镇人均 消费品零售额	农村居民 人均消费支出	农村人均 消费品零售额
1980	412.44	389.85	162.21	177.34
1981	456.84	429.04	190.81	188.97
1982	471.00	442.01	220.23	206.09
1983	505.92	483.29	248.29	222.75
1984	559.44	582.71	273.80	251.77
1985	673.20	763.37	317.42	301.74
1986	798.96	784.30	356.95	362.20
1987	884.40	898.22	398.29	416.91
1988	1 103.98	1 157.65	476.66	509.69
1989	1 210.95	1 260.05	535.37	535.81
1990	1 278.89	1 301.95	584.63	527.37
1991	1 453.81	1 475.55	619.79	579.03
1992	1 671.73	1 726.25	659.21	651.28
1993	2 110.81	2 184.64	769.65	837.42

(续表)

年份	城镇居民 人均消费支出	城镇人均 消费品零售额	农村居民 人均消费支出	农村人均 消费品零售额
1994	2 851.34	2 788.10	1 016.81	1 079.97
1995	3 537.57	3 743.54	1 310.36	1 239.24
1996	3 919.47	4 470.10	1 572.08	1 422.07
1997	4 185.64	4 820.53	1 617.15	1 506.94
1998	4 331.61	5 007.37	1 590.33	1 563.86
1999	4 615.91	5 202.17	1 577.42	1 627.95
2000	4 998.00	5 477.77	1 670.13	1 786.71
2001	5 309.01	5 827.20	1 741.09	1 954.65
2002	6 029.88	6 385.38	1 834.31	2 124.08
2003	6 510.94	6 747.05	1 943.30	2 309.34
2004	7 182.10	7 443.48	2 184.65	2 596.46

注:1. 表中数据按当年价格计算。
    2. 城镇人均消费品零售额＝市消费品零售额÷城镇居民年平均人数
       农村人均消费品零售额＝县及县以下消费品零售额÷农村居民年平均人数

通过表 5.3 资料计算的相关系数可以印证,我国城乡居民的人均消费支出与人均消费品零售额两组时间序列均呈现高度相关关系。其中,城镇居民人均消费支出与城镇人均消费品零售额的相关系数为 0.998,农村居民人均消费支出与农村人均消费品零售额的相关系数为 0.988。这说明在计算居民消费时,可以将这两套资料协调使用,可以用它进行回归分析、开展统计预测等,当其中一套资料因时效性或可靠性而不宜使用时,可以用另一套资料作为测算依据。

但是,从这些人均指标的增长速度来看(见表 5.4),不同资料来源计算的结果差异较大。在城镇和农村两组时间序列中存在较大差距,特别是农村居民人均消费支出与农村人均消费品零售额的差距更为明显。通过观察四个时间序列的变异系数可以看出,城镇居民人均消费支出增长速度的变异系数小于城镇人均消费品零售额增长速度的变异系数;农村居民人均消费支出增长速度的变异系数大于农村人均消费品零售额增长速度的变异系数。说明城镇居民人均消费支出序列比城镇人均消费品零售额序列更为平稳,农村人均消费品零售额序列比农村居民人均消费支出序列更为平稳。

表 5.4 城乡居民人均消费支出与人均消费品零售额增长率比较
（按当年价格计算）

（单位:%）

年份	城镇居民人均消费支出	城镇人均消费品零售额	农村居民人均消费支出	农村人均消费品零售额
1981	10.8	10.1	17.6	6.6
1982	3.1	3.0	15.4	9.1
1983	7.4	9.3	12.7	8.1
1984	10.6	20.6	10.3	13.0
1985	20.3	31.0	15.9	19.8
1986	18.7	2.7	12.5	20.0
1987	10.7	14.5	11.6	15.1
1988	24.8	28.9	19.7	22.3
1989	9.7	8.8	12.3	5.1
1990	5.6	3.3	9.2	-1.6
1991	13.7	13.3	6.0	9.8
1992	15.0	17.0	6.4	12.5
1993	26.3	26.6	16.8	28.6
1994	35.1	27.6	32.1	29.0
1995	24.1	34.3	28.9	14.7
1996	10.8	19.4	20.0	14.8
1997	6.8	7.8	2.9	6.0
1998	3.5	3.9	-1.7	3.8
1999	6.6	3.9	-0.8	4.1
2000	8.3	5.3	5.9	9.8
2001	6.2	6.4	4.2	9.4
2002	13.6	9.6	5.4	8.7
2003	8.0	5.7	5.9	8.7
2004	10.3	10.3	12.4	12.4
变异系数	0.63	0.73	0.71	0.63

注:表中数据按当年价格计算。

总之,对比历年城乡住户调查的人均居民消费支出与城乡人均消费品零售额,绝对额两者呈现高度相关,但增长速度有些年份的差异较大,但基本趋势还比较一致。因此,在选择用何种资料作为基础资料计算居民消费支出时,需要考虑当期的经济走势,并根据两套资料的不同特点加以利用。同时,应进一步完善企业调查制度方法,细化商品零售分类。在居民消费支出核算中,逐步实现企业调查资料与住户调查资料相结合,以提高数据质量。

二、不变价居民消费支出核算所需的价格指数研究

长期以来,我国的不变价居民消费支出核算,由于存在着基础资料不全、基础数据质量不高、分类过粗等问题,因而选择怎样的价格指数来计算一直存有争议。一种观点认为应主要采用居民消费价格指数的分类指数进行缩减,并辅之以固定资产投资价格指数等其他一些价格指数;另一种观点则认为,应以居民消费支出中的主要支出项为权重,利用商品零售价格指数、服务项目价格指数、固定资产投资价格指数和居民消费价格指数等总指数进行加权平均,构建一个居民消费支出缩减指数;还有的观点甚至认为可直接利用居民消费价格指数总指数进行缩减。下面,利用2002—2004年的具体数据,就不变价居民消费支出核算采用的计算方法进行比较研究(计算结果见表5.5)。

表 5.5　2002—2004 年居民消费价格指数及缩减指数比较

(上年 = 100)

指　　数	2002 年	2003 年	2004 年
居民消费支出缩减指数 1(方法 1)	99.25	101.23	104.01
居民消费支出缩减指数 2(方法 2)	99.30	101.32	104.20
居民消费支出缩减指数 3(方法 3)	99.42	100.61	102.98
居民消费支出价格指数(CPI)	99.20	101.20	103.88

方法 1:分别利用分城乡的分类居民消费价格指数及固定资产投资价格指数对分城乡的居民消费支出的各构成项目进行缩减,得到不变价居民消费支出,再根据现价和不变价居民消费支出计算出居民消费支出缩减指数。

方法 2:与方法 1 相近,但不是分城乡计算,而是利用全国平均的分类居民消费价格指数对城乡合计的居民消费支出各构成项目进行缩减,得到不变价居民消费支出,再根据现价和不变价居民消费支出计算出居民消费支出缩减指数。

方法 3:以实际商品性消费、实际服务性消费、自有住房消费和其他虚拟消费占居民消费的比重为权数,对商品零售价格指数、服务项目价格指数、固定资产投资价格指数和居民消费价格指数进行加权平均,得到居民消费支出缩减指数。

从实际计算结果可以看出,利用前两种方法得出的居民消费支出缩减指

数,两者之间差距并不明显,并且与居民消费价格指数总指数的差距也不大,但随着价格指数波幅的增大(离100%越远),差距逐渐增大。说明居民消费价格指数所采用的权重与居民消费支出各构成项目的权重有所不同,但差距并不大。用方法3计算出的居民消费支出缩减指数与前两者的差距以及与居民消费价格指数总指数的差距相对较大,并且随着价格指数波幅的增大,差距越来越大。

通过以上三种居民消费缩减指数的对比分析,可以看出,用各种总指数加权平均的方法(方法3)计算的缩减指数与前两种方法以及居民消费价格指数之间的误差要相对大一些,说明通过这种方法构建的缩减指数并不完全适用于不变价居民消费支出核算。但是,就这三年的数据而言,仍在可接受的范围之内。

综上所述,在我国现阶段,在现有的基础资料和数据质量条件下,采用何种缩减方法计算不变价居民消费的结果差别并不明显,因此,在实际核算中应根据不同的核算阶段(初步核算、初步核实、最终核实)以及资料的详细程度选择不同的缩减方法。

三、不变价固定资本形成总额核算方法研究

经济普查后的不变价固定资本形成总额仍采用价格指数缩减法计算,但是,从利用固定资产投资价格指数缩减现价固定资本形成总额一个指标,改为利用各类价格指数对现价固定资本形成总额的各个构成项目和扣减项目分别进行缩减。计算公式为:

不变价固定资本形成总额 =（全社会固定资产投资 + 50 万元以下零星固定资产投资 + 新产品试制增加的固定资产）÷ 固定资产投资价格指数 − 购置旧建筑物的价值 ÷ 建筑安装工程价格指数 − 购置旧设备的价值 ÷ 设备工器具购置价格指数 − 土地征用、购置及迁移补偿费 ÷ 土地交易价格指数 + 商品房销售增值 ÷ 商品房销售价格指数 + 矿藏勘探费 ÷ 居民消费价格指数 + 计算机软件价值 ÷ 服务项目价格指数

以 2004 年数据为例,利用经济普查前后两种方法计算不变价固定资本形成总额,计算结果见表 5.6。

表 5.6 2004 年不变价固定资本形成总额不同计算方法的结果比较

指标	现价（亿元）	不变价（亿元）	价格指数（2000年=100）	价格指数
固定资本形成总额（经济普查后）	65 117.74	60 455.99	107.71	固定资本形成缩减指数
1. 全社会固定资产投资	70 477.40	64 913.29	108.57	固定资产投资价格指数
2. 50 万元以下零星固定资产投资	231.00	212.76	108.57	固定资产投资价格指数
3. 新产品试制增加的固定资产	72.14	66.44	108.57	固定资产投资价格指数
4. 商品房销售增值形成的固定资产	1 726.75	1 433.32	120.47	商品房销售价格指数
5. 矿藏勘探费	40.22	38.30	105.02	居民消费价格指数
6. 计算机软件价值	811.98	713.00	113.88	服务项目价格指数
减:1. 购置旧设备	1 074.41	1 184.32	90.72	设备工器具购置价格指数
2. 购置旧建筑物	2 196.14	1 901.98	115.47	建筑安装工程价格指数
3. 土地征用、购置及迁移补偿费	4 971.20	3 834.84	129.63	土地交易价格指数
固定资本形成总额（经济普查前）	65 117.74	59 976.77	108.57	固定资产投资价格指数

从计算结果来看,用两种方法计算得出的不变价固定资本形成总额存在差距。从方法上来说,经济普查后的方法对不同类别的构成项目分别进行了缩减,区分了各自不同的价格变动因素,比经济普查前的方法更合理一些。

四、不变价货物和服务净出口采用的价格指数研究

海关总署货物进出口价格指数是分季度或分月度编制的,而我国现行的 GDP 是按年度和季度累计进行计算的,因此需要将分季(月)的价格指数转换成为当期累计的价格指数。但是,选用何种方法来计算累计的价格指数,其结果会存在差异。下面利用 2004 年和 2005 年实际资料来说明差异的情况。为了简单起见,仅以各季度进出口价格总指数的简单算术平均和加权算术平均来加以说明,其中,权重为各季度海关进、出口总额占全年的比重(计算结果见表5.7)。

表5.7　进出口价格指数的算术平均和加权平均对比

		价格指数(%)		进出口总额(千美元)	
		出口	进口	出口	进口
2004年	1季度	105.3	101.6	115 703 508	124 143 174
	2季度	104.8	109.8	142 373 561	140 753 676
	3季度	106.1	115.5	158 158 972	147 414 574
	4季度	107.5	108.7	177 132 592	149 111 563
	简单平均	105.9	108.9	—	—
	加权平均	106.1	109.2	—	—
2005年	1季度	107.6	110.1	155 892 042	139 311 430
	2季度	102.6	106.2	186 447 693	163 382 270
	3季度	102.5	99.1	204 078 843	175 390 289
	4季度	101.7	101.8	215 580 560	182 034 478
	简单平均	103.6	104.3	—	—
	加权平均	103.3	103.9	—	—

从上表可以看出,简单平均和加权平均两种方法计算的各季度进口和出口价格指数存在一定的差距。由于净出口是一个净值,是出口与进口的差额,因此任何进口或出口价格指数的微小变化都会对不变价净出口数据产生影响。上述计算结果仅仅是进口和出口价格总指数的加权平均与算术平均的差距,如果在进口和出口分类价格指数及其权重的基础上计算,差距可能会更大。因此,为了与GDP核算相适应,需要有关部门更为科学、系统地编制出与核算期一致的进出口价格指数。

第 六 章

中国主要价格指数的编制方法研究

不变价 GDP 核算的主要方法是缩减法,因此,价格指数是不变价 GDP 核算的重要基础。采用缩减法必须要有与国际通行规则一致的价格指数,因此,可以说,不变价 GDP 核算的结果如何,与价格指数的编制方法及其准确程度有着直接的关系。

根据编制对象的不同,价格指数可以分为生产者价格指数(PPI)[①],消费者价格指数(CPI),进出口价格指数(XMPI)[②]。PPI 主要用于反映生产领域的价格变动情况,用基本价格编制;CPI 主要用于反映消费领域的价格变动情况,用购买者价格编制;XMPI 主要用于反映进出口货物的价格变动情况,其中出口价格指数(XPI)按离岸价(FOB)编制,进口价格指数(MPI)按到岸价(CIF)编制。有一些价格指数如"工业生产者购进价格指数"、"零售价格指数"、"固定资产投资价格指数"、"建筑安装工程价格指数"等指数虽然从价格指数的角度讲使用的是购买者价格或生产者价格,但根据其针对的活动来看,反映的是生产过程中不同阶段和不同活动的价格变动情况,因此可以看做是生产者范畴的价格指数。从世界范围讲,主要国家都编制 PPI 和 CPI,但只有少数国家编制 XMPI,多数国家用进出口单位价值指数[③]替代 XMPI 来反映进出口产品的价格变动情况。

[①] 包括各种 PPI 范畴指数。
[②] 进出口价格指数(XMPI)是进口价格指数(MPI)和出口价格指数(XPI)的总称。
[③] 单位价值指数是通过价值量除以数量得到单位价值,然后对不同时期的单位价值进行比较而得到的指数。严格地讲,单位价值指数不是价格指数,因为它不仅反映了不同时期价格的变动,而且反映了物量结构的变动。本书暂不讨论单位价值指数,而仅限于对 PPI 和 CPI 进行讨论。

第一节 中国价格指数编制概述

一、背景介绍

到目前为止,中国编制的价格指数包括工业生产者出厂价格指数(PPI)、工业生产者购进价格指数、农业产品生产价格指数、固定资产投资价格指数、住宅销售价格指数、居民消费价格指数、零售价格指数、进出口价格指数等。其中,进出口价格指数由海关总署编制,其余价格指数由国家统计局编制。

1984年城市经济改革之前,中国的物价水平比较稳定,而且经济处于短缺状态,绝大多数商品由国家计划控制。此时,虽然国家统计局也编制价格指数,但价格指数的作用是有限的,主要用于描述计划实现情况。随着城市经济改革的推进和重要生产资料价格双轨制的实施,物价波动明显显现,随之而来的是对市场物价进行有效监测的需求。与此同时,社会生产和人民生活在市场经济条件下越来越多地受到物价变动的影响,客观上也对中国价格指数的改进和完善提出了强烈的要求。在这种情况下,国家统计局对物价统计进行了一系列的改进,包括扩大各种价格统计的选点和采价范围并完善相应的指数编制方法;将居民消费价格指数与商品零售价格指数分离开来,单独对其进行编制;制定一系列的价格统计改革计划;等等。其中,改革步伐最大的是居民消费价格指数的编制方法。从2000年开始,居民消费价格指数的编制方法已经基本上与目前世界主要国家的指数编制做法接轨,即首先编制月度环比指数,然后生成各种相关指数。对于生产范畴的价格指数而言,国家统计局做了重大改进,于2011年开始编制定基指数。

国家统计局编制的价格指数的计算公式主要采用拉氏链式公式,没有采用费雪公式。在各种价格指数的编制过程中,实行了季节调整与质量调整。PPI指数计算过程中的权数每五年更换一次;CPI指数计算过程中的权数每五年更换一次。

工业生产者出厂价格指数(分行业、分类别)、工业生产者购进价格指数(分类)的编制始于1985年;农产品生产价格指数(分行业)的编制始于2002年;固定资产投资价格指数(分类)的编制始于1991年;住宅销售价格指数(分类)的编制始于 1997 年;居民消费价格指数的正式单独编制始于 1993 年,之前与商品零售价格指数合在一起进行编制。

二、国际通行方法编制的价格指数

价格指数是价格相对数和权数的方程。从技术角度讲,在编制价格指数时必须关心的五个问题是:包含什么项目?使用什么价格?包含哪些交易?如何取得指数公式中的权数?编制价格指数使用什么公式?前三个问题与样本选择和采价相关,后两个问题与指数生成相关。

国际通行的价格指数从表现形式上有定基价格指数、年度变动价格指数、环比价格指数和链式价格指数四种。

1. 定基价格指数

定基价格指数[①]用 PI_t^F 表示,公式为:

$$\mathrm{PI}_t^F = \frac{\sum P_{i,t} Q_{i,0}}{\sum P_{i,0} Q_{i,0}} = \sum w_{i,0} \frac{P_{i,t}}{P_{i,0}} \tag{6-1}$$

其中:权数 $w_{i,0} = \dfrac{P_{i,0} Q_{i,0}}{\sum P_{i,0} Q_{i,0}}$,为第 0 期第 i 种产品占全部产品的比重。

2. 年度变动价格指数

年度变动价格指数用 PI_t^{DC} 表示,等于两个相邻年份的定基指数之比,公式为:

$$\mathrm{PI}_t^{DC} = \frac{\mathrm{PI}_t^F}{\mathrm{PI}_{t-1}^F} \tag{6-2}$$

$$= \frac{\sum P_{i,t} Q_{i,0}}{\sum P_{i,0} Q_{i,0}} \bigg/ \frac{\sum P_{i,t-1} Q_{i,0}}{\sum P_{i,0} Q_{i,0}}$$

$$= \frac{\sum P_{i,t} Q_{i,0}}{\sum P_{i,t-1} Q_{i,0}}$$

---

① 定基指数的计算,权数可以固定在基年也可以固定在报告期。如果权数固定在基年则为拉氏定基指数,如果权数固定在报告期则为帕氏定基指数。为简便起见,此处仅以拉氏定基指数与拉氏环比指数之间的关系为例进行介绍,其原理对于帕氏定基指数与帕氏环比指数之间的关系同样成立。

$$= \sum w_{i,t-1} \frac{P_{i,t}}{P_{i,t-1}} \tag{6-3}$$

其中:权数 $w_{i,t-1} = \frac{P_{i,t-1}Q_{i,0}}{\sum P_{i,t-1}Q_{i,0}}$,为第 0 期第 i 种产品按第 $t-1$ 期价格计算的价值占全部产品的比重。

年度变动指数 $\mathrm{PI}_t^{\mathrm{DC}}$ 与定基指数 $\mathrm{PI}_t^{\mathrm{F}}$ 之间的关系,还可以通过以下公式表示:

$$\mathrm{PI}_t^{\mathrm{F}} = \prod_{i=1}^{t} \mathrm{PI}_i^{\mathrm{DC}} \tag{6-4}$$

即定基指数等于连续的年度变动指数的乘积。从本质上讲,年度变动指数 $\mathrm{PI}_t^{\mathrm{DC}}$ 与定基指数 $\mathrm{PI}_t^{\mathrm{F}}$ 是一回事,它们都存在权数更新慢,对于与基年相隔较远的年份缺乏代表性的问题。

3. 环比价格指数

环比价格指数,用 $\mathrm{PI}_t^{\mathrm{LC}}$ 表示,公式为:

$$\mathrm{PI}_t^{\mathrm{LC}} = \frac{\sum P_{i,t}Q_{i,t-1}}{\sum P_{i,t-1}Q_{i,t-1}} = \sum w_{i,t-1} \frac{P_{i,t}}{P_{i,t-1}} \tag{6-5}$$

其中:权数 $w_{i,t-1} = \frac{P_{i,t-1}Q_{i,t-1}}{\sum P_{i,t-1}Q_{i,t-1}}$,为第 $t-1$ 期第 i 种产品价值占全部产品的比重。

环比指数是联合国在 1993 年 SNA 中推荐使用的方法,是从理论上已经被广泛认同的价格指数编制方法的改革方向。通过用环比指数对定基指数的替代来解决权数陈旧、调查项目替代偏差大的问题。

4. 链式价格指数

链式价格指数用 $\mathrm{PI}_t^{\mathrm{C}}$ 表示,等于一系列环比指数的乘积,公式为:

$$\mathrm{PI}_t^{\mathrm{C}} = \prod_{i=1}^{t} \mathrm{PI}_i^{\mathrm{LC}} \tag{6-6}$$

表示以第 0 期为参照期、第 t 期为报告期的链式价格指数等于从第 1 期到第 t 期的各期环比价格指数的乘积。

通过对比等式(6-4)和等式(6-6)可以看出链式价格指数 $\mathrm{PI}_t^{\mathrm{C}}$ 与定基价格指数 $\mathrm{PI}_t^{\mathrm{F}}$ 的相似之处在于它们都可以表示成一系列短期指数的乘积,链式指数等于一系列环比指数的乘积;而定基指数则等于一系列年度变动指数的乘积。也就是说它们都可以通过对价格短期变动的累计来反映价格的长期变动。

但链式指数 PI_t^c 与定基指数 PI_t^F 也存在着区别:首先,链式指数只有参照期而没有基年,而定基指数既有参照期又有基年。其次,定基指数与年度变动指数的关系是先计算出定基指数,然后通过等式(6-2)得到年度变动指数;而链式指数与环比指数的关系则是先计算出环比指数,然后通过等式(6-6)来得到链式指数。再次,也是两者间最本质的区别,链式指数可以通过对权数的不断更新来增强权数的代表性,从而可以使价格指数更好地反映经济生活中的价格变动情况,而定基指数则不能。

第二节 中国主要价格指数编制方法

目前中国在进行不变价 GDP 生产核算和支出核算时用到的价格指数主要有工业生产者出厂价格指数[①]、农产品生产价格指数、住宅销售价格指数、固定资产投资价格指数、商品零售价格指数和居民消费价格指数等。下面分别对上述中国价格指数的编制方法进行介绍。

一、工业生产者出厂价格指数

首先,根据《工业生产者出厂价格调查目录》选择调查代表产品及代表规格品,然后用对称等距抽样的方法对调查城市的调查企业进行抽选。最新调查方案中调查产品 11 000 种,调查城市 400 多个,调查企业近 60 000 家。调查样本每五年轮换一次,期间可能有小的修订。样本覆盖了《国民经济行业分类标准》(GB/T 4754-2011)中的 41 个大类,201 个中类,581 个小类。

从 2011 年开始,中国工业生产者价格指数的计算采取拉氏链式计算方法。

（一）省级及省级以下指数汇总方法

1. 基本分类指数的计算

（1）代表产品月环比指数的计算

根据该代表产品下所属代表规格品价格变动相对数,采用几何平均法计

[①] 2011 年 1 月起使用此名,原为工业品出厂价格指数。

算,计算公式为:
$$K_i = \sqrt[n]{G_{i1} \times G_{i2} \times \cdots \times G_{in}} \times 100\%$$
其中:

$G_{i1}, G_{i2}, \cdots, G_{in}$ 分别为 i 代表产品下第 1 个至第 n 个规格品报告期(t)价格与上期($t-1$)价格对比的相对数。

(2) 基本分类月环比指数的计算
$$J_i = \sqrt[n]{k_1 \times k_2 \times \cdots \times k_n} \times 100\%$$
其中:

$k_1, k_2, \cdots, k_n$ 分别为第 i 个基本分类下第 1 个至第 n 个代表产品的月环比价格指数。

(3) 基本分类定基指数的计算
$$I = J_1 \times J_2 \times \cdots \times J_t$$
其中:

$J_1, J_2, \cdots, J_t$ 分别表示基期至报告期间各期的月环比指数。

2. 基本分类以上各类及总的定基指数逐级加权平均计算

计算公式:
$$L_t = \left(\sum W_{t-1} \frac{P_t}{P_{t-1}} \right) \times L_{t-1}$$

其中:L:定基指数

W:权数

P:价格

t:报告期

$t-1$:报告期的上一时期

$\frac{P_t}{P_{t-1}}$:本期环比指数

(二) 全国指数的计算

全国指数根据各省指数按其工业销售产值加权平均计算。

不同对比基期指数的换算方法采用下述公式计算:
$$I_{环比} = \frac{报告期定基指数}{上期定基指数}$$

$$I_{同比} = \frac{报告期定基指数}{上年同期定基指数}$$

二、农产品生产价格指数

首先,根据《农产品参考目录》选择调查代表产品。

《农产品参考目录》根据最新《国民经济行业分类标准》(GB/T 4754-2011),将全部农业分为农业、林业、畜牧业、渔业4大类(GB 两位码)、14 中类(GB 三位码)、31 小类(GB 四位码)。代表产品覆盖了90%以上的小类,以确保所编制的农产品生产价格指数能较好地反映各类别全部农产品的价格变动趋势及幅度。除覆盖面外,选择的代表产品还考虑了其对国计民生的影响,生产量、销售量的大小,农产品的稳定性、超前性、地方特色等因素。代表产品一经确定,一般要稳定五年,特殊情况下,如产品结构调整较快时,会提前进行修订。原则上一年以内不对代表产品进行修订。国家一级代表产品的数目为180种,其销售额占全部农产品销售额的70%以上。

其次,根据《农产品生产价格调查网点抽选办法》抽选样本调查单位,包括农场和农户。

最后,由下到上逐级计算农产品生产价格指数,其具体计算方法为:

第一步:计算代表产品的个体价格指数。

设有 m 个代表产品,n 个样本调查单位,$PI_{ij}^{\uparrow}$ 为第 i 种代表产品在第 j 个样本调查单位中的个体价格指数。则 $PI_{ij}^{\uparrow}$ 的计算公式为:

$$PI_{ij}^{\uparrow} = \frac{\overline{P}_{ij}^1}{\overline{P}_{ij}^0}$$

$$\overline{P}_{ij} = \frac{\sum_t P_{ijt} Q_{ijt}}{Q_{ijt}}$$

P_{ijt} 为第 i 种代表产品在第 j 个样本调查单位中第 t 次出售时的价格。

Q_{ijt} 为第 i 种代表产品在第 j 个样本调查单位中第 t 次出售时的数量。

$\overline{P}_{ij}$ 为核算期内第 i 种代表产品在第 j 个样本调查单位中的平均价格。

$\overline{P}_{ij}^1$ 为报告期第 i 种代表产品在第 j 个样本调查单位中的平均价格。

$\overline{P}_{ij}^0$ 为基年第 i 种代表产品在第 j 个样本调查单位中的平均价格。

第二步:计算代表产品价格指数。

设第 i 种代表产品在 n 个样本调查单位中的平均价格指数为 $\text{PI}_{ij}^{产品}$,其计算公式为:

$$\text{PI}_{ij}^{产品} = \sqrt[n]{\prod_{j=1}^{n} \text{PI}_{ij}^{个}}$$

第三步:计算小类价格指数。

设第 j 小类价格指数为 $\text{PI}_{j}^{小类}$,其计算公式为:

$$\text{PI}_{j}^{小类} = \frac{\sum_{i} V_{ij}^{产品} \text{PI}_{ij}^{产品}}{\sum_{i} V_{ij}^{产品}} = \sum_{i} w_{ij}^{产品} \text{PI}_{ij}^{产品}$$

$\text{PI}_{ij}^{产品}$ 为第 i 种代表产品在 n 个样本调查单位中的平均价格指数。

$V_{ij}^{产品}$ 为第 i 种代表产品在第 j 小类中的销售金额。

$\sum_{i} V_{ij}^{产品}$ 为第 i 种代表产品在第 j 小类中各种代表产品的销售金额之和。

$w_{ij}^{产品}$ 为第 i 种代表产品的销售金额占 j 小类中所有代表产品销售金额的比重。

第四步:计算中类价格指数。

第五步:计算大类价格指数。

第六步:计算农产品生产价格总指数。

中类、大类价格指数及农产品生产价格总指数的计算方法与小类价格指数的相同。

三、住宅销售价格指数

住宅销售分为新建住宅销售和二手住宅销售两部分,住宅销售价格指数的编制也就相应地分为两部分。

(一)新建住宅销售价格指数的编制方法

第一步:计算各城市基本分类月环比价格指数。

首先,计算某一新建住宅项目90平方米及以下、90—144平方米、144平方米以上三个基本分类的环比指数;其次,采用双加权计算全市三个基本分类的环比指数,即分别利用本月销售面积和金额作为权数计算价格指数,然后将两个价格指数再简单平均计算;再次,计算保障性住房环比价格指数,计算方法与商品住宅基本分类计算方法一致。

具体计算过程为：

1. 计算各项目各基本分类（90 平方米及以下、90—144 平方米、144 平方米以上商品住宅和保障性住房）本月及上月平均价格

本月及上月平均价格计算公式为：

$$p_t^{i,j} = \frac{Y_t^{i,j}}{Q_t^{i,j}} \quad \text{和} \quad p_{t-1}^{i,j} = \frac{Y_{t-1}^{i,j}}{Q_{t-1}^{i,j}} \qquad (6-7)$$

其中：$Y_t^{i,j}$、$Y_{t-1}^{i,j}$ 为第 i 个项目第 j 基本分类 t 期（本月）、$t-1$ 期（上月）销售金额，$Q_t^{i,j}$、$Q_{t-1}^{i,j}$ 为第 i 个项目第 j 基本分类 t 期（本月）、$t-1$ 期（上月）销售面积。

2. 计算各项目各基本分类（含保障性住房）月环比价格指数

（1）连续性销售项目和新开项目环比价格指数的计算

连续性销售项目是指，该项目本月和上月对应分类都有成交记录；新开项目是指，该项目本月第一次进入市场销售（本方案中连续四个月没有成交记录的在售项目也视为新开项目）。

对于新开项目，需对上月该项目各分类平均价格进行评估，具体评估方法如下：如果新开项目附近区域存在可比在售项目，则按照该可比项目对应分类成交价格评估新开项目上月价格；如果没有，则根据区域、地段、价格同质可比原则，选取与该项目位置属同一级别区域的相似项目，按照其对应分类成交价格评估新开项目上月价格；如果上述项目都不存在，则根据该项目附近区域内本月二手住宅交易价格变动幅度或有关价格数据变动幅度进行评估。

连续性销售项目和新开项目基本分类环比指数：

$$H_{i,j} = \frac{p_t^{i,j}}{p_{t-1}^{i,j}} \qquad (6-8)$$

其中：$p_{t-1}^{i,j}$ 为第 i 个项目第 j 基本分类 $t-1$ 期（上月）平均价格（对于新开项目则为评估的平均价格），$p_t^{i,j}$ 为 t 期（本月）平均价格。

（2）间断性销售项目环比价格指数的计算

间断性销售项目是指，由于市场供求变化等原因导致该项目当月有交易，对应分类上月没有交易，而在上月之前的两个月内曾经有交易的项目。

对于该类项目，依据项目上月之前两个月内离本月最近的各分类成交数据计算各分类平均价格，再利用下列计算公式计算基本分类环比价格指数：

$$H_{i,j} = \sqrt[n]{\frac{P_t^{i,j}}{P_0^{i,j}}} \qquad (6\text{-}9)$$

其中：$P_t^{i,j}$ 表示第 i 个项目第 j 基本分类 t 期（本月）平均价格，$P_0^{i,j}$ 表示距离本月最近的对应基本分类平均价格，n 为距离本月的月份个数。

3. 计算全市基本分类（含保障性住房）月环比价格指数

$$R_{t,t-1}^{j} = \frac{\sum_{i=1}^{n} H_{i,j} w_t^{i,j}}{\sum_{i=1}^{n} w_t^{i,j}} \qquad (6\text{-}10)$$

其中：$H_{i,j}$ 为第 i 个项目第 j 基本分类环比价格指数，$w_t^{i,j}$ 为第 i 个项目第 j 基本分类 t 期（本月）销售面积（金额），n 为该基本分类中包含项目的个数。将分别利用销售面积和金额加权计算得到的两个指数再简单平均计算。

第二步：计算各城市基本分类以上类别价格指数。

1. 定基价格指数的计算公式（注：以2010年为基期，即以2010年平均价格为基期价格、2010年销售面积为基期销售面积）

$$L_t = L_{t-1} \times \frac{\sum P_t Q_{2010}}{\sum P_{t-1} Q_{2010}} \qquad (6\text{-}11)$$

其中：P_t 表示当月各分类平均价格，Q_{2010} 表示2010年各分类销售面积，L_t、L_{t-1} 分别为本月和上月定基价格指数，$\frac{\sum P_t Q_{2010}}{\sum P_{t-1} Q_{2010}}$ 为环比指数。

2. 月环比价格指数的计算公式

$$\text{本月环比价格指数} = \frac{L_t}{L_{t-1}} = \frac{\text{本月定基价格指数}}{\text{上月定基价格指数}} \times 100 \qquad (6\text{-}12)$$

3. 月同比价格指数的计算公式

$$\text{本月同比价格指数} = \frac{L_t}{L_{t-12}} = \frac{\text{本月定基价格指数}}{\text{上年同月定基价格指数}} \times 100 \qquad (6\text{-}13)$$

（二）二手住宅销售价格指数的计算方法

第一步：计算各城市二手住宅基本分类月环比价格指数。

1. 计算各基本分类中选中的二手住宅的环比指数

$$H_{i,j} = \frac{p_t^{i,j}}{p_{t-1}^{i,j}} \tag{6-14}$$

其中：$p_t^{i,j}$ 为第 j 基本分类中第 i 个样本住宅 t 期（本月）价格，$p_{t-1}^{i,j}$ 为 $t-1$ 期（上月）价格。

2. 计算全市基本分类环比价格指数

采用双加权计算全市各基本分类的环比指数，即分别利用本月销售面积和金额作为权数计算价格指数，然后将两个价格指数再简单平均计算。

$$R_{t,t-1}^j = \frac{\sum_{i=1}^n H_{i,j} w_t^{i,j}}{\sum_{i=1}^n w_t^{i,j}} \tag{6-15}$$

其中：$H_{i,j}$ 为第 j 基本分类中第 i 个样本住宅环比价格指数，$w_t^{i,j}$ 为第 j 基本分类中第 i 个样本住宅所代表住宅类型的 t 期（本月）销售面积（金额），n 为该基本分类中包含样本住宅的个数。

第二步：计算各城市二手住宅销售价格指数，计算方法同各城市新建住宅价格指数。

四、固定资产投资价格指数

固定资产投资价格由建筑安装工程、设备工器具购置和其他费用三部分组成，以下介绍建筑安装工程价格指数。

在建筑安装工程中，材料费、人工费和机械使用费的比重约占到90%以上，所以用三项费用价格指数的加权平均来表示建筑安装工程价格指数。材料费、人工费和机械使用费这三项指数的计算方法类似，均采用由下到上逐级汇总的方法计算得到。下面以材料费价格指数为例对具体的计算方法进行介绍。

第一步：计算某种材料代表规格品的价格指数 PI_i^s-specification。

某种材料代表规格品的价格指数是各样本工程中该代表规格品价格指数的加权调和平均。计算公式为：

$$\text{PI}_i^s = \frac{\sum_j W_{i,j}}{\sum_j \frac{1}{\text{PI}_{i,j}^s W_{i,j}}}$$

$W_{i,j}$为该种材料第i种代表规格品在j样本工程中报告期的购进额。

$\sum W_{i,j}$为该种材料第i种代表规格品在所有样本工程中报告期的购进额。

$PI_{i,j}^s$为该种材料第i种代表规格品在j样本工程中的个体价格指数。

PI_i^s为该种材料第i种代表规格品的价格指数。

第二步:计算某种材料(产品级)的价格指数PI_i^b-basic heading。

某种材料的价格指数是该材料下属所有n种代表规格品的价格指数的简单算术平均。计算公式为:

$$PI_i^b = \frac{PI_1^s + PI_2^s + \cdots + PI_n^s}{n}$$

PI_j^s为第i种材料第j种代表规格品的价格指数,$j=1,2,\cdots,n$。

PI_i^b为第i种材料的价格指数。

第三步:计算材料费价格指数PI^c。

材料费价格指数是各种材料价格指数的加权调和平均。计算公式为:

$$PI^c = \frac{\sum W_i}{\sum \frac{1}{PI_i^b} W_i}$$

W_i为第i种材料在各样本工程中报告期的购进额之和。

$\sum W_i$为各种材料在各样本工程中报告期的购进额之和。

PI_i^b为第i种材料的价格指数。

PI^c为材料费价格指数。

建筑安装工程所耗用的材料种类很多,不可能一一计算,实际操作中选择价值量大的主要材料来进行计算,如钢材、木材、水泥、电料、化工材料等,所选材料的价值之和不低于全部材料费的70%。材料单价包括材料的运杂费和供销部门的手续费。建筑安装工程投资价格指数中使用权数的类型为直接权数,没有对权数进行分摊。

同理可以计算出人工费价格指数、机械使用费价格指数。在分别计算出材料费价格指数、人工费价格指数、机械使用费价格指数三类分指数后,即可用加权算术平均的方法计算出建筑安装工程价格总指数。数学表达式为:

$$PI^{建安} = \frac{W_c \times PI^c + W_h \times PI^h + W_m \times PI^m}{W_c + W_h + W_m} = r_c \times PI^c + r_h \times PI^h + r_m \times PI^m$$

PI^c 为材料费价格指数。

PI^h 为人工费价格指数。

PI^m 为机械使用费价格指数。

$PI^{建安}$ 为建筑安装工程价格总指数。

W_c 为报告期各样本工程材料费的(按购进价格或结算价格计算的)购进金额之和,取自样本工程资料。

W_h 为报告期各样本工程人工费的支出金额之和,取自样本工程资料。

W_m 为报告期各样本工程机械使用费的支付金额之和,取自样本工程资料。

r_c 为报告期各样本工程材料费之和占三项费用(材料费、人工费、机械使用费)之和的比重,即 $r_c = \dfrac{W_c}{W_c + W_h + W_m}$,取自样本工程资料。

r_h 为报告期各样本工程人工费之和占三项费用(材料费、人工费、机械使用费)之和的比重,即 $r_h = \dfrac{W_h}{W_c + W_h + W_m}$,取自样本工程资料。

r_m 为报告期各样本工程其他费用之和占三项费用(材料费、人工费、机械使用费)之和的比重,即 $r_m = \dfrac{W_m}{W_c + W_h + W_m}$,取自样本工程资料。

五、商品零售价格指数

商品零售价格指数的编制方法如下:

第一步:计算代表规格品平均价。

$$P_t = \sum \frac{P_i}{n}$$

其中:P_t 为第 t 个规格品的平均价格。

P_i 为调查期第 t 个规格品的第 i 次调查的价格。

n 为调查期第 t 个规格品的调查次数。

第二步:计算基本分类指数。

1. 月环比指数的计算

根据所属代表规格品价格变动相对数,采用几何平均法计算,计算公式为:

$$K_1 = \sqrt[n]{G_{t1} \times G_{t2} \times \cdots \times G_{tn}} \times 100\%$$

其中：$G_{t1}, G_{t2}, \cdots, G_{tn}$ 分别为第 1 个至第 n 个规格品报告期（t）价格与上期（$t-1$）价格对比的相对数。

2. 定基指数的计算

$$I_{基} = K_1 \times K_2 \times \cdots \times K_t$$

其中：$K_1, K_2, \cdots, K_t$ 分别表示基年至报告期间各期的月环比指数。

第三步：类别及总指数逐级加权平均计算，计算公式：

$$L_t = \left(\sum W_{t-1} \frac{P_t}{P_{t-1}} \right) \times L_{t-1}$$

其中：L：定基指数

W：权数

P：价格

t：报告期

$t-1$：报告期的上一时期

$\dfrac{P_t}{P_{t-1}}$：本期环比指数

第四步：全省（区）指数的计算。

全省（区）指数根据全省（区）城市和农村指数按城乡相应的零售额资料加权平均计算。

第五步：全国指数的计算。

1. 全国城市（农村）指数的计算

全国城市（农村）指数根据各省（区、市）指数按各地相应的零售额加权平均计算。

2. 全国指数的计算

全国指数根据全国城市和农村指数按城乡相应的零售额加权平均计算。

根据上述方法计算出的环比、定基、同比指数满足下列等式关系：

$$I_{环比} = \frac{报告期（月）定基指数}{上期（月）定基指数}$$

$$I_{同比} = \frac{报告期（月）定基指数}{上年同期（月）定基指数}$$

$$I_{年度} = \frac{本年累计定基指数的平均数}{上年累计定基指数的平均数}$$

六、居民消费价格指数

居民消费价格指数的编制方法如下：

第一步：计算代表规格品平均价。

$$P_t = \sum \frac{P_i}{n}$$

其中：P_t 为第 t 个规格品的平均价格。

P_i 为调查期第 t 个规格品的第 i 次调查的价格。

n 为调查期第 t 个规格品的调查次数。

第二步：计算基本分类指数。

1. 月环比指数的计算

根据所属代表规格品价格变动相对数，采用几何平均法计算，计算公式为：

$$K_1 = \sqrt[n]{G_{t1} \times G_{t2} \times \cdots \times G_{tn}} \times 100\%$$

其中：

$G_{t1}, G_{t2}, \cdots, G_{tn}$ 分别为第 1 个至第 n 个规格品报告期（t）价格与上期（$t-1$）价格对比的相对数。

2. 定基指数的计算

$$I_{\text{基}} = K_1 \times K_2 \times \cdots \times K_t$$

其中：

$K_1, K_2, \cdots, K_t$ 分别为基年至报告期间各期的月环比指数。

第三步：计算类别及总定基指数。

$$L_t = \left(\sum W_{t-1} \frac{P_t}{P_{t-1}} \right) \times L_{t-1}$$

其中：L 为定基指数

W 为权数

P 为价格

t 为报告期

$t-1$ 为报告期的上一时期

$\dfrac{P_t}{P_{t-1}}$ 为本期环比指数

第四步:计算全省(区)指数。

全省(区)指数根据全省(区)城市和农村指数按城乡居民消费支出金额加权平均计算。

第五步:计算全国指数。

1. 全国城市(农村)指数的计算

全国城市(农村)指数根据各省(区、市)指数按各地居民消费支出金额加权平均计算。

2. 全国指数的计算

全国指数根据全国城市和农村指数按城乡居民消费支出金额加权平均计算。

根据上述方法计算出的环比、定基、同比指数满足下列等式关系:

$$I_{环比} = \frac{报告期(月)定基指数}{上期(月)定基指数}$$

$$I_{同比} = \frac{报告期(月)定基指数}{上年同期(月)定基指数}$$

$$I_{年度} = \frac{本年累计定基指数的平均数}{上年累计定基指数的平均数}$$

第三节 中国价格指数存在问题及改进研究

中国的价格指数编制,从1978年的商品零售价格指数开始,经过近30年的努力,取得了很大的进步,指数编制的范围不断扩大,编制方法不断与国际通行的方法接轨,指数的种类,从无到有,从少到多,增加到十多种。特别是为GDP的不变价核算,建立了数据基础,成为GDP核算中不可或缺的基本数据。但是,与世界上主要的发达国家相比,中国的价格指数还存在差距,还存在这样那样的问题,还需要进一步完善和改进。

一、中国价格指数存在问题

中国价格指数编制中存在的问题,主要体现在以下几个方面:

(一)价格指数历史数据不可比

随着时间的推移,中国的价格指数编制从选点、采价到编制公式都在不断地改进和完善,但是由于不同的指数改进的方式和方法不同,也由于不同的指数开始编制的时间不同,不同的指数在编制方法、指数的计算公式以及基年、权重的选择上都存在差异,因此不同时期的价格指数之间是不可比的。目前国家统计局公布的价格指数时间序列的做法是将不同基年、不同方法的指数人为地排列在一起形成形式上的时间序列,但实质上序列数据并不具备内在的一致性。使用这样的指数时间序列计算不变价 GDP 或者对相应年份的 GDP 现价数据进行修订,其结果必然影响到不变价 GDP 历史数据时间序列的内在一致性。因此,要想消除不变价 GDP 历史数据序列中由于指数原因导致的时间维度的不可比,在指数编制时,必须对价格指数的时间序列进行调整,以保证价格数据之间的一致性。例如,如果使用定基指数,应在更换基年时对所有的历史数据进行换基调整;如果使用环比指数,则需要对历史数据按照环比公式重新编制。

(二) 指数编制范围不完善

目前中国价格指数体系中存在很多缺口,无法满足不变价 GDP 核算的需要。例如,未编制服务业生产者价格指数。目前,不变价生产核算中解决指数缺口的方法是用 CPI 中的相关成分来代替 PPI。但是,由于 CPI 和 PPI 反映的是两个不同环节的价格,一个是消费环节,一个是生产环节,因此,如果在生产法 GDP 核算中使用消费环节的价格指数,而不对 CPI 指数进行相应调整的话,势必会将 PPI 与 CPI 的脱节问题、PPI 与 CPI 的价格差异问题、CPI 的低估问题等带到不变价 GDP 数据中。

PPI 与 CPI 脱节指 PPI 的变动与 CPI 的变动相关性不高或变动方向或变动幅度不一致。一般情况下,经济生活中的价格变动会从经济运行的上游(生产环节)传递到经济运行的下游(最终消费环节),因此作为经济运行上游价格变动衡量指标的 PPI 与作为经济运行下游价格变动衡量指标的 CPI 应该具有很强的相关性,呈现相同的变动趋势,即 PPI 的上涨将导致 CPI 的上涨;反之亦然。但中国价格指数数据显示,在某些时期 PPI 与 CPI 之间的关系并不如此。出现这种现象的原因既有市场供求不平衡方面的,又有价格指数编制自身方面的。

二、中国价格指数改进研究

由于价格指数在不变价 GDP 核算中的重要作用,要完善 GDP 不变价核算,必须完善价格指数的编制方法,使中国价格指数的编制与国际通行的规则相一致,从而为不变价 GDP 核算的进一步完善建立基础,关于中国的价格指数编制,需要在以下几个方面进行进一步的改进:

(一) 建立与国际通行做法接轨的价格指数

价格指数的编制方法,国际上有一套通行的做法,本书在第二章和第三章都分别做了介绍。中国由于价格指数编制的起步比较晚,各种价格指数编制的时间各有不同,因此,在价格指数的编制方法,包括指数的公式、基年的选择、权重的确定等方面,都与国际通行的方法或多或少存在差距。为保证 GDP 数据与国际通行做法的接轨,作为不变价 GDP 核算的重要基础的价格指数也必须与国际通行的做法接轨。因此,建议在一些对国民经济有重要影响的指数领域,或者价格变动比较大,特别是不同的产品之间价格的变动趋势不一致,新产品比较多的价格领域,引进环比价格指数,以避免由于定基价格指数的基年过长,对价格的变动趋势不能准确反映,甚至低估价格的变动,进而高估不变价 GDP 的现象发生。

(二) 改进季节调整和质量调整方法

为了保证价格指数的变动趋势能更好地反映价格的变动趋势,国外的通行做法是对价格指数,特别是环比月度(或季度)价格指数进行季节调整,以消除价格指数中的季节性因素影响。中国也对部分价格指数进行了季节调整,但是,还需要进一步改进和完善,特别是在环比价格指数中,要进行季节调整,以真正去掉价格中的季节性因素影响。对于质量变化比较快的产品,发达国家都引入了质量调整的方法,特别是对计算机、房屋等产品(质量调整的方法详见第三章),以最大限度地实现产品之间的同质可比,反映产品的真正的价格变化。中国的类似产品也包含有质量变化的因素,变化的幅度并不亚于发达国家,但是在价格指数的编制中基本没有对这些产品进行质量调整,不进行质量调整就意味着将本来应该是物量因素的质量变化因素包含在了价格中,这就势必使价格指数中包含有物量的因素,高估或者低估价格的变动趋势,进而影响到物量的变动趋势,影响不变价 GDP 的准确度。

(三) 对价格指数的历史数据进行修订

由于中国价格指数编制的时间不同,编制的方法不同,再加上同一个价格指数由于改革的原因,不同时期编制方法也有差别。中国的价格指数之间存在很大的差异。为了保证数据之间的衔接,保证价格指数反映的价格变动趋势合理,因此,根据历年价格调查上报的基础数据,调整1985年以来的各种价格指数时间序列,才能确保调整后的指数时间序列具有内在的一致性,也才能保证根据价格指数计算的不变价GDP数据时间序列能够更好地反映价格变动的趋势。

(四)编制服务业生产者价格指数和进出口价格指数,尽可能满足GDP不变价核算的要求

GDP核算涉及国民经济的不同行业以及各个不同的构成项目,在计算不变价GDP时,这些不同的行业和构成项目都需要有相应的价格指数与其配套,但是中国目前的价格指数还不能完全满足国民核算的需要,特别是在服务业,基本没有生产者价格指数,只好用消费者价格指数替代,但是,这里存在误差,首先价格的采集渠道不一样,另外,权重的确定也不同,因此,从消费者角度反映的价格变化与从生产者角度反映的价格变化存在差异,如果用来进行不变价核算,也会给不变价的计算带来误差。进出口的价格指数,目前只有货物进出口价格指数,没有服务进出口价格指数,货物进出口价格指数与国际通行的方法也存在差别。因此,为保证价格指数反映的趋势与生产活动或者消费行为相一致,建议要加强价格统计部门与国民经济核算部门的合作,共同设计出满足不变价GDP核算要求的价格指数。

附　录　一

国内生产总值核算的基本概念

一、基本概念

1. 常住单位

在中国的经济领土上具有经济利益中心的经济单位称为中国的常住单位。这里所说的经济领土由中国政府控制的地理领土组成，它包括中国大陆的领陆、领水、领空，以及位于国际水域，但中国具有捕捞和海底开采管辖权的大陆架和专属经济区；它还包括中国在国外的所谓领土"飞地"，即位于其他国家，通过正式协议为中国政府所拥有或租借、用于外交等目的、具有明确边界的地域，如中国驻外使馆、领馆用地；不包括中国地理边界内的"飞地"，即位于中国地理领土范围内，通过正式协议为外国政府所拥有或租借、用于外交等目的、具有明确边界的地域，如外国驻华使馆、领馆用地及国际组织用地。一经济单位在中国的经济领土范围内具有一定的场所，如住房、厂房或其他建筑物，从事一定规模的经济活动并超过一定时期（一般以一年为操作准则），则该经济单位在中国具有经济利益中心。

一个法人企业，如果它的全部经济活动发生在中国经济领土范围内，那么它就是中国的常住单位。一个企业虽然它的经济活动并非全部发生在中国的经济领土范围内，但在中国经济领土内建立了一个子企业，从事生产经营活动一年以上，则该子企业也是中国的一个常住单位。一个住户，如果它在中国的经济领土范围内拥有住房，该住房为它的主要住所，则认为是中国的常住单位。一个政府单位是它行使管辖权的经济领土范围内的常住单位。中央政府组成单位,包括位于国外的使馆、领馆等,均为中国的常住单位。

常住单位也称常住机构单位。

2. 生产范围

国民经济核算的生产范围包括以下三部分:第一,生产者提供或准备提供给其他单位的货物或服务的生产;第二,生产者用于自身最终消费或固定资本形成的所有货物的自给性生产;第三,自有住房提供的住房服务和付酬家庭雇员提供的家庭服务的自给性生产。

因此,生产范围包括所有货物的生产,不论是对外提供的货物还是自产自用的货物,而服务的生产,则基本上限于对外提供的部分,自给性服务,除了自有住房服务和付酬家庭雇员提供的家庭或个人服务外,则被排除在生产范围之外。被排除在生产范围之外的自给性服务是指住户成员为本住户提供的家庭或个人服务,如清扫房屋、做饭、照顾老人、教育儿童等。

3. 消费范围

生产范围决定消费范围,用于最终消费的货物和服务只能是生产范围内所包括的货物和服务。生产范围包括所有货物的生产和除住户成员为本住户提供的家庭或个人服务之外的所有服务的生产,从而消费范围也限于包括在上述生产范围内的货物和服务。

4. 资产范围

国民经济核算中的资产是根据所有权的原则界定的经济资产,也就是说,资产必须为某个或某些单位所拥有,其所有者因持有或使用它们而获得经济利益。根据这个定义,金融资产和由生产过程创造出来的固定资产、存货等,以及某些不是经过生产过程创造出来的自然产生的资产(如土地、矿藏、森林、水资源资产等),只要某个或某些单位对这些资产有效地行使所有权,并能够从中获得经济利益,都属于资产范畴。资产范围中不包括诸如大气或公海等无法有效地行使所有权的那些自然资源与环境,以及尚未发现或难以利用的矿藏,即一定时期内,鉴于它们本身的状况和现有的技术不能为其所有者带来任何经济利益的资源与环境。

5. 流量和存量

流量是指某一时期发生的量,存量是指某一时点的量。期初存量与本期流量之和,形成期末存量。经济中的许多流量都有与其直接对应的存量,如金融资产流量与金融资产存量相对应,但也有一些流量没有直接对应的存量,如进出口、工资等。

6. 市场价格

市场价格是市场上买卖双方认定的成交价格,生产者价格和购买者价格都是市场价格。

生产者价格等于生产者生产单位货物和服务向购买者出售时获得的价值,包括开给购买者发票上的增值税或类似可抵扣税。该价格不包括货物离开生产单位后所发生的运输费用和商业费用。

购买者价格是购买者购买单位货物和服务所支付的价值,包括购买者按指定的时间和地点取得货物所发生的运输和商业费用。购买者价格等于生产者价格加上购买者支付的运输和商业费用,再加上购买者缴纳的不可扣除的增值税和其他税。

7. 指数计算公式

目前计算价格指数和物量指数最常用的公式主要有三个:拉氏指数(Laspeyre)、帕氏指数(Paasche)和费雪指数(Fisher)。拉氏指数把权数固定在基年,帕氏指数把权数固定在报告期,费雪指数是拉氏指数和帕氏指数的几何平均。一般地,当价格相对数和数量相对数负相关的时候,随着时间的推移拉氏指数大于帕氏指数,这主要是由于随着时间的推移,贵的产品不断地被便宜的产品取代,而拉氏指数的权重仍然固定在基年,没能反映产品的这种替代效应,从而高估了价格指数,或者低估了物量指数。帕氏指数的情况正好相反,由于基年固定在报告期,会出现相反的情况。费雪指数大于帕氏指数,小于拉氏指数,其反映的价格和物量的变动居中,被称为理想指数。

二、基本分类

1. 机构单位和机构部门分类

机构单位是指有权拥有资产和承担负债,能够独立地从事经济活动并与其他实体进行交易的经济实体。机构单位具有以下基本特点:

(1) 有权独立拥有货物和资产,能够与其他机构单位交换货物或资产的所有权;

(2) 能够做出直接负有法律责任的经济决定和从事相应的经济活动;

（3）能以自己的名义承担负债、其他义务或未来的承诺,并能签订契约;

（4）能够编制出包括资产负债表在内的一套在经济和法律上有意义的完整账户。

在现实经济生活中,具备机构单位条件的单位主要有两类,一类是住户,一类是得到法律或社会承认的法律实体或社会实体。

同类机构单位构成机构部门:国民经济核算体系把所有常住机构单位划分为四个大的机构部门,即非金融企业部门、金融机构部门、政府部门和住户部门。由非常住单位组成的国外部门也视同为机构部门。

非金融企业与非金融企业部门:非金融企业指主要从事市场货物生产和提供非金融市场服务的常住企业,它主要包括从事上述活动的各类法人企业。所有非金融企业归并在一起,就形成非金融企业部门。

金融机构与金融机构部门:金融机构指主要从事金融媒介以及与金融媒介密切相关的辅助金融活动的常住单位,它主要包括中央银行、商业银行和政策性银行、非银行信贷机构和保险公司。所有金融机构归并在一起,就形成金融机构部门。

政府单位与政府部门:政府单位指在中国境内通过政治程序建立的、在一特定区域内对其他机构单位拥有立法、司法和行政权的法律实体及其附属单位。政府单位的主要职能是利用征税和其他方式获得的资金向社会和公众提供公共服务;通过转移支付,对社会收入和财产进行再分配。它主要包括各种行政单位和非营利性事业单位。所有政府单位归并在一起,就形成政府部门。

住户与住户部门:住户指共享同一生活设施,部分或全部收入和财产集中使用,共同消费住房、食品和其他消费品与服务的常住个人或个人群体。所有住户归并在一起,就形成住户部门。

非常住单位与国外部门:所有不具有常住性的机构单位都是非常住单位。将所有与中国常住单位发生交易的非常住单位归并在一起,就形成国外部门。对于国外部门来说,并不需要核算它的所有经济活动,只需核算它与中国常住机构单位之间的交易活动。

2. 产业活动单位和产业部门分类

产业部门分类是按照主产品同质性的原则对产业活动单位进行的部门分类。所谓产业活动单位是指在一个地点,从事一种或主要从事一种类型生产活动并具有收入和支出会计核算资料的生产单位。产业活动单位是为生产核算而设立的,其目的在于比较准确地反映各种类型产业活动的生产规模、结构等。产业活动单位应同时具备以下三个条件:(1)地点的唯一性。如果一个单位在不同的地点从事生产活动,哪怕是同一种类型生产活动,也要划分为不同的产业活动单位。(2)生产活动的单一性。一个产业活动单位要么只从事一种类型生产活动,要么虽然允许有一种以上的生产活动,但主要活动在单位的增加值中占有绝对大的比重,也就是说,所有次要活动的总体规模与主要活动相比是很小的。(3)具有收入和支出会计核算资料。

农林牧渔业包括农业、林业、畜牧业、渔业、农林牧渔服务业。农业是对谷物、蔬菜、水果、中药材等各种农作物的种植活动;林业指林木培育和种植,木材和竹材的采运以及林产品的采集活动;畜牧业是为了获得各种畜禽产品而从事的动物饲养活动;渔业指在海洋和内陆养殖和捕捞各种水生动植物的活动;农林牧渔服务业指对农林牧渔业生产活动进行的各种支持性服务活动。

工业由采矿、制造、电力、燃气及水的生产和供应活动组成。采矿活动指对固体、液体和气体等自然矿物的采掘活动。制造活动指通过动力机械和手工制作使产品发生物理或化学变化的活动。电力和燃气的生产和供应活动指利用各种能源生产电、蒸汽和热水,并向使用者输送和分配,以及对输配设施进行维修、维护和管理的活动。水的生产和供应活动指把地下水和地表水等天然水蓄积净化成可用水,并向使用者输送和分配,以及海水淡化,污水、雨水和微咸水等收集、处理、净化和利用等活动。

建筑业核算范围为全部建筑业企业、产业活动单位和个体经营户从事的房屋和土木工程建筑活动、建筑安装活动、建筑装饰活动和其他建筑业生产经营活动。不包括工程内部安装和装饰活动、工程收尾的装饰活动。

交通运输、仓储和邮政业包括三大类活动,交通运输业指利用铁路、道路、城市公共交通、水上、航空和管道等不同交通方式和交通工具,运送货物和旅客的服务活动,以及提供的装卸搬运和其他运输服务;仓储业指专门从事货物仓储、货物运输中转仓储,以及以仓储为主的物流配送活动;邮政业指国家邮政系统提供的邮政服务活动和国家邮政系统以外的单位所提供的包裹、小件物品的收集、运输、发送服务活动。

信息传输、计算机服务和软件业,包括电信和其他信息传输服务业、计算机服务业和软件业三部分。其中,电信和其他信息传输服务业,指通过电缆、光缆、无线电波、互联网、有线广播电视网、无线广播电视网和人造卫星等方式提供的电信和其他信息传输服务。计算机服务业,指计算机系统服务,数据录入、加工、存储以及加工数据等数据处理活动,计算机维修和计算机咨询等活动。软件业,包括专门从事计算机软件的设计、程序编制、分析、测试、修改、咨询;为互联网和数据库提供软件设计与及时规范;为软件所支持的系统及环境提供咨询、协调和指导;为硬件嵌入式软件及系统提供咨询、设计、鉴定等活动。

批发和零售业,指商品在流通环节中的批发活动和零售活动。其中,批发业是指商品经营者向批发、零售商以及其他企业、事业、机关批量销售生活用品和生产资料的活动,以及从事进出口贸易和贸易经纪与代理的活动。零售业是指把商品或随商品提供的服务直接出售给最终消费者的销售活动。

住宿业是指有偿为顾客提供临时住宿的服务活动,包括旅游饭店、一般饭店和其他住宿服务。餐饮业是指在一定场所,对食物进行现场烹饪、调制,并出售给顾客主要供现场消费的服务活动,包括正餐服务、快餐服务、饮料及冷饮服务和其他餐饮服务。

金融业由银行业、证券业、保险业和其他金融活动组成,从事金融中介服务及相关的金融附属活动。

银行业包括中央银行、商业银行和其他银行。中央银行指代表政府管理金融活动,并制定和执行货币政策的特殊金融机构的活动;商业银行包括国有独资商业银行、股份制银行、城市商业银行、城市信用社和农村信用社的金融活动;其他银行指政策性银行的金融活动。证券业由证券市场管理、证券经纪与交易、证券投资、证券分析与咨询活动组成。证券市场管理指证券、期货市场的管理和监督活动;证券经纪与交易指证券、期货经纪代理人的代理交易活动,证券、基金的管理及证券营业部的管理活动;证券投资指在证券市场从事股票、基金、债券、期货及其他有价证券的投资活动;证券分析与咨询指证券咨询、投资分析活动。保险业包括人寿保险、非人寿保险及保险辅助服务活动。人寿保险指主要提供养老等人寿保险和再保险的活动;非人寿保险指主要提供人寿保险以外的保险和再保险的活动;保险辅助活动指保险代理、评估、监督、咨询等活动。其他金融活动指银行、证券、保险以外的金融活动,包括金融信托与管理、金融租赁、财务公司、邮政储蓄、典当以及其他未列明的金融活动。

房地产业是指从事房地产开发经营活动、物业管理活动、房地产中介服务业活动、居民自有住房服务活动和其他房地产活动的行业。包括：房地产开发企业进行的基础设施建设、房屋建设，转让房地产开发项目或者销售、出租商品房的活动；物业管理企业依据合同约定，对房屋进行专业化维修、养护、管理，以及对相应区域内的环境、公共秩序等进行管理，并提供相关服务的活动，包括物业管理企业的物业管理、房管部门对直管公房的管理、单位对自有房屋的管理等；房地产咨询、房地产价格评估、房地产经纪等活动；居民自己拥有住房并对自己提供的住房服务；房地产交易、房屋权属登记、房屋拆迁、住房及房改基金管理等活动。

租赁业仅指物品的租赁，包括机械设备的租赁和文化及日用品的出租。一般常见的人员租用、房屋租赁、金融租赁、带人员的设备租赁等类型的租赁都不包括在内。商务服务业的活动多种多样，包括法律服务、广告业、咨询与调查、旅行社以及企业管理服务等。需要说明的是，企业管理服务活动是指具有法人资格，不具体从事对外经营业务，只负责本企业内部的重大决策、资产管理、协调管理下属各机构和内部日常工作的企业总部的活动。

科学研究、技术服务与地质勘查业包括研究与试验发展、专业技术服务业、科技交流和推广服务业、地质勘查业。其中，研究与试验发展包括基础性的科学研究，应用性的工程、医学、农学研究和人文社会科学方面的研究，属非市场性的活动。专业技术服务业包括气象服务、地震服务、海洋服务、测绘服务、技术检测、环境监测、工程技术与规划管理等。可以很明显地看出，此类活动大部分属于公共服务，服务对象是全社会。也有少部分是面对生产企业的，如工程方面的服务。随着社会的发展，生产企业甚至个体的服务需求在不断增加，如对具体行为的气象服务，对环境维权的环评报告等，但目前来看，这类服务还主要为非市场性活动。科技交流和推广服务业包括从事将新技术、新产品、新工艺直接推向市场而进行的相关技术活动，技术推广和转让活动的服务，在各类科技活动主体与市场间，为科技活动提供社会化服务与管理（科技信息交流、技术咨询、技术孵化、科技评估和科技鉴证等）提供中介服务，这类服务主要为市场性的活动。地质勘查业指对矿产资源、工程地质、科学研究进行地质勘查、测试、监测、评估等活动，属非市场性的活动。

水利、环境和公共设施管理业包括水利管理业、环境管理业和公共设施管理业。其中,水利管理业指对河流、湖泊、行蓄洪区及沿海的防洪、防涝设施的管理活动,对水资源的开发、利用、培植、节约等活动,以及水土保持、保护和其他水利管理活动(不包括农业灌溉管理和水政监察活动)。环境管理业指对自然保护区、野生动植物等的自然保护活动,以及对城市市容、城市环境卫生、水污染、危险废物等的环境治理活动。公共设施管理业包括市政公共设施管理、城市绿化管理、游览景区管理等活动。

居民服务业包括为居民家庭提供的保姆、厨师、司机、教师服务的服务活动,看护不满3岁幼儿的托儿服务;洗染和皮毛衣料护理;理发及美容保健;婚姻服务;殡葬服务;等等。其他服务业包括修理与维护:日常的机动车的修理与维护,办公设备、家用电器的修理和其他较耐用的生活物品(如照相机、自行车、钟表等)的修理等,也包括清洁服务,主要指对建筑物(内外墙、地面、天花板等)、办公用品、家庭用品的清洗和消毒,属于市场性活动。

教育服务主要是指各级各类学校、培训机构向学生提供的教学和培训服务活动。从活动内容讲,教育服务活动既包括各级教育部门及其他部门所属的各级各类学校和教育事业单位开展的义务教育、学历教育和特殊教育活动,又包括经有关部门批准举办的各类职业技能培训活动。从单位性质讲,从事教育的机构既包括主要依靠财政拨款的事业单位,也包括以营利为目的的社会培训机构。

卫生、社会保障和社会福利业包括卫生服务、社会保障服务和社会福利服务活动。卫生服务包括各种医院、卫生院等机构从事的医疗活动,妇幼保健,各种疾病的预防控制与防疫,以及其他卫生活动。社会保障活动包括依据国家有关规定开展的各种社会保障活动。社会福利活动包括为劳动者提供休息、休养、疗养服务,以及为孤儿、老人、残疾人、弱智和流浪儿童等弱势群体提供的收养、收容、看护和帮助活动。

文化包括新闻和书报刊、电子音像制品的出版活动;广播电视电影的制作、发行和播放,音像制作活动;文艺创作与表演,图书馆、档案馆、博物馆、艺术表演场馆、纪念馆等文化活动场所的管理活动。体育包括各专业体育组织开展比赛、训练活动,以及体育场馆的管理活动。娱乐业包括室内外各种娱乐活动和休闲健身娱乐活动。

公共管理和社会组织是指中国共产党机关和按宪法规定的国家权力机构、

国家行政机构、人民法院和检察院的活动,以及人民政协、民主党派、群众团体、社会团体、宗教组织和基层群众自治组织开展的服务和管理活动。

国民经济核算体系根据新的国民经济行业分类标准和统计基础情况确定产业部门分类。随着统计基础的改善,产业部门的分类要逐步细化,以更好地满足宏观经济管理、社会公众和对外交流工作的需要。

三、基本原则

1. 权责发生制原则

在国民经济核算中,各种交易的记录时间是按照权责发生制原则来确定的,即交易在债权债务发生、转移或取消的时间记录。这一原则适用于各种交易,包括同一机构部门内部的交易。权责发生制原则意味着交易在其实际发生时记录,而不是在相应的收入与支付发生时记录。

2. 估价原则

在国民经济核算中,各种交易、资产和负债的记录价格,遵循以下规定:凡发生货币支付的交易,都按交易双方认定的成交价格,即市场价格来估价;没有发生货币支付的交易,如同一机构单位内部的交易(如自制设备、自给性消费等),按市场上相同货物和服务的市场价格或按所发生的实际成本来估价。一般来说,货物和服务产出按生产者价格估价;大多数货物和服务的使用(如中间消耗、固定资产形成和最终消费)按购买者价格估价。固定资产存量按编制资产负债表时的现价估价,而不是按原购置价格估价。

四、基本核算方法

从不同的角度观察生产活动的成果,便有国内生产总值不同的测算方法,包括生产法、收入法和支出法三种方法。

(一) 生产法

生产法是从生产的角度衡量核算单位在核算期内新创造价值的一种计算方法,即从生产的全部货物和服务总产品的价值中,扣除生产过程中投入的中间产品的价值,得到增加值。全社会所有核算单位增加值的总和就是国内生产总值。计算公式为:

$$增加值 = 总产出 - 中间投入$$

生产法核算消除了生产各环节之间的重复计算,从全社会看,不同产业部门增加值加总的结果是社会最终产品。产业部门增加值反映一个产业部门在国民经济中的地位和本部门对国民经济的贡献。

(二) 收入法

收入法也称分配法,是从生产过程创造收入的角度,根据生产要素在生产过程中应得的收入份额反映最终成果的一种计算方法。按照这种计算方法,增加值由劳动者报酬、生产税净额、固定资产折旧和营业盈余四部分组成。计算公式为:

增加值 = 劳动者报酬 + 生产税净额 + 固定资产折旧 + 营业盈余

收入法反映了增加值的价值构成。其中,劳动者报酬是雇员对生产单位提供劳动获得的工资和各种形式的报酬,固定资本折旧是生产中使用的房屋和机器设备等固定资产在核算期内磨损的价值,生产税净额是企业因从事生产活动向政府支付的税金(不包括所得税)与政府对企业的政策性亏损补贴的差额,营业盈余主要是企业从事经营活动所获得的经营利润。

(三) 支出法

支出法是从最终使用的角度衡量核算期内新生产的货物和服务的最终去向的一种计算方法。最终使用包括最终消费、资本形成总额、货物和服务净出口三项内容。支出法国内生产总值的计算公式为:

国内生产总值 = 最终消费 + 资本形成总额 + 货物和服务净出口

最终消费包括居民消费和政府消费,资本形成总额再分为固定资本形成总额和存货增加,货物和服务净出口是货物和服务出口与进口的差额。

支出法从国民经济整体的角度,反映核算期内一个国家最终需求的总规模和结构,最终消费和资本形成总额反映了国内的消费需求和投资需求,货物和服务净出口是国外对中国货物和服务的需求。

在国内生产总值的三种计算方法中,生产法和收入法都是先测算国民经济各行业的增加值,以增加值加总得到国内生产总值。支出法是从经济整体的角度观察最终产品的去向,从全社会的角度计算国内生产总值。通过三种不同方法计算的国内生产总值,在理论上应该一致,这称为三面等值原则。从货物与服务流量的运动过程来看,三面等值原则也反映了社会最终产品的生产及初次分配结果与社会最终使用的一致性。但在实际操作过程中由于资料来源的不同,不同计算方法所得出的结果会出现差异,这种差异称为统计误差,统计误差在可接受的范围内允许存在。

五、指标解释

国内生产总值(GDP):指按市场价格计算的一个国家(或地区)所有常住单位在一定时期内生产活动的最终成果。国内生产总值有三种计算方法,即生产法、收入法和支出法。三种方法分别从不同的方面反映国内生产总值及其构成。

生产者价格:是产品的生产者就其生产的每单位货物或服务产出从购买者处所获得的金额,它不包括向购买者开列的增值税或类似的可扣除税,也不包括由生产者另外开列的运送费用。

购买者价格:是购买者在其所要求的时间和地点获得每单位货物或服务所支付的金额,它不包括任何可扣除增值税或类似的可扣除税,但包括购买者在其所要求的时间和地点获得货物所另行支付的运费(向运输单位)。

总产出:指一定时期内一个国家(或地区)常住单位生产的所有货物和服务的价值,既包括新增价值,也包括被消耗的货物和服务价值以及固定资产的转移价值。总产出按生产者价格计算,它反映常住单位生产活动的总规模。

中间投入:指常住单位在生产或提供货物与服务过程中,消耗和使用的所有非固定资产货物和服务的价值。中间投入也称为中间消耗,一般按购买者价格计算。

增加值:指常住单位在生产过程中创造的新增价值和固定资产的转移价值。它可以按生产法计算,也可以按收入法计算。按生产法计算,它等于总产出减去中间投入;按收入法计算,它等于劳动者报酬、生产税净额、固定资产折旧和营业盈余之和。

劳动者报酬:指劳动者因从事生产活动所获得的全部报酬。包括劳动者获得的各种形式的工资、奖金和津贴,既有货币形式的,也有实物形式的,还包括劳动者所享受的公费医疗和医药卫生费、上下班交通补贴、单位支付的社会保险费、住房公积金等。对于个体经济来说,其所有者所获得的劳动报酬和经营利润不易区分,这两部分统一作为劳动者报酬处理。

生产税净额:指生产税减生产补贴后的差额。生产税指政府对生产单位从事生产、销售和经营活动以及因从事生产活动使用某些生产要素(如固定资产、土地、劳动力)所征收的各种税、附加费和规费。生产补贴与生产税相反,指政府对生产单位的单方面转移支付,因此视为负生产税,包括政策性亏损补贴、价格补贴等。

固定资产折旧:指一定时期内为弥补固定资产损耗按照规定的固定资产折旧率提取的固定资产折旧,或按国民经济核算统一规定的折旧率虚拟计算的固定资产折旧。它反映了固定资产在当期生产中的转移价值。各类企业和企业化管理的事业单位的固定资产折旧是指实际计提的折旧费;不计提折旧的政府机关、非企业化管理的事业单位和居民住房的固定资产折旧是按照统一规定的折旧率和固定资产原值计算的虚拟折旧。原则上,固定资产折旧应按固定资产的重置价值计算,但是目前中国尚不具备对全社会固定资产进行重估价的基础,所以暂时还不能采用这种办法。

营业盈余:指常住单位创造的增加值扣除劳动者报酬、生产税净额和固定资产折旧后的余额。它相当于企业的营业利润加上生产补贴,但要扣除从利润中开支的工资和福利等。

支出法国内生产总值:指一个国家所有常住单位在一定时期内用于最终消费、资本形成总额,以及货物和服务净出口的总额,它反映本期生产的国内生产总值的使用情况。

最终消费:指常住单位在一定时期内对于货物和服务的全部最终消费支出,也就是常住单位为满足物质、文化和精神生活的需要,从本国经济领土和国外购买的货物和服务的支出,不包括非常住单位在本国经济领土内的消费支出。最终消费分为居民消费和政府消费。

居民消费:指常住住户对货物和服务的全部最终消费支出。它除了常住住户直接以货币形式购买货物和服务的消费之外,还包括以其他方式获得的货物和服务的消费,即单位以实物报酬及实物转移的形式提供给劳动者的货物和服务;住户生产并由住户自己消费的货物和服务,其中的服务仅指住户的自有住房服务和付酬的家庭服务;金融机构提供的金融媒介服务;保险公司提供的保险服务。

政府消费:指政府部门为全社会提供公共服务的消费支出和免费或以较低价格向住户提供的消费货物和服务的净支出。前者等于政府服务的产出价值减去政府单位所获得的经营收入后的价值,政府服务的产出价值等于它的经常性业务支出加上固定资产折旧;后者等于政府部门免费或以较低价格向住户提供的货物和服务的市场价值减去向住户收取的价值。

资本形成总额:指常住单位在一定时期内获得的减去处置的固定资产加存货的净变动额,包括固定资本形成总额和存货增加。

固定资本形成总额:指生产者在一定的时期内获得的固定资产减处置的固定资产的价值总额。固定资产是通过生产活动生产出来的,其使用年限在一年以上,单位价值在规定标准以上的资产,不包括自然资产。固定资本形成总额分有形固定资本形成总额和无形固定资本形成总额。有形固定资本形成总额包括一定时期内完成的建筑工程、安装工程、设备工器具购置(减处置)价值以及土地改良,新增役、种、奶、毛、娱乐用牲畜和新增经济林木价值。无形固定资本形成总额包括矿藏的勘探、计算机软件等获得减处置。

存货增加:指常住单位存货实物量变动的市场价值,即期末价值减期初价值的差额,再扣除当期由于价格变动而产生的持有收益。存货增加可以是正值,也可以是负值;正值表示存货增加,负值表示存货减少。它包括生产单位购进的原材料、燃料和储备物资等存货,以及生产单位生产的产成品、在制品存货等。

货物和服务净出口:指货物和服务出口减货物和服务进口的差额。出口包括常住单位向非常住单位出售或无偿转让的各种货物和服务的价值;进口包括常住单位从非常住单位购买或无偿得到的各种货物和服务的价值。由于服务活动的提供与使用同时发生,因此服务的进出口业务并不发生出入境现象,一般把常住单位从国外得到的服务作为进口,常住单位向国外提供的服务作为出口。

附 录 二

参 考 文 献

1. 国家统计局,《国家统计调查制度(2003)》,2004 年。
2. 国家质量监督检验检疫总局,《国民经济行业分类(GB/T 4754-2002)》,中国标准出版社,2002 年 8 月。
3. 国家统计局,《第一次全国经济普查方案》,国务院第一次全国经济普查领导小组办公室编印,2004 年 9 月。
4. 国家统计局国民经济核算司,《中国国内生产总值核算手册》,2001 年 5 月。
5. 国家统计局国民经济核算司,《经济普查年度 GDP 核算方案(讨论稿)》,2005 年 5 月。
6. 国家统计局国民经济核算司,《中国国民经济核算》,中国统计出版社,2004 年 2 月。
7. 联合国等编,国家统计局国民经济核算司译,《国民经济核算体系》(*System of National Accounts 1993*),中国统计出版社,1995 年。
8. 国家统计局城市社会经济调查总队,《中国消费价格指数编制工作手册》,1997 年 1 月。
9. 国家统计局城市社会经济调查总队,《流通和消费价格统计调查方案》,2002 年 8 月。
10. 国家统计局城市社会经济调查总队,《中国工业品价格统计工作手册》,2003 年 10 月。
11. 国家统计局城市社会经济调查总队,《工业品价格调查方案》,2002 年 10 月。
12. 国家统计局农村社会经济调查总队,《农业产值综合统计报表制度》,2003 年 8 月。
13. 国家统计局农村社会经济调查总队,《农村统计调查业务工作手册》,2002 年 10 月。
14. 国家统计局城市社会经济调查总队,《房地产价格统计调查方案》,2001 年 8 月。
15. 国家统计局城市社会经济调查总队,《固定资产投资价格统计调查方案》,2002 年 8 月。

16. 文化部计划财务司编,《中国文化文物统计年鉴》,北京图书馆出版社,2007 年。

17. 教育部,《中国教育经费统计年鉴》,中国统计出版社,历年。

18. 海关总署综合统计司,《中国对外贸易指数需求方案(海关版)》,2003 年。

19. 海关总署综合统计司,"新修订的中国对外贸易指数编制说明",《中国对外贸易指数》季刊,2003 年第 1 期。

20. 许宪春等,国家统计局国民经济核算司课题组,"服务业统计与发展研究",《中国统计》,2003 年第 9 期。

21. 许宪春、金玫,"中美两国经济增长率计算方法的比较研究",草稿,2002 年 8 月。

22. 许宪春,"中国国内生产总值核算",《经济学(季刊)》第 2 卷第 1 期,2002 年 10 月。

23. 许宪春,"中国服务业核算及其存在的问题研究",《统计研究》,2004 年第 7 期。

24. 刘建伟,"我国价格传导机制研究",《研究参考资料》,第 87 期,2006 年 8 月 7 日。

25. 鞠传玲,国家统计局城市社会经济调查总队生产处,《关于赴美国考察生产者价格指数编制情况的汇报》,2002 年 12 月 25 日。

26. 鞠传玲,国家统计局城市社会经济调查总队生产处,《赴英国生产者价格指数考察报告》,http://uso.stats.gov.cn/webfront/article.asp? AS = Inter;20041115001,2002 年 11 月 15 日。

27. 张怡,北京市城市社会经济调查队,《关于价格指数法计算工业发展速度的探讨》,http://uso.stats.gov.cn/WebFront/article.asp? AS = PROREFORM;20021224002,2002 年 12 月 24 日。

28. 彼得·冯德利普(Peter von der Lippe),《经济统计学》,德国联邦统计局,1997 年。

29. David Roberts,"GDP at Constant Prices",《国民经济核算方法问题研究(第一辑)》(NBS-OECD 论文集),1995 年。

30. Paul Mccarthy,"Price Collection and Estimates at Constant Prices",《国民经济核算方法问题研究(第三辑)》(NBS-OECD 论文集),1997 年。

31. Kil-Hyo AHN,"Volume Measures of Education Services",《国民经济核算方法问题研究(第七辑)》(NBS-OECD 论文集),2004 年 6 月。

32. Charles Ian Mead and Brian C. Moyer,"Constant Price Measures in the U.S. National Accounts: the Experience of the Bureau of Economic Analysis",《国民经济核算方法问题研究(第九辑)》(NBS-OECD 论文集),2006 年 3 月。

33. Australian Bureau of Statistics, *Australian System of National Account: Concepts, Sources and Methods*,2000.

34. IMF,《生产者价格手册(PPI)》(*Producer Price Index Manual*),2004 年。

35. IMF,《进出口价格统计手册(XMPI)》(*Export and Import Price Index Manual*),2005 年

讨论稿。

36. IMF,《季度国民核算手册》(*Quarterly National Accounts Manual*),2001年。

37. ILO,《消费者价格手册(CPI)》(*Consumer Price Index Manual*),2004年。

38. 英国统计局(ONS),《英国国民核算中的年度链接》(*Annual Chain-linking in the UK National Accounts*),2002年。